U0096882

中國倫理思想研究文叢

三 編

王澤應 主編

第 4 冊

理念與行為的統一：
中國倫理思想論集

歐陽輝純 著

花木蘭文化出版社

國家圖書館出版品預行編目資料

理念與行為的統一：中國倫理思想論集／歐陽輝純 著 -- 初版
-- 新北市：花木蘭文化出版社，2015〔民 104〕
序 2+ 目 2+222 面；19×26 公分
（中國倫理思想研究文叢 三編；第 4 冊）
ISBN 978-986-404-233-3（精裝）
1. 倫理學 2. 文集 3. 中國
190.9208   104012129

ISBN- 978-986-404-233-3

9 789864 042333

中國倫理思想研究文叢
三 編 第四冊
ISBN：978-986-404-233-3

理念與行為的統一：
中國倫理思想論集

作　　者　歐陽輝純
主　　編　王澤應
總 編 輯　杜潔祥
副總編輯　楊嘉樂
編　　輯　許郁翎
出　　版　花木蘭文化出版社
負 責 人　高小娟
聯絡地址　新北市中和區中安街七二號十三樓
　　　　　電話：02-2923-1455／傳眞：02-2923-1452
網　　址　http://www.huamulan.tw 信箱 hml 810518@gmail.com
印　　刷　普羅文化出版廣告事業
初　　版　2015 年 9 月
全書字數　157984 字
定　　價　三編 12 冊（精裝）新台幣 22,000 元
版權所有・請勿翻印

理念與行為的統一：
中國倫理思想論集

歐陽輝純　著

作者簡介

歐陽輝純，男，1976 年 2 月生，湖南永州人，中國著名青年學者。2004 年畢業於湖南師範大學新聞與傳播學院，獲文學學士學位，2008 年畢業於廣西師範大學政治與行政學院，獲哲學碩士學位，2012 年畢業於中國人民大學哲學院，獲哲學博士學位。現為山東大學政治學博士後流動站研究人員、貴州師範大學貴州陽明文化研究院專職研究人員、貴州師範大學馬克思主義學院副教授、廣西民族大學倫理學碩士生導師。在《道德與文明》、《倫理學研究》和《齊魯學刊》等刊物上發表論文 20 多篇。主要研究中國倫理思想史、中國政治思想史、中國儒學和中國哲學。

提　要

　　王安石是北宋著名的政治家、改革家、文學家和思想家。他的義利觀是北宋社會現實的產物。傳統倫理的義利思想和人性論是王安石義利觀形成的理論基礎。王安石批判地吸收了前人的義利觀和人性論思想，形成了他的「善惡由習」、「五事成性」的人性論，他的人性論是他的義利觀的重要組成部分又是他的義利觀的理論基礎。在這個基礎上王安石形成了他的「義利統一」和「以義理財」為主要內容的義利觀。王安石的義利觀給傳統義利思想注入了新的血液，促進了後世功利主義倫理思想的發展。對王安石義利觀的評價主要有兩種：「道義論」否定性的評價和「功利論」肯定性的評價。王安石的義利觀對構建社會主義和諧社會，既具有重要的理論價值，又具有鮮活的實踐價值；既有助於完善社會主義市場經濟，促進企業倫理的發展，又有助於提高個體道德智慧，抵制人際交往中盛行的極端物質主義和極端拜金主義。

　　本論文集還包括其它 12 篇論文，內容涉及中國古代倫理和現代應用倫理。

善即中庸（代序）

　　有人說「善」就是好，那麼，「好」是什麼？美女人見人愛，是不是就是好呢？莊子說：「毛嬙麗姬，人之所美也」，然而「魚見之深入，鳥見之高飛，麋鹿見之決聚。」（《莊子·齊物論》）因此，僅僅是說「好」就是善，顯得過於簡單。

　　孟子認為：「可欲之為善。」（《孟子·盡心下》）認為值得人們追求的、喜歡的事物是「善」，如名譽、金銀、權力等等，那麼是不是名譽、金銀、權力這些就是「善」呢？如果是，那麼為什麼人們常說，「人怕出名，豬怕壯」，「金錢乃身外之物，生不帶來，死不帶走」，「權力是雙刃劍，用好了可以為民造福，用不好自己傷自己」之類的話呢？所以，僅僅認為「可欲之為善」，顯得也不合理。

　　那麼，什麼是「善」呢？「善」的本質是中庸，不過也不及，它是事物內在的本質屬性。它既不是外在的好，也不是或者僅僅是值得人們追求的東西。宋代大儒朱熹對善的理解值得借鑒。他在《中庸章句》中解釋「子曰：『舜其大知也與！舜好問而好察邇言，隱惡而揚善，執其兩端，用其中於民，其斯以為舜乎！』」這句話時，說：「蓋凡物皆有兩端，如小大、厚薄之類。於善之中又執兩端而量度以取中，然後用之，則其擇之審而行之至矣。」朱熹的解釋表明了「善」的含義：善就是事物或行為本身的中庸狀態，不及也不過。古希臘思想家亞里士多德在《尼科馬可倫理學》中也認為，「善」即「中道」，也就「中庸」。善即中庸，或中道這正是表明了「善」不是外在的「好」或者「可欲」性的東西，而是事物的內在本質。通常人們說的「美女」或者「可欲」的東西多是強調事物的外在性，是一種工具理性，而非事

物的本質。正是因爲人們對「善」的誤讀，因而就產生了各式各樣的偏離正道的善惡觀。而事實上眞正的善的本質就只有一種，即中庸或者中道。在道德哲學視野中善是事物處於「不偏不倚，無過不及而平常之理」中的那種存在方式。「善」的這種中庸或中道的本質內涵，不是一種固定的存在，而是事物存在的方式，是動態的，它隨物與事、隨時與地而變化，而在這種變化中，善又往往處於「不偏」、「不倚」狀態中。所以，我們說「舜」是善人，不僅僅因爲他「好問而好察邇言」，更重要的是他具有道德智慧，能「執其兩端」，後「用其中於民」，能夠把握好善的本質。

　既然「善」是事物的中庸狀態，那麼，一切道德規範的創建和應用，無非就是爲了實現「善」的這種中庸狀態。例如，救人就是如此。孟子例舉了一個很有名的案例。他說：「嫂溺，援之以手」是正當的、是善的。嫂溺不救，那是「豺狼」的做法。他說：「嫂溺不援，是豺狼也。」（《孟子·離婁上》）但是，假如將嫂子救上來之後，還不放手，就過了頭，違反了「善」的中庸狀態，那就不是救嫂了，而有了涉嫌「淫嫂」的企圖了。因此，嫂溺要及時救，救上來之後要及時鬆手，這才是「善」，否則，不救或救上了之後不放手，都不是「善」。同理，在現代社會中，青年人給老人讓座位是善，但是在通常情況下，青年人不讓座，該青年的行爲是「不善」，是「不及」，但是如果老人強行將青年拉起來，或者強迫他人讓座位，那這位老人的行爲就顯得「太過」，也是「不善」。

　由此可見，善是事物的內在本質或是事物的中庸狀態，代表了事物發展方向，「善」不是外在的「好」，或者「可欲」，「善」是中庸或中道。

原載《求知導刊》2013 年 9 月創刊號

目次

上篇：王安石義利觀研究

前　言

　　王安石是我國著名的思想家、政治家和散文家。他的義利觀在中國倫理思想史上佔有重要的地位，研究他的義利觀具有重要意義。

一、問題的由來

　　魅力四射的中國傳統文化閃爍著倫理精神的光芒。孟子的「富貴不能淫，貧賤不能移，威武不能屈」（《孟子‧滕文公下》）讓我們看到了人格正直的偉大力量；范仲淹的「先天下之憂而憂，後天下之樂而樂」讓我們在利他的倫理精神中得到人性的昇華；文天祥的「人生自古誰無死？留取丹心照汗青」用詩歌的形式宣告剛毅正大的道德力量是不可戰勝的，激勵了一代又一代為國家和民族的進步而前仆後繼的志士仁人；顧炎武的「天下興亡，匹夫有責」、[1]「生無一錐土，常有四海心」（《顧亭林詩文集‧秋雨》）告訴我們人不能僅僅為自己，人常常需要超越自己走向他人，人人都有責任有義務為國家和民族的發展貢獻自己的青春和才華……，這一切的一切說明了一個基本道德問題：義和利的價值問題。

　　義利問題不僅是中國傳統倫理思想史上價值觀的基本問題，而且是古往今來人們經常討論的重大理論問題和變化日新的時代問題。義利問題縱貫人類倫理思想史發展的全過程，橫貫倫理學理論的各個方面和研究領域，通貫人類道德生活的各個環節。任何一個倫理學家或倫理學學派都必須回答這個問題。

　　時代在發展，社會在進步，不同的時代，不同的階級，不同的地域，就

是同一階級不同的政治集團其義利觀也往往不同。在中國倫理思想史上有許多思想家為人類的道德進步做出了重要貢獻，王安石就是其中出色的一位代表。他是我國著名的政治家、改革家、文學家和思想家，他的義利觀十分重要但是又常常被人所忽視。

王安石（公元 1021～1086 年），字介甫，號半山，江西臨川人。生於宋真宗天禧五年（公元 1021 年），卒於宋哲宗元祐元年（公元 1086 年）。王安石從小就跟隨父親王益到過韶州、汴京、江寧、揚州等地。早期的這種遊歷，開闊了他的視野，使他少年時代就和社會現實有較多的接觸，這對他以後做人做官做學問大有益處。王安石從小就酷愛讀書，「自百家諸子之書，至於《難經》、《素問》、《本草》、諸小說，無所不讀；農夫、女工，無所不問」（《王安石全集·答曾子固書》）。宋仁宗慶曆二年（公元 1042 年）三月，王安石二十二歲，以第四名的優異成績考中進士，同年八月出任「簽書淮南節度判官廳公事」（簡稱「簽判」），開始了他的仕途生涯。他任地方官達二十多年之久，宋仁宗嘉祐三年（公元 1058 年）上萬言書，主張變法，未被採納。宋神宗熙寧二年（公元 1069 年），被任命為參知政事（副宰相），公元 1070年升為宰相。他在宋神宗的支持下於公元 1069 年開始變法，推行青苗、均輸、市易、免役、農田水利等法，史稱王安石變法。由於保守派的強烈反對和宋神宗的動搖等多種原因，新政推行迭遭阻礙。宋神宗熙寧七年（公元 1074年）王安石罷相，出知江寧府。熙寧八年（公元 1075 年）二月回京師，再度拜相。熙寧九年（公元 1076 年）十月，王安石第二次罷相後，隱居江寧（今南京）。宋神宗元豐元年（公元 1078 年）正月，王安石被封為舒國公。元豐三年（公元 1080 年）九月，宋政府對官制進行改革，改正官名，王安石被改封為「荊國公」，因此後世稱王安石為「王荊公」。宋哲宗元祐元年（公元 1086年）春，王安石逝世，享年六十六歲。卒諡文，故後人又稱王文公。

在中國倫理思想史上王安石把人性論推向了高峰，他的人性論是精緻的也是系統的，對後世產生了積極影響，同時他圍繞解決北宋積貧積弱這個政治中心問題闡述了他的義利統一和以義理財為主要內容的義利觀，拓展了「義」和「利」的思想範圍，解決了傳統倫理思想史上「義」與「利」孰先孰後和孰輕孰重的「圍城現象」，並且通過變法運動踐履了他的義利觀。因此，王安石在中國倫理思想史上具有十分重要的地位。列寧稱讚他為「中國十一世紀時的改革家」。[2]

二、研究的現狀

　　王安石誕生近一千年來，國內外研究王安石的專著浩如煙海，有的從哲學角度來研究，如馬振鐸等；有的從教育學角度來研究，如羅傳奇和吳雲生等；有的從學術思想方面來研究，如李祥俊和劉成國等；還有的從變法思想史的角度來研究如李華瑞等。研究王安石或評價王安石功過的人物也很多，古代有二程、楊時、朱熹、陸九淵、陳亮、葉適、李紱、王夫之、蔡上翔、顧棟高、全祖望等。20 世紀前半期研究王安石的有梁啟超、胡適、陳鍾凡、賀麟、柯昌頤、熊公哲等。十七年與文革時期有侯外廬、郭沫若、漆俠、鄧廣銘等。新時期主要有邱漢生、李祥俊、李華瑞、湯江浩、王書華、劉文波、劉成國、蕭永明、楊柱才等。港澳臺及海外地區研究王安石的學者主要有謝善元、夏長樸、蔣義斌、帥鴻勳等。

　　對王安石義利觀的研究，學者們多是從思想史的角度來分析。專門研究王安石義利觀的還比較少見。較早的是蔡元培的《中國倫理學史》一書，書中論述了王安石的「性情」、「善惡」、「禮論」等，但沒有具體論述他的義利觀。他評價王安石「言性情非可以善惡名，而別求善惡之標準於外，實為漢唐諸儒所未見及，可為有卓識者矣」[3]，高度評價了王安石的人性論。這是較早論及王安石倫理思想的著作。

　　朱貽庭在吸收前人的成果上，對王安石的義利觀在宏觀上進行了比較系統的研究，涉及到王安石人性論、功利主義和五事成性的道德教育論和修養論。他認為王安石義利觀在思想史上的進步性主要表現在王安石對「義」進行了新的規定，提出了「理財乃所謂義」和「為己」與「為人」的統一等觀點。[4]

　　張躍比較分析了王安石義利觀和司馬光義利觀的異同，他認為王安石的義利觀具有法家富國主義色彩，而司馬光的義利觀具有傳統儒家民本主義色彩，二者在實施政策措施上著重點的不同，正反映了儒法兩種義利觀的不同。[5]張躍認為王安石是用他的功利主義義利觀來反對正統儒家的義利觀，認為他的「以義理財」的義利觀傾向於管仲和桑弘羊，具有明顯的法家色彩。

　　陳瑛把王安石的義利觀放在中國傳統功利主義倫理思想史的鎖鏈中來分析，他認為王安石既重視利，又不忽視道義，把義與利統一起來，統一的基礎是利，義的出發點與落腳點是利。[6]

唐凱麟和陳科華在《中國古代經濟倫理思想史》一書中認為，王安石的「理財觀」並沒有停留在單純的「義以理財」的倫理學層面，而是深化到了「義以理財」的經濟學層面，認為他的「義利統一」體現了功利主義價值取向。[7]他們用經濟學視野從商貿、農業、消費等幾個方面來闡釋王安石「以義理財」的新功利主義觀。

湖南師範大學劉文波的倫理學博士論文《王安石倫理思想及其實踐研究》一文是目前國內比較全面研究王安石倫理思想的論文。他認為王安石在義利觀上提出了「以義制利」的觀點，[8]並對王安石的政治倫理、經濟倫理和教育倫理思想進行了論述。

沈善洪和王鳳賢在《中國倫理思想史》中論述了王安石和李覯義利思想與理學家義利思想的不同以及兩者義利思想之間的差異，認為王安石和李覯的義利思想主要是強調了物質利益和道德觀念的一致性，具有較多合理的因素。[9]

羅國傑在2008年1月出版的《中國倫理思想史》一書中認為，在倫理思想上王安石區分了禮義之常和禮義之權、禮義之本和禮義之末，主張君子應該知常達權，明於本末。認為王安石的這種突出功利主義義利觀實質是「義在利中的功利觀」。[10]

三、研究的意義

本文在前人和今人對義利觀及王安石研究的基礎上較為全面的研究了王安石義利觀產生的社會政治經濟條件、理論基礎、人性論、義利觀的內容、歷史評價和當代價值。王安石以「義利統一」和「以義理財」為主要內容的義利觀是中國倫理思想史上獨特的存在。今天我們站在義利統一的社會主義義利觀的角度，運用辯證唯物主義和歷史唯物主義以及比較分析的方法，本著實事求是和理論聯繫實際的學術態度來研究王安石的義利觀。我們認為王安石的義利觀對構建社會主義和諧社會，既具有重要的理論價值，又具有鮮活的實踐價值；既有助於完善市場經濟促進企業倫理發展，又有助於抵制人際交往中盛行的物質主義。

第一章　王安石義利觀產生的
社會歷史條件

　　現代著名學者汪暉先生認為，宋朝被視為一個典型的中國王朝，一個用清晰的民族意識界定出來的早期民族國家，一個在文化上更為中國的中國，她是以一種區別於漢唐帝國模式（以及元、清帝國模式）的郡縣制國家或早期民族國家為政治和社會構架的。[11]北宋出現了較發達的農業和城市經濟，同時在政治上又陷入積貧積弱的困境。王安石的義利觀就是在這種社會背景中產生。王安石是這個朝代一顆璀璨奪目的政治明星，他不僅是傑出的文學家而且是偉大的思想家。他把人性論推向了高峰，他的義利觀是中國倫理思想史上的一道亮麗的風景線，以「荊公新學」為載體的王安石義利觀在中國功利主義的歷史長河中起著承上啟下的作用。他拓展了「義」和「利」的範疇，是一位把義利統一論和以義理財論為主要內容的義利觀貫徹到底的著名政治家和傑出的實踐者，影響了後來的陳亮、葉適、顏元、戴震及近代維新派等思想家。

　　馬克思主義認為社會存在決定社會意識，人的意識是社會存在的反映。在《政治經濟學批判》序言中馬克思說：「法的關係正像國家的形式一樣，既不能從它們本身來理解，也不能從所謂人類精神的一般發展來理解，相反，它們根源於物質的生活關係」。[12]「法的關係」是這樣，同理，王安石義利觀的形成自然也是根源於宋代的「物質的生活關係」。

一、較發達的農業和城市經濟

　　後周顯德七年（公元 959 年），周世宗柴榮病卒，由他七歲的幼子柴宗訓

即位，即周恭帝，因為「主少國疑」（《續資治通鑑長編》卷一，建隆元年正月辛丑），國內政治形勢立刻緊張起來。次年元旦手握兵權的歸德節度使趙匡胤謊報軍情說契丹軍勾結北漢大舉南侵。他要求率軍北上抵禦，大軍行至陳橋驛（今河南封丘陳橋鎮）親信趙普和趙匡義等擁立趙匡胤為皇帝。趙匡胤裝出一副被迫的樣子說：「汝等自貪富貴，立我為天子，能從我命則可，不然，我不能為若主矣。」擁立者們齊口表示：「惟命是聽」（《續資治通鑑長編》卷一，建隆元年正月癸卯）。這就是歷史上聞名遐邇的「陳橋兵變，黃袍加身」事件。

陳橋兵變之後，趙匡胤派親信與守城石守信、王審琦聯絡，然後回軍開封，突入京城，秋毫無犯。宰相范質率百官聽命，翰林學士陶穀拿出事先寫好的禪代詔書，宣佈周恭帝退位，趙匡胤正式當皇帝，史稱宋太祖。因為他當初任歸德節度使的地方是在宋州（今河南商丘），就改國號為宋，史稱北宋。趙匡胤當上皇帝後提出，對周恭帝和太后，以及朝內的公卿大臣，都不得處罰淩暴，盡力爭取他們對新政府的支持。趙匡胤是既要拉攏官僚政治集團，又要使這些官僚政治集團不縱兵大掠，以維護新政權的穩定。

宋初百餘年，國內比較安定，生產力持續發展。科學技術、冶金、造船、紡織、印刷、製鹽、醫藥等方面都取得了重大成就。英國著名科技史學者李約瑟說：「每當人們在中國的文獻中查考任何一種具體的科技史料時，往往會發現它的主焦點就在宋代。不管在應用科學方面或在純粹科學方面都是如此。」[13] 北宋經濟發展，其具體表現有以下兩個方面。

第一，戶籍的調整和新的社會勞動力的嬗變。宋代恢復了始於魏晉南北朝的戶籍制度，戶籍制度施行的目的是為了鞏固門閥制度，為了統治階級更好地剝削廣大勞動者。但是由於唐末五代以來長期的封建軍閥混戰，戶籍制度混亂不堪，政府按照戶籍徵收賦稅及徵發的差役、勞役等制度失去了正常的依據。宋王朝建立之後，為了鞏固它的統治，重新建立了一套完備的戶籍制度。

趙匡胤即位之初即建隆元年（公元 960 年），戶部下令各地上報「版籍之數」，作為確定大小縣的標準。根據李燾編修的《續資治通鑑長編》記載，當時分縣為五等，四千戶以上的為望縣，三千戶以上的為緊縣，二千戶以上的為上縣，一千戶以上的為中縣，一千戶以下的為中下縣，且是每三年就重造一次戶籍，沿襲唐代舊法，每次重造戶籍都在閏年進行，歷史上稱為「閏年

圖」（《續資治通鑑長編》卷十八，太平興國二年閏七月丁巳）。

北宋政府把全國戶籍分為主戶和客戶兩大類：有土地者稱主戶，無土地者稱客戶。主戶按財產多少分為五等，但是財產包括哪些門類？又是怎樣計算？宋代各級政府在執行過程中不是統一的，而且是五花八門。北宋人呂陶曾這樣描述說：「天下郡縣所受版籍，隨其風俗，各有不同。或以稅錢貫百，或以地之頃畝，或以家之積財，或以田之受種，立為五等。就其五等而言，頗有不均，蓋有稅錢一貫，或占田一頃，或積財一千貫，或受種一十石為第一等；而稅錢至於十貫，占田至於十頃，積財至於萬貫，受種至於百石，亦為第一等。其為等雖同，而貧富甚相遠。」（《續資治通鑑長編》卷三百七十六，元祐元年四月乙卯）

一等戶的有土地多至一百頃，少的也有三頃。但是一等戶之間的財產差別懸殊，凡超過三頃以上許多倍的就可以稱他們是大地主了。超過三頃一倍以上的簡稱為出等戶和高強戶者。這些人依靠剝削佃農為主，屬於地主階級。二等戶，每戶約有土地二頃左右。三等戶，每戶約有土地一頃左右。第一至第三等戶合稱上戶，屬於大小地主階級。四等和五等戶稱為下戶，指佔有小塊耕地的自耕農和半自耕農。宋太宗時期，把有地二十畝以下的人戶稱為「貧民」。宋仁宗時期，四川地區的下戶，「才有田三、五十畝，或五、七畝，而贍一家十數口，一不熟，即轉死溝壑」（《續資治通鑑長編》卷一百六十八，皇祐二年六月乙酉）。宋神宗時期，規定第五等戶或產業在五十貫以下的免出役錢，這算是政府對勞動者的憂惠政策了，五十貫相當於北方土地二十畝左右（《續資治通鑑長編》卷二百三十，熙寧五年二月壬子）。

下戶中無土地者稱為「客戶」，宋代的客戶，與唐代指外鄉遷入戶的含義是不同的。宋代指那些「不占田之民，借人之牛，受人之土，佃而耕者，謂之客戶」（石介《徂徠石先生文集・錄微者言》卷八）。北宋中期，客戶和下戶約占全國人口的百分之八十，除客戶沒有土地以外，下戶佔有土地約為百分之二十。因為「客戶」沒有土地，這使得他們被迫從封建土地依附關係中解放出來，所以客戶的增加為社會勞動力的轉移提供了條件。

中國的封建社會，自秦漢之際至唐代中葉，勞役地租是封建地租的主要形態，勞動者被束縛在土地上。中唐以後，由於生產力的發展和勞動熟練程度的提高，以實物地租為主要形態，代替了以勞役地租為支配的形態。廣大勞動者要求「均平」，例如王仙芝的「平均」和黃巢的「均平」及王小波提出

的「等貴賤，均貧富」。正是以實物地租為主要稅務形態，宋代的社會經濟結構，人身依附和等級秩序比以前各代有所鬆動。廣大勞動者除了從事農業生產之外，還有一部分勞動者從事工業和商業活動。這種新的勞動力的嬗變和調整使宋代城市經濟的發展成為可能。城市經濟的發展又使「實利」倫理精神得到了凸顯，「利」的價值得到了一定程度的肯定。

第二，宋代較發達的農業和繁榮的城市經濟。唐末五代以來，長期的封建軍閥混戰，社會經濟遭到嚴重破壞。北宋統一後，全國只有三百萬戶，土地荒蕪，饑民流浪。宋太祖、宋太宗多次下詔，招集流民，獎勵墾荒。

宋政府採取憂惠政策，鼓勵流民進行墾荒，使他們成為小土地所有者。宋太祖乾德四年（公元 966 年）的詔令規定：「自今百姓有能廣植桑棗、開荒田者，並令只納舊租，永不通檢。」[14]到至道元年（公元 995 年）的詔書曾說，各州軍的曠土，允許農民請佃，「便為永業，仍與免三年租稅，三年外輸稅十之三。」[15]

宋仁宗、英宗時，趙尚寬、高賦先後任唐州知州，他們實行墾田百畝以四畝起稅的政策，誘使了大量外地流民及本州客戶進行墾荒，實行的範圍寬廣，影響深遠。王安石在《王安石全集·新田詩序》說：「其南背江，其北逾淮。父抱子扶，十百其來。」可見其影響之大。與王安石同時代的蘇軾也說：「新渠之民，自淮及潭。絜其婦姑，或走而顛。」（《蘇軾全集·詩集·新渠詩》卷二）

宋神宗元豐年間，宋政府對唐州墾田改為百畝之田二十畝起稅，即增稅四倍，引起「民情騷然」，增稅被迫取消，依舊採取以前的憂惠政策（《續資治通鑒長編》卷三百三十七，元豐六年七月辛未）。北宋對流民的憂惠政策使得全國戶口不斷增加，宋英宗治平中（公元 1064～1067 年，具體指公元 1066 年）全國的戶數是 12917221 戶，墾田 4.4 億畝，[16]即像李覯所說客戶占百分之五十以上。到宋微宗大觀四年（公元 1110 年）全國 20882258 戶，每戶以五口人計算，當時全國人口應在一億左右。[17]人口的增加，不僅為農業生產的發展提供了勞動力，而且促進了北宋手工業和商業等其它行業的發展。

北宋的城市經濟十分繁榮。最有代表性的當首推流傳至今的傳世佳作張擇端的《清明上河圖》。在這幅長大的畫卷裏，張擇端以親身的生活經驗，細緻的觀察和高超的藝術技巧，將汴京的風俗之情、生活景象具體地反映在畫圖上。這幅畫反映了北宋汴京城市經濟的繁榮及汴京城的富裕。宋真宗時，

開封新舊城內有十廂，分管一百二十一坊，共九萬七千七百五十戶。新城以外仍有大片工商業區，過去由京畿赤縣管理，這時也劃歸市區。到宋神宗時，新城外更為繁盛，開封已有居民二十萬戶（《宋史・王安石列傳》）。根據《東京夢華錄》的記載，開封大街小巷店鋪林立，勾欄瓦舍，熱鬧異常，屋宇雄壯，門面廣闊，望之森嚴，每一交易，動即千萬，駭人聞見。

北宋的汴京（今河南開封）、建康（今江蘇南京）、成都（今四川成都）等都市都是人口達十萬以上的大城市。宋政府逐漸取消都市中坊（居住區）和市（商業區）的界限，不禁止夜市，為商業和娛樂業的發展創造了有利的環境。孟元老《東京夢華錄》、周密《武林舊事》等書對汴京、健康城中商賈輻輳、百業興盛以及朝歌暮舞、絃管填溢的繁華情景都有生動的記錄。

除了開封、建康、成都等發達的城市之外，應天（商丘）、蘇州、揚州、荊州、廣州、南鄭（漢中）等地也是商業繁盛的城市。宋神宗熙寧十年，杭州每年徵收的商稅占第一位。蘇軾描寫荊州的繁榮時寫道：「遊人出三峽，楚地盡平川。北客隨南賈，吳檣間蜀船。」（《蘇軾全集・詩集・荊州》卷二）

北宋政府為了增加稅收繼承了前代的政策，實行鹽、茶、酒、礬、鐵、香藥等專賣制度，控制這些商品的生產和流通，可以把這些看作是官辦的商業系統。這種制度對於維護宋代中央集權的封建國家具有重要的意義，也是宋王朝的經濟支柱產業之一。同時，又由於「交子」的出現，增加了商品流通速度。整個社會的商業氣息刺激了廣大士大夫的「金錢欲」。

北宋這種發達的城市經濟導致「義利之辨」高潮的到來，使功利主義得到了宣揚。從李覯初期反對「貴義而賤利」，到王安石的「舉先王之政，以興利除弊，不為生事」、「為天下理財，不為徵利」，再發展到陳亮的「功到成處便是有德；事到濟處便是有理」，這些彙成了波瀾壯闊的功利主義浪潮。這些與理學家提出的「存天理，滅人欲」傳統儒家士大夫的道義論形成了鮮明的對比。

可以說，宋代是中國封建社會經濟發展的一個轉折點，是統治階級有意識的在專制歲月裏實行開明政策的一個朝代，而她之後的幾個朝代（如元代實行種族隔離政策，明代實行特務制度，清代實行嚴酷的文化專制政策而大興文字獄）都沒有像宋代這種具有溫情的倫理關懷。雖然明中葉在中國的東南沿海出現了發達的資本主義萌芽，但那不過是明代專制統治無可奈何的資本主義萌芽的曇花一現，後來清朝還是將這種在自然經濟條件下產生的資本

主義萌芽扼殺在搖籃裏，最終實行「閉關鎖國」政策，做著天朝上國的美夢，直到 1840 年鴉片戰爭，西方列強用中國人發明的火藥打開了中國用血與淚書寫成的中國近代悲慘的歷史。

宋代城市經濟的繁榮和階級結構的嬗變，使王安石陷入激烈的矛盾之中。一方面，他是地主階級利益集團的代表，希望經濟的快速發展促進國家的繁榮和政權的穩定；另一方面，他又處於地主階級中庶族集團階層，具有封建統治階級思想意識，城市經濟的發展勢必會破壞以自然經濟為基礎的封建制度，從而對國家政權的穩定造成威脅，這種矛盾體現在他的義利統一論和以義理財論中。總之，王安石的義利觀是北宋經濟條件下產生的思想碩果，時代賦予他的義利觀與傳統的義利觀相比具有不同的內容。

二、「積貧」「積弱」的政治現實

宋朝是個文強武弱、不斷被外族政權淩辱直至被外族滅亡的朝代，它的政治特點是積貧積弱，主要表現是「冗兵」、「冗官」、「冗費」。這是王安石義利觀產生的政治現實條件。

如果說積貧包含兩個意義，就是冗官、冗兵所造成的國家財政的困難，以及為解決財政困難而擴大賦斂所造成的勞動人民的貧困；那麼積弱也包含兩個意義，這就是：宋封建統治對內日益不能控制農民的暴動，對外日益無力抗拒遼夏的侵擾。[18] 當然，這裡積貧的實質是指宋帝國國家財政長期處於入不敷出的窘境之中，造成此種狀況的原因最重要的是冗兵、冗官和冗費。事實上，宋帝國是當時世界上經濟最富裕、最發達的國家之一。農業、手工業、商業、國際貿易、城市發展、科學技術、生產工藝等無一不是處於輝煌時期。宋代積貧積弱的表現是「三冗」問題：冗官、冗兵、冗費。

冗官問題。宋太祖實行官職、差遣分離制度和科舉、恩蔭、薦舉等官員選拔制度結合起來以後，宋代中期就出現了大量的閒散官員。「吏部閒了，事卻歸審官院及流內銓；戶部閒了，事卻歸三司；禮部閒了，事歸禮儀院；刑部閒了，事歸審刑院；兵部閒了，事歸樞密院。」[19] 曾鞏也說：「景德官一萬餘元，皇祐二萬餘員，治平並幕職，州官三千三百餘員，總二萬四千員。」（《曾鞏集・議經費劄子》卷三十）蘇轍說：「宗室之盛，未有過於此時者也。祿稟之費，多於百官，而子孫之眾，宮室不能受，無親疏之差，無貴賤之等，自生齒以上，皆養於縣官，長而爵之，嫁娶喪葬，無不仰給於上，日引月長，

未有知其所止者。」（《蘇轍集・上皇帝書》）北宋政府如此龐大的官僚組織是造成政府積貧的重要原因之一。

冗兵問題。宋代的統治者吸收了唐末五代軍隊干預政治的教訓，實行調兵權和統兵權分離政策，以便加強中央政府對軍隊的控制。這個政策雖然有利於中央政府對軍隊的控制，但是削弱了軍隊的戰鬥力，後來北宋政府軍隊多次敗於遼國和西夏就是證明。兵敗後每年的鉅額賠款加重了北宋政府的財政困難。同時，北宋政府還實行募兵養兵制度，每年遭遇災害時，政府把大量的災民、流民甚至罪犯收編成軍隊，供給食祿，防止他們占山為盜賊，給政府的穩定造成危害。因此，宋政府的軍隊不斷膨脹，造成日益嚴重的冗兵問題。宋太祖建國初年（公元 960 年）軍隊的總額（包括廂兵和禁軍）是 22萬人，宋太祖開寶年間（公元 968～975 年），軍隊的總額是 37.8 萬人，到宋仁宗慶曆年間（公元 1041～1048 年），軍隊的總額高達 125.9 萬人，[20] 這是當時世界上最龐大的部隊。這樣龐大的部隊，政府得出錢供養，鉅額的軍費開支也是造成冗費問題的重要原因之一。

冗費問題。宋帝國擁有龐大的軍隊和政府官員，加重了政府的財政負擔。軍隊的開支占重要的部分。皇祐中（公元 1050 年左右）政府軍隊的開支是 4800餘萬緡，占全國當年財政總收入的六分之五。[21] 沈括說：「熙寧三年，始制天下吏祿，而設重法以絕請託之弊。是歲京師諸司歲支吏祿錢三千八百三十四貫二百五十四，歲歲增廣，至熙寧八年，歲支三十七萬一千五百三十三貫一百七十八。自後增歲不常。」（沈括《夢溪筆談・官政二》卷十二）宋代的財政雖然多方收斂，但是仍入不敷出。《宋史・食貨志》載，宋太祖至道三年（公元 997 年）全國財政收入是二千二百多萬緡，宋真宗天禧五年（公元 1021 年）全國財政收入是一點五億多緡，總支出一點二億多緡，略有微餘。宋仁宗皇祐元年（公元 1049 年）總收入一點二億多緡，收入基本平衡，而到宋英宗治平二年（公元 1065 年）總收入是一點一六億，而總支出是一點二億，財政赤字達四百萬多緡。

宋代皇室的開支也在以驚人的速度增加。起初宋太祖、宋真宗兩代的皇室較節約，到後來的皇帝手中皇室的開支越來越大。《宋史・食貨志》載，宋仁宗天聖元年（公元 1023 年），公主俸祿，每天約五緡，中宮月支出止七百緡。宋神宗熙寧元年（公元 1068 年），宮中皇妃一年的開支有的達八萬緡，嫁一公主費用高達七十萬緡。宋真宗景德（公元 1004 年）年間，祭南郊內外

獎賞是六百一十萬，宋仁宗皇祐（公元 1049～1053 年）中增加到一千二百萬，三四十年間增加一倍。

　　同時，宋政府迫於公元 1004 年與遼國簽定「澶淵之盟」每年還得給遼國銀十萬兩，絹二十萬匹。公元 1038 年，西夏建國後大舉侵略宋國。公元 1040 年三川口之戰、公元 1041 年好水川之戰、公元 1042 年定川砦之戰，三戰宋軍耗資巨大，損兵折將慘敗而歸。慶曆四年（公元 1044 年）十月，宋政府和西夏國議和，宋政府每年給西夏國絹十三萬匹、銀五萬兩、茶二萬斤，逢節日與元昊生日另外還要給銀兩萬兩、銀器二千兩、絹帛二萬三千匹、茶一萬斤。[22]

　　這「三冗」問題深深地困擾著北宋政府。王安石的義利觀是在這種積貧積弱的政治環境中產生，注定了他的義利觀會打上深深的經濟學基因的烙印。這個給宋仁宗皇帝寫過《上皇帝萬言書》的地方官員，以他的理論勇氣和豐富的地方官實踐經驗進入了北宋政府的高層。公元 1069 年他策劃了一場旨在富國強兵利民的變法運動。王安石的這場變法運動是他的義利觀的一次實踐證明。

第二章　王安石義利觀產生的理論基礎

　　王安石義利觀的產生具有深厚的理論基礎，他汲取了前人義利觀的研究成果，拓展傳統了義利觀的內涵。

一、「義」和「利」概念的內涵

　　義，早在甲骨文中就已經出現。目前，我們所知道的最早與「義」相連的組合是「義京」。

　　「義京」為祭祀場所，其地在商舊都附近。陳夢家說「義京」這一地名是由「義」附綴「京」組合而成的，也就是說，「義京」這個地名的核心字是「義」字。

　　卜辭「義京」常與「宜」字連用，如：

　　宜於義京羌三人，卯十牛（《殷契粹編》415）

　　宜於義京羌三人，卯十牛（《殷契粹編》411）

　　宜於義京羌三人，卯十牛（《殷虛文字甲編》3361）[23]

　　「宜」這裡當為祭名。後指出征前舉行的祭祀活動稱之為「宜」。《爾雅・釋天》中說：「起大事，動大眾，必先有事乎社而後出，謂之宜。」而古時候出征打仗的「大事」和祭祀這種「有事」都是在「義京」地方發生。久而久之，人們一聽到「義京」就聯想到師祭，刑殺等意了。後來，「義」逐漸從「義京」中分離出來，成為殺罰，斷獄、戒惡的意思。所以，《說文解字》中說：「義，己之威儀也，從我從羊。」又說：「我施身自謂也。……從戈人手，手或說古垂字，一曰古殺字。」這是對「義」刑殺之意的一種解釋。但是，「義」如何從「義京」中分離成為「義」的傳統意思，尚待進一步研究。

在中國倫理思想史上，「義」主要有兩種解釋：第一種解釋指的是君子與小人、人與動物區別的標誌。《論語・陽貨》篇中說：「君子義以為上。」孟子激進地說「父子有親，君臣有義，夫婦有別，長幼有敘，朋友有信」才好，不然「飽食暖衣，逸居而無教，則近於禽獸」（《孟子・藤文公上》）。荀子也說：「禽獸有知而無義，人有氣、有生、有知亦有義，故最為天下貴。」（《荀子・王制》）

義的第二種解釋是指應當、正當或正義。《詩經・大雅・文王》讚美周代文王「宣昭義問」。《禮記・祭文》說，「義者，宜此者也」。《中庸》說：「義者，宜也」。《韓非子・解老》說：「義者，君臣上下之事，父子貴賤之差也，知交朋友之接也，親疏內外之分也。臣事君宜，下懷上宜，子事父宜，賤敬貴宜，知交友朋之相助也宜，親者內而疏者外宜。義者，謂其宜也，宜而為之」。這與《淮南子・繆稱》中的「義者比於人心而合於眾適者也」的說法是一致的。

儒家倫理格外強調「義」的道德價值，這種價值不是出於功利目的，而是被染上一種道德形而上學的色彩，或者說，「義」具有了儒家倫理本體論意義。「天者群物之祖也，故遍覆包含而無所殊，建明風雨以和之，經陰陽寒暑以成之。故聖人法天而立道，亦溥愛而亡私，布德施仁以厚之，設誼立禮以導之。」（《漢書・董仲舒傳》）董仲舒認為「聖人法天而立道」，「布德施仁」，是出於「天」意，「義」是「天」意在人間的現實化，從而使儒家倫理中的「義」具有了本體論色彩，超越了物質利益。宋代理學家把「義」與「利」對立起來，不能不說是受到了董仲舒這種義利思想的影響。

宋代理學家進一步凸現了「義」的倫理意義。張載認為「義」的一個重要的道德內涵是「為天地立心，為去聖繼絕學，為萬世開太平」（《張載集・拾遺・近思錄拾遺》）。

二程把義利關係看作是倫理學的普遍問題。程顥說：「大凡出義則入利，出利則入義。天下之事，唯義利而已。」（《二程集・河南程氏遺書》卷十一）朱熹把義利關係看作是儒學的首要問題。他指出：「義利之說，乃儒者第一義。」（《朱熹集・與延平李先生書》卷二十四）著名心學家陸九淵也說：「凡欲為學，當先識義利公私之辯」，「學者所以為學，學為人而已」（《陸九淵集・語錄下》卷三十五），認為做人的第一要義就是認識義利公私之辨。這些正說明了人有仁義，物無仁義，正是有了「義」，人才顯得崇高。

「利」是個會意字，從禾從刀。《說文解字》說：「利，銛也，從刀，和然後利。」段玉裁注：「銛，俗作枚」。枚現多寫作鍬，為頭方闊，安在長柄上的掘士，鏟物的傢具。由此可知，利的本義是一種農具。

殷周之際產生了利、義觀念，大約到春秋中期，利字有了經濟學上的貨之利，與義並舉，獲得了倫理意義。如《國語·晉語一》中說：「義以生利，利以豐民」。

在中國倫理思想史上「利」主要有兩種說法，一是指公共的利益，墨子是其典型代表。二是指個人的私利或私欲，宋明理學主要持這種觀點。宋明理學所謂的「存天理，滅人欲」中的「欲」就是指人的私欲，私利。這是「利」的第二種典型說法。

後來利或利益的基本內涵是指，在一定社會條件下，能夠滿足主體需要的客體，泛指物質利益。

但是，無論是「義」，還是「利」，代表的是兩種價值選擇，它們是傳統倫理學的核心問題，被稱為「人生之大防」、「為學之根本」、「治亂之總綱」，它貫穿在人禽之辨、文野之辨、本末之辨、王霸之辨、理欲之辨、仁富之辨、志功之辨、善惡之辨、才性之辨、經權之辨、君子小人之辨等之中，義並制約著它們的發展走向，起著指導和決定其發展的作用。

關於「義」和「利」問題在中國倫理思想史上曾發生過三次重大的義利之辨。先秦時期儒、道、墨、法諸家的義利之辨是第一次，形成了「百家爭鳴」的學術氛圍。這次義利之辨奠定了後世倫理思想發展的基本格局，影響深遠。

中國倫理思想史上第二次重大的義利之辨發生在宋代。理學派和事功學派關於義利的討論把義利問題推向了高峰。朱熹提出「義利之說，乃儒者第一義」（《朱熹集·與延平李先生書》卷二十四），「學無深淺，首在辨義利」（《朱子語類》卷十三）。二程認為「天下之事，惟義利而已。」（《二程集·河南程氏遺書》卷十一）「而義與利只是個公與私也」（《二程集·河南程氏遺書》卷十七）。程顥說：「大凡出義則入利，出利則入義」。（《二程集·河南程氏遺書》卷十一）他們把義利完全對立起來。王安石則主張義利統一論和以義理財論，他說：「聚天下之人，不可以無財；理天下之財，不可以無義。」（《王安石全集·乞制置三司條制》）陳亮提出：「功到成處便是有德；事到濟處便是有理。」

第三次重大的義利之辨發生在明末清初。這個時期中國封建社會進入晚期，資本主義生產關係在封建社會內部產生，義利之辨進入到了它的批判總結階段。進步思想家何心隱、李贄、顧炎武、黃宗羲、唐甄、王夫之、顏元等在批判程朱理學義利觀的基礎上，對義利觀做了重新解釋。王夫之反對程朱理學的「存天理、滅人欲」的義利觀，認為利是不能排斥義。他說：「立人之道曰義，生人之用曰利。出義入利，人道不立；出利入害，人用不生。智者知此者也，智如禹而亦如此者也。」（《尚書引義·禹貢》卷二）顏習齋提出「正其誼以謀其利，明其道而計其功」（《顏元集·四書正誤》卷一）的義利思想。戴震認為「人生而有欲，有情，有知。三者，血氣心知之自然也。」（《戴震集·孟子字義疏證》卷下）近代倫理思想史上以龔自珍、魏源為代表的改革派，以曾國藩為代表的保守派，以李鴻章為代表的洋務派，以康有為、梁啟超為代表資產階級維新派，以孫中山，章太炎為代表的資產階級革命派等對義利之辨闡述了自己的價值主張，並互相辯難論爭，彙成了波瀾壯闊的義利之辨的文化浪潮。

總之，義利問題不僅是中國傳統倫理思想史上價值觀的基本問題，而且是古往今來人們經常討論的重大理論問題和變化日新的時代問題。說它是基本問題，那是因為任何一個倫理學家或者倫理學學派都必須回答這個問題。義利問題縱貫人類倫理思想史發展的全過程，橫貫倫理學理論的各個方面和研究領域，通貫在人類道德生活的各個環節。

二、儒、道、墨、法諸家的義利觀

由於中國古代特殊的地理位置和自然環境，決定了中國古代是一個典型的大型灌溉農耕社會，從而導致了中國傳統文化強烈的倫理色彩，在眾多的倫理問題中對義利觀問題的探討尤顯活躍。儒、道、墨、法諸家的義利觀是中國古代倫理思想史上最有代表性，他們的義利觀主要有以下幾種類型。

（一）儒家重義輕利論

重義輕利論是中國古代倫理思想史的主流，以孔孟為代表的儒家總體上持這種觀點。孔子是較早區別義利道德價值原則的思想家。他主張「君子謀道不謀食」、「君子憂道不憂貧」（《論語·衛靈公》）「君子義以為質」（《論語·衛靈公》）「君子義以為上」（《論語·陽貨》）。他在描述自己的人生理想時說：「飯蔬食，飲水，曲肱而枕之，樂亦在其中矣。不義而富且貴，於我

如浮雲。」(《論語·述而》)當然，這不是說是以窮為樂，窮本身是不值得樂的，孔子這裡所樂的是「道義」。所以，他讚歎顏回，「一簞食，一瓢飲，在陋巷，人不堪其憂，回也不改其樂。賢哉，回也。」(《論語·雍也》)這也是人們常說的孔顏樂處。孔顏之樂，樂的不是物質的享受，而是道德精神的富有。

孔子從「君子義以為上」出發，進而提出「君子義以為質」(《論語·陽貨》)，最後到「君子喻於義，小人喻於利」(《論語·里仁》)的義利觀，從倫理學意義上看，實際上提出了在道德領域中劃分「君子」與「小人」的價值標準，即何為「至善」的標準，表明了孔子在義利觀上的道義論的特色。[24]

因此，在面對義利的價值選擇時，孔子強調重義輕利的義利觀。他說：「富與貴，是人之所欲也；不以其道得之，不處也。貧與賤人之所惡也；不以其道得之，不去也。」(《論語·里仁》)又說：「不義而富且貴，於我如浮雲。」(《論語·述而》)這充分表明了孔子重義輕利的立場。當然，孔子重義輕利只是義與利相比較而言，如果離開義而單獨就利而言，孔子也是十分重視利的，他說「學也，祿在其中矣」(《論語·衛靈公》)，「富而可求也，雖執鞭之士，吾亦為之」(《論語·堯曰》)。據《論語》記載：有一次孔子在去衛國的路上，冉有跟隨著他，當他看到沿路一派富庶景象時，禁不住發出「庶矣哉」(《論語·子路》)的讚歎。可見，孔子是個重視富貴的人，也是個嚮往富貴生活的人，只是他在權衡義利時重視「義」而輕視「利」罷了。

孟子發展了孔子義利思想，也是主張重義輕利。《孟子》一書一開頭就討論了義利問題，梁惠王問他：「何以利吾國？」他回答說：「王何必曰利，亦有仁義而已矣。」(《孟子·梁惠王上》)在面對義利選擇時，孟子提倡「捨生取義」，認為為義而生，生得有意義，為義而死，死得有價值。孟子認為如果過分重視利而輕視義，那麼國家就會動亂，社會就不會安寧。他說：「萬乘之國，弒其君者，必千乘之家。千乘之國，弒其君者，必百乘之家。萬取千焉，千取百焉，不為不多矣。苟為後義而先利，不奪不饜。」(《孟子·梁惠王上》)孟子認為，正是人們的貪欲導致了社會的動亂，他反對「後義而先利」，企圖通過「義」來調節社會秩序。

但是，孟子也並沒有完全反對「利」。他提出「民為貴，社稷次之，君為輕」(《孟子·盡心下》)的民本思想。孟子的民本思想是他「利民」思想的理

論總結。他認為如果統治者重視老百姓的生活，百姓富裕了，那麼王權的統治就會很穩固。他說：「五畝之宅，樹之以桑，五十者可以衣帛矣。雞豚狗彘之畜，無失其時，七十者可以食肉矣。百畝之田，勿奪其時，八口之家可以無饑矣。謹庠序之教，申之以孝悌之義，頒白者不負戴於道路矣。老者衣帛食肉，黎民不饑不寒，然而不王者，未之有也。」（《孟子・梁惠王上》）總之，先秦儒家思想家孔孟的重義輕利論不是完全蔑視人們的物質利益，而是反對過分的私利。

董仲舒是漢代著名的思想家。他在道德實踐中也是重義輕利，貴義賤利，提出了著名「正其誼（義）不謀其利，明其道不計其功」（《漢書・董仲舒傳》）的義利觀。他認為，人之所以成為人，是因為人有義而不為利，他說：「天之為人性命，使行仁義而羞可恥，非若鳥獸然，苟為生，苟為利而已。」（《春秋繁露・竹林》）所以，人「體莫貴於心」，而「養莫重於義」（《春秋繁露・身之養重於義》）。

（二）法家重利輕義論

重利輕義論是一種與重義輕利論正相對立的一種義利觀，它把利益視為倫理的基礎和主要內容。主要代表人物是管仲、商鞅和韓非子。

管仲說：「凡有地牧民者，務在四時，守在倉廩。國多財則遠者來，地辟舉則民留處。倉廩實則知禮節，衣食足則知榮辱」（《管子・牧民》）。又說：「凡治國之道，必先富民，民富則易治也，民貧則難治也。奚以知其然也？民富則安鄉重家，安鄉重家則敬上畏罪，敬上畏罪則易治也。民貧則危鄉輕家，危鄉輕家則敢陵上犯禁，陵上犯禁則難治也。」（《管子・治國》）這裡，管仲片面地強調了物質利益的作用。

商鞅說：「民之欲富貴也，共闔棺而後止」（《商君書・賞刑》），「故民，生則講利，死則慮名」（《商君書・算地》）。商鞅認為，老百姓是為利而生，為名而死的，即所謂「人為財死，鳥為食亡」。他認為只要強調法治，國家就安定團結了。他甚至認為禮樂、孝悌、誠信、貞廉、仁義等都是沒有用，他稱之為「六虱」，必須除掉。他說：「禮樂，淫佚之征也；慈仁，過之母也。」（《商君書・說民》）到了法家集大成者韓非子那裡，就更加重視利益而輕視仁義了。

韓非子說：「博習辯智如孔、墨，孔、墨不耕耨，則國何得焉？修孝寡欲如曾、史，曾、史不戰攻，則國何利焉？」（《韓非子・八說》），「舉事實，去

無用，不道仁義」（《韓非子‧顯學》）。韓非子認為君臣之間是一種買賣關係，他說：「臣盡死力以與君市，君垂爵祿以與臣市，君臣之際，非父子之親也，計數之所出也。」（《韓非子‧難一》）

韓非子認為不僅君臣之間是一種買賣關係而且父子家庭關係也是一種利益交換關係。他認為父親養兒子是為了兒子能供養父親，他說，父母「產男則相賀，產女則殺之。此俱出父母之懷衽，然男子受賀，女子殺之者，慮其後便，計之長利也。故父母之於子也，猶用計算之心以相待也，而況無父子之澤乎！」（《韓非子‧六反》）

他還認為人與人之間的關係也是一種利益關係，根本就不存在仁義。作棺材的木匠希望更多的人死掉，做車賣的人希望人人富貴，他說：「輿人成輿，則欲人之富貴；匠人成棺，則欲人之夭死也。非輿人仁而匠人賊也，人不貴則輿不售，人不死則棺不買，情非憎人也，利在人之死也。」（《韓非子‧備內》）

（三）道家義利並輕論

既不重視義，又不重視利，最主要的是老子、莊子為代表的道家學派。老子主張絕仁棄義，人要「處無為之事，行不言之教」，不要講仁義道德。他認為仁義道德的出現並非是社會的進步，而是社會退步的表現，因為仁義道德和物質利益敗壞了社會秩序，引起社會動亂，只有回歸自然，才能達到理想的社會。老子說：「大道廢，有仁義；智慧出，有大偽；六親不和，有孝慈；國家昏亂，有忠臣。」（《老子‧十八章》）「失道而后德，失德而後仁，失仁而後義，失義而後禮。夫禮者，忠信之薄而亂之首」（《老子‧三十八章》）。

老子不僅主張絕仁棄義，而且也主張絕巧棄利。在老子看來，追求物質利益和功名富貴讓人失去理智，失去自我，更有甚者傾家蕩產，家破人亡。老子說：「五色令人目盲；五音令人耳聾；五味令人口爽；馳騁畋獵，令人心發狂；難得之貨，令人行妨。」（《老子‧十二章》）他認為，只有放棄一切物質利益，使民無知無欲，才能使社會安定和諧。他說：「不尚賢，使民不爭；不貴難得之貨，使民不為盜；不見可欲，使民心不亂。」（《老子‧三章》）

莊子則對仁義禮智及物質利益進行了更為猛烈地批判和抨擊。他認為仁義禮智道德規範是「攖人之心」，誘發人的愛利貪欲，造成社會普遍「捐仁義

者寡，利仁義者眾」的惡習。最後有的人成了假借仁義之名而行貪利之實的偽君子，表面上是仁義，實質上利用了仁義，造成了「竊鈎者誅，竊國者為諸侯」(《莊子‧胠篋》)的昏亂社會。

同時，莊子又對人們執著追求功名利祿的重利行為提出了批評。他認為，物欲和求利之心使人失去本真，使人「物化」，威脅到人的存在。他說：「好盈嗜欲，長好惡，則性命之情病矣。」(《莊子‧徐無鬼》)莊子號召人們回到自然狀態，享受自然帶給人類的寧靜與平和，這樣人們就「可以保身，可以全生，可以養親，可以盡年」(《莊子‧養生主》)。

（四）墨家義利並重論

義利並重論的典型代表是先秦時期的墨家。墨家提出義利合一，認為義就是利人利國，義就是利，利就是義。「義，利也」(《墨子‧經上》)，「義，志以天下為芬，而能能利之，不必用。」(《墨子‧經說上》)墨子把有利於天下一切的行為作為義，把自私、害天下的稱之為不義。他說：「仁者之事，必務求興天下之利，除天下之害，將以為法乎天下，利人乎即為，不利人乎即止。」(《墨子‧非樂上》)

在墨子看來，義的主旨主要是「兼愛」和「互利」。「兼愛」就是人人相愛，愛別人如自己，「愛人若愛其身」(《墨子‧兼愛上》)，「為其友之親，若為其親」(《墨子‧兼愛下》)。他指出，如果每個人只愛自己，不關心別人，必然會導致社會混亂。他說：「亂何自起？起不相愛」，「子自愛不愛父，故虧父而自利；弟自愛不愛兄，故虧兄而自利；臣自愛不愛君，故虧君而自利。此所謂亂也。」(《墨子‧兼愛上》)

墨子看來「互利」者就是「利人」，他說：「有力者疾以助人；有財者勉以分人；有道者勸以教人」。他曾提出「三利」即「利天」、「利鬼」和「利人」，實質「利鬼」、「利天」都是利人的理想化。他說：「若是上利天，中利鬼，下利人，三利而無所不利，是謂天德，故凡從事此者，聖知也，仁義也，惠忠也，慈孝也。是故聚天下之善名而加之。」(《墨子‧天志下》)他認為只要是有利於天下的現實利益就是至善，反之，就是至惡。他說：「若事上不利天，中不利鬼，下不利人，三不利而無所利，是謂之賊，故凡從事此者，寇亂也，盜賊也，不仁不義，不忠不惠，不慈不孝。是故聚天下之惡名而加之。」(《墨子‧天志下》

墨子的義利並重論是春秋時期歷史條件的產物，主張「兼愛」、「非攻」

對促進社會發展有一定的積極意義。但是，他主張無差別的愛，容易犯泛愛主義的錯誤。恩格斯曾經指出：「自從階級對立產生以來，正是人的惡劣的情慾──貪欲和權勢欲成了歷史發展的槓桿」[25]像墨子那樣完全無視「惡」的存在，一味追求全能的「愛」，那麼就容易陷入理想主義的泥潭。

從表面看來墨子主張義利並重，事實上墨子講的「利」就是公利，這個「利」不是指物質利益，而是指「義」，具體地說指「兼愛」和「互愛」。換句話說，墨家的「利」等於「義」，重「義」就是重「利」，這個「利」與利私無關，墨子很少談到物質利益。從這個角度說，墨家義利並重論和儒家重義輕利論本質上是一致的。我們這裡說墨家義利並重論只是採用了學術界通常的說法。張岱年先生也說「墨子所謂利，乃指公利而非私利，不是一個人的利，而是最大多數人的利。儒家說利，則常指私利；而常認為私與利不可分。故儒家與墨家，雖一反利一重利，而其所謂利，實非全然一事。不過儒墨二家之根本態度不同，儒家固卑視個人之利，而亦不講論人民之大利。」[26]儒墨的差別只是在於義利道德價值合理性依據的不同，他們的爭論也就是義利道德價值合理性依據的爭論。

總之，義利問題一般展現為道德與利益、道德與經濟、精神文明與物質生活、整體利益與個體利益等之間的關係。義利問題在規範倫理學看來就是道德和利益的問題。這個問題包括兩個方面的內容：一方面是經濟利益和道德關係問題，是經濟關係決定道德還是道德決定經濟關係，以及道德對經濟關係有沒有反作用，對這個問題的回答涉及到道德根源、道德本質及道德發展的規律等問題；另一方面就是個人利益和社會整體利益的關係問題，也就是說是個人利益服從社會整體利益，還是社會整體利益從屬於個人利益的問題。對這個問題的回答決定著各種道德體系的原則和規範，也決定著各種道德生活標準、方向和方法。[27]

時代在發展，社會在進步，不同的時代，不同的階級，不同的地域，就是同一階級不同的政治集團其義利觀也往往不同。在中國倫理思想史上有許多思想家為人類的道德進步做出了重要貢獻，王安石就是其中的出色代表。他吸收了前人義利思想成果，形成了他的義利觀，影響了後世功利主義的發展。

第三章　王安石義利觀的主要內容

　　王安石義利觀主要內容包括「善惡由習」的人性論、義利統一論和以義理財論。

一、「善惡由習」的人性論

　　王安石在批判前人人性論的基礎上構建了自己的「善惡由習」的人性論。他的人性論既是他的義利觀的理論基礎，又是他的義利觀的組成部分。因為人性論和義利觀是相互聯繫的，有什麼樣的人性論就可能會產生什麼樣的義利觀。中國傳統倫理思想史上豐富的人性論思想為王安石義利觀的形成提供了充足的精神資源。

　　「性」概念最早指的是生命和性命。但是「性」的最早的雛形是甲骨文和金文中出現的「生」字。《說文解字》中說「生」的本意「像草木生出土上」。《詩經・大雅・卷阿》中有「俾爾彌爾性」的詩句，這裡的「性」指壽命的意思，與「生」互用。後來「性」就具有了道德內涵，《說文解字》中說「性，人之陽氣，性善者也，仁心，生聲。」《尚書・西伯戡黎》和《尚書・召誥》中有「不虞天性」，「先王服殷御事，比介於我有周御事，節性，惟其日邁」的字句，這裡的性都是指天的性情和人的性情。「節性」就是要節制人性。這說明人性至少是中性或者是性惡，但不可能是性善。這是中國倫理思想史上最早提到「性」並改造人性的文獻。

　　孔子提出「性相近也，習相遠也」（《論語・陽貨》）的命題。但是，孔子並沒有明確說明人性善或者是人性惡。在孔子看來人性先天都差不多，只有後天的學習才產生差別。這為王安石後來提出「性生乎情，有情然後善惡形

焉，而性不可以言善惡」（《王安石全集‧原性》）的人性論做了理論準備。

　　在孟子那裡，人性善的命題就十分明晰了。他說：「人性之善也，猶水之就下也。人無有不善，水無有不下。」（《孟子‧告子上》）這裡孟子明確提出了「人性善」的命題。那麼，人性既然是善的，什麼是「性」呢？「口之於味也，目之於色也，耳之於聲也，鼻之於臭也，四肢於安佚也，性也。」（《孟子‧盡心下》）這裡孟子談到了「性」，是人與動物具有的「類本質」，是一種自然人性。這種自然人性在人的自然倫理層面上就表現出「不孝有三，無後為大」（《孟子‧離婁上》）的生殖本能。其實，在孟子看來，人與動物的「類本質」之「性」沒有多大意義。人性中最有意義的也是人所特有的，那才是人的精粹，人所特有的「人性」就是善，他尖銳地反駁了告子「生之謂性」的觀點：「告子曰：『生之謂性。』孟子曰：『生之謂性也，猶白之謂白與？』曰：『然。』『白羽之白也，猶白雪之白；白雪之白猶白玉之白與？』曰：『然。』『然則犬之性牛之性，牛之性猶人之性與？』」（《孟子‧告子上》）這裡孟子的意思是說如果人性與狗性牛性具有相同的本性，那麼「人性」特有的本質就無法表現。同時，孟子又批駁告子「生之為性」和「食色，性也」的性無善無惡論的觀點，來論證人性所特有的本質即人性善。他說：「人之道也，飽食暖衣，逸居而無教，則近於禽獸。聖人憂之，使契為司徒，教以人倫，父子有親，君臣有義，夫婦有別，長幼有敘，朋友有信。」（《孟子‧滕文公上》）孟子把這些仁、義、禮、智等都稱之為「善」，在孟子看來人性善的形式可以用仁、義、禮、智等道德範疇來體現。

　　戰國早期周人世碩、宓子賤、漆雕開、公孫尼子之徒等持性有善有惡論觀點，世碩認為「人性有善有惡。舉人之善性，養而致之則善長；性惡，養而致之則惡長。」（《論衡‧本性》）西漢揚雄的性善惡混論與這種觀點相近，他說：「人之性也善惡混，修其善則為善人，修其惡則為惡人。」（《法言‧修身》）

　　荀子批評了孟子的性善論，提出性惡論。荀子說：「人之性惡，其善者偽也。」（《荀子‧性惡》）荀子認為，人性是與生俱來的，他說：「性者，本始材樸也。」（《荀子‧禮論》）「凡性者，天之就也，不可學，不可事」，「不可學、不可事而在人者謂之性，可學而能、可事而成之在人者謂之偽。」（《荀子‧性惡》）荀子認為，「性」就是「不可學，不可事」的，而人性惡才是人所特有本質。他說：「今人之性，饑而欲飽，寒而欲暖，勞而欲休，此人之情

性也。」(《荀子‧性惡》)荀子通過人性三惡,推導出道德必要性,道德是人性惡的必然發展結果。他說:「禮起於何也?曰:人生而有欲,欲而不得,則不能無求;求而無度量分界,則不能不爭;爭則亂,亂則窮。先王惡其亂也,故制禮義以分之,以養人之欲,給人之求,使欲必不窮乎物,物必不屈於欲,兩者相持而長,是禮之所起也。」(《荀子‧禮論》)「禮」在這裡包括法律,又包括道德,但主要指的是道德。

　　董仲舒在孟子性善論和荀子性惡論的基礎上提出了「性三品」學說,董仲舒的「性三品」學說解答了社會生活中人的善惡產生的根源,確立了後世儒家倫理人性論的主流話語,從而取代了先秦儒學的性善論、性惡論、性無善惡論和性有善有惡論。「性」在董仲舒看來是人所俱有的,他說:「性之名非生與?如其生之自然之資謂之性,性者質也」(《春秋繁露‧深察名號》)。這種對「性」的看法與荀子相近似。董仲舒認為,如果人性本質上是善,那麼,就否定了封建統治的必要性。他認為,孟子講的性善是與禽獸相比較而言,而真正的善應該是道德的完善。他說:「性有善端,動之愛父母,善於禽獸,則謂之善。此孟子之善。循三綱五紀,通八端之理,忠信而博愛,敦厚而好禮,乃可謂善,此聖人之善也。」(《春秋繁露‧深察名號》)

　　同時,董仲舒又否定了荀子的性惡論,他認為如果人性本質上是惡的,那麼統治者本質上也是惡的,惡的統治者去統治人性惡的老百姓,自然就否定了封建統治的合法性和道德合理性,皇權的存在就沒有必要了,這是違背天意的。

　　因此,為了解決上述性善與性惡的理論困境,董仲舒提出了歷史上影響深遠的「性三品」學說,性三品學說將人性分為三類:上品是聖人之性,下品是斗筲之性,中品是中民之性。上品聖人之性是一種天然的善,不需要教化;下品的斗筲之性是惡之極點,不可能教化,只有中民之性才是可以教化的。董仲舒說:「聖人之性不可以名性,斗筲之性又不可以名性,名性者,中民之性。中民之性如繭如卵。卵待覆二十日而後能為雛,繭待繰以涫湯而後能為絲,性待漸於教訓而後能為善。」(《春秋繁露‧實性》)

　　唐代韓愈總結了董仲舒的「性三品」學說,並對歷史上三種重要的人性論即孟子的性善論、荀子的性惡論和揚雄的性善惡混論作了批判。韓愈認為:「孟子之言性曰:人之性善;荀子之言性曰:人之性惡;揚子之言性曰:人之性善惡混。夫始惡而進惡,與始惡而進善,與始也混而今也善惡;皆舉其

中而遺棄上下者也，得其一而失其二者也。」（《原性》）

　　韓愈認為，人性的本質內容主要是仁義禮智信，「上焉者之於五也，主於一而行於四；中焉者之於五也，一不少有焉，則少反焉，其於四也混；下焉者之於五也，反於一而悖於四。」（《原性》）他的意思是說上品人性以仁為本，兼具義禮智四德，因而是至善的；中品人性具有不完整的仁德，其他的義禮智信也不清楚；下品人性不具有了仁義禮智信五常之德，因而是邪惡的。韓愈的性分三品說與董仲舒的性三品說具有相似性，但是韓愈又在董仲舒的基礎上把「情」也分為三品，「情也者，接於物而生也」（《原性》）。情是人對外界事物做出的反應，主要表現為喜、怒、哀、懼、愛、惡、欲等七種情感。人性的三種體現在「情」中也分為三種：「上焉者之於七也，動而處其中；中焉者之於七也，有所甚，有所亡，然而求合其中者也；下焉者之於七也，亡與甚，直情而行者也。」（《原性》）他的意思是說，上品的人性符合上品的人情，下品的人性符合下品的人情，中品的人性符合中品的人情。顯然，韓愈的這種人情三種說與人性三種說的對應性是不科學的，具有機械性。是不是上品的人性具有下品的人情呢？或者下品的人性具有上品的人情呢？答案是肯定的。顯然，韓愈的這種人性三種說對應人情三種說是片面的。

　　韓愈的學生李翱在韓愈性情三品的基礎上提出性善情惡論。他認為，「性者，天之命也」（《復性書》）。在他看來，無論是聖人還是凡人都具有先天的善，「百姓之性與聖人之性無差矣」，「桀紂之性猶堯舜之性也」（《復性書》）。「情者」則是「妄也，邪也」，是由喜、怒、哀、懼、愛、惡、欲等七者引起的，與「性」善相對立。他說：「人之所以為聖人者，性也；人之所以惑其性者，情也。喜怒哀懼愛惡欲七者，皆情之所為。情既昏，性斯匿矣。非性之過也，七者循環而往來，故性不能充也。」（《復性書》）

　　王安石批評歷史上孟、荀、董、揚、韓等各家的人性論，提出了他的以「性情一也」和「五事成性」為主要內容的「善惡由習」的人性論，為他的義利觀做了理論準備。他認為孟子的「惻隱之心」容易產生性與情的分離。他說：「以惻隱之心人皆有之，因以謂人之性無不仁。就所謂性者如其說，必也怨毒忿戾之心人皆無之，然後可以言人之性無不善，而人果皆無乎？」（《王安石全集‧原性》）他說如果說人人都是善良、仁慈的，那麼「怨毒忿戾之心」應該是人們沒有的，但是人到底有沒有惡存在呢？很明顯，世上是有毒惡的人存在的。那麼這種「毒惡」就不屬於「仁」了。

王安石批評荀子性惡論時說：「就所謂性者如其說，必也惻隱之心人皆無之，然後可以言善者偽也，為人果皆無之乎？」接著他批評了揚雄和韓愈的人性論，他說：「揚子（雄）之言以似笑，猶出乎以習而言性也。」「韓子以仁、義、禮、智、信五者謂之性，而曰天下之性惡焉而已矣。五者之謂性而惡焉者，豈五者之謂哉？」（《王安石全集·原性》）「韓子之言性也，吾不有取焉。」（《王安石全集·性說》）他在批評倫理思想史上孟、荀、董、揚、韓等各家的人性論之後，總結說：「諸子之所言，皆吾所謂情也，習也、性也。」（《王安石全集·原性》）

王安石在批判地吸收了前人經驗和理論成果上，認為性與情是同一體，是一個個體的兩面。他認為性無所謂善，也無所謂惡，「性不可以善惡言也」（《王安石全集·原性》）。性只是人具有的可塑性的一種潛質，情則是人的這種潛在的人性對現實生活的反應而表現出來的形式。他說：「喜、怒、哀、樂、愛、惡、欲未發於外而存於心，性也；喜、怒、哀、樂、愛、惡、欲未發於外而見於行，情也。」（《王安石全集·性情》）。所以，他說「性情一也」（同上）。既然性只是一種潛質，因此就要努力開發它。那如何來開發這種性呢？王安石認為就要靠後天的學習即他提出的善惡由「習」的人性論。

王安石認為「習」是人性道德善惡的根源。他說：「孔子曰：『性相近也，習相遠也。』言相近之性以習而相遠，則習不可以不慎，非謂天下之性皆相近而已也。」（《王安石全集·答王深甫書第二》）因此，在王安石看來，人性習於善則善，習於惡則惡。他說：「習於善而已矣，所謂上智者；習於惡而已矣，所謂下愚者；一習於善，一習於惡，所謂中人者。上智也、下愚也、中人也，其卒也命之而已矣。有人於此，未始為不善也，謂之上智可也；其卒也去而為不善，然後謂之中人可也。有人於此，未始為善也，謂之下愚可也；其卒也去而為善，然後謂之中人可也。惟其不移，然後謂之下愚，皆於其卒也命之，夫非生而不可移也。」（《王安石全集·性說》）他的意思是說，習於惡的表現出來的情就是惡的，這就是小人；習於善的表現出來的情就是善的，這就是君子；一習於善一習於惡的表現出來的情就有善有惡，這就是不好不壞的人即「中人」。不惟如此，習於善的君子如果不盡心修行可能就會做出小人做的惡事來，習於惡的小人如果盡心修行也能夠做出君子做的善事來。君子中可能有不善的，小人中可能也有善行的。他說：「此七者（喜、怒、哀、樂、愛、惡、欲），人生而有之，接於物而後動焉。動而當於理，則聖也、賢

也；不當於理，則小人也。」（《王安石全集‧性情》）這也就瓦解了「性三品」說和「性善情惡」論。

那麼如何去「習」呢？王安石提出了「五事成性」、「盡性則至於命」和「繼天道而成性」的道德修養論。王安石的「五事成性」論包括「一曰貌，一曰言，三曰視，四曰聽，五曰思」（《王安石全集‧洪範傳》）這「五事」。這貌、言、視、聽、思都有自己的「習」的用處，他先引用了《洪範》的說法：「貌曰恭，言曰從，視曰明，聽曰聰，思曰睿。」然後他緊接著解釋了這五事：「恭則貌欽，故作肅；從則言順，故作乂；明則善視，故作哲；聰則善聽，故作謀；睿則思無所不通，故作聖。五事以思為主，而貌最其所後也」（《王安石全集‧洪範傳》）。人想要達到聖人君子的境界就要利用這「五事」使身心得到煉養，做到「不失色於人，不失口於人，不失足於人。不失色者，容貌精也；不失口者，語默精也；不失足者，行止精也。」（《王安石全集‧禮樂論》）普通的人努力做到了這「五事」並持之以恒加以修煉，最終就可以達到聖人的道德境界。那麼成聖的境界是怎樣的呢？王安石認為「既聖矣，則雖無思也、無為也，寂然不動，感而遂通天下之故可也。」（《王安石全集‧洪範傳》）如果是君主做到了這「五事」，那就可以化治天下了。他說：「以仁義禮信修其身而移之政，則天下莫不化」（《王安石全集‧王霸》），「五事，人君所以修其心，治其身者也，修其心、治其身而後可能為政於天下。」（《王安石全集‧洪範傳》）

那麼「習」什麼呢？也就是說，人性的善惡靠後天的學習，那學習什麼呢？在王安石看來要達到「盡性以至誠」（《王安石全集‧禮樂論》）的聖人境界就是要學習「仁義」道德。對王安石來說，仁義就是道德，道德就是講仁義，仁義和道德就是一而二，二而一的東西。他通過對孔子「志於道，據於德，依於仁」這句話來發揮他對「道德（仁義）」的看法。他說：「語道之全，則無不在也，無不為也，學者所不能據也，而不可以不以心存焉。道之在我者為德，德可據也。以德愛者為仁，仁譬則左也，義譬則右也。德以仁為主，故君子在仁義之間，所當依者仁而已。……禮，體此者也；智，知此者也；信，信此者也。」（《王安石全集‧答韓求仁書》）王安石認為在倫理和個體道德範圍內，仁義禮智信「五常」是最普遍的道德品質，個體要實現「仁義」就應當通過後天的學習來實現。王安石在傳統儒家倫理「仁者愛人」的基礎上擴大了仁義的範圍，認為仁義首先就是要有自己，他提出「養生以為仁」（《王

安石全集・禮樂論》），認為「養生」就愛，就是仁，「愛己者，仁之端也」（《王安石全集・荀卿》）。王安石認為有了自己，就應當做到利他，實現利己與利他的統一。其次，仁義就是要實現「仁濟萬物而不窮，用通萬世而不倦」（《王安石全集・大人論》）的境界。王安石認為要做到這種仁義的境界，不可能一蹴而就，要遵守由粗到精的學習規律。他說：「學之之道，則自粗而至精，此不易之理也。」（《王安石全集・致一論》）

事實上，王安石這裡談到的「仁義」就涉及到了倫理學的實質，用現代倫理學術語來說，倫理學就是研究人道，研究人之所以成為人的學問，也就是說倫理學就是講「仁義」的。東南大學著名學者樊浩先生也說：「一般認為，中國傳統倫理重義輕利，這種結論實際上並不能說明任何問題。……在世俗世界和現實生活中，因為人的利益關係和欲望衝動太現實、太強大，所以才需要以倫理道德建構意義世界，引導人的欲望，調節利益關係。倫理精神和道德哲學的使命，就是教人如何合理而智慧地處理義利之間的關係。對個體道德來說，義利關係的價值本性，是生命智慧，是合理健全的生命的智慧。」[28] 美國著名思想家安・蘭德（Ayn Rand）在《自私的德性》中說「倫理學的任務就是教人如何像人那樣生活。」[29]「（人們）可以自由的逃避現實，自由地分散注意力，隨心所欲地在任何道路上盲目地摔倒，但卻不能自由地逃避他不願看到的深淵。……人可以自由地選擇無意識的狀態，但卻不能自由地逃避無意識所帶來的懲罰：毀滅。人類是唯一有能力自我毀滅的物種——在人類的大部分歷史中，人都以『自我毀滅』的方式活動。」[30] 人的這種自我毀滅一個重要的原因是人放棄了倫理道德而產生的惡果。樊浩先生和安・蘭德女士談到的「道德」與王安石的「道德」實質上具有同一性質。

王安石作為中國古代大儒，他談到的「仁義」及其「五常」體系，總體上說，沒有超越儒家思想的基本框架。黑格爾認為，每個人都是時代的產兒，哲學家也不例外，自然，作為思想家的王安石也不例外。他雖然認為仁義就是道德，道德就是仁義，但是仁義的內容是不同的。他在前人的基礎上給傳統倫理中的義利思想注入了新的內涵，開拓了義利新的範圍，提出了他的以義利統一論和以義理財論為主要內容的義利觀。

總之，王安石這個包括「性情一也」和「五事成性」在內的「善惡由習」的人性論，宣告了「性三品」說和「性善情惡」論的破產。同時，又批判了理學家提出的「天地之性」和「氣質之性」的人性二重說。王安石的人性論

是對發端於孟子，後經董仲舒完善，中經佛教倫理的傳播，最後由李翱完成性善情惡論所做的系統的批判。在中國倫理思想史上他把人性論推向了高峰，他的人性論達到了系統而精緻的狀態，對後世的思想家如王廷相、王夫之的「性習」之辨產生了積極影響，因而在中國倫理思想史上具有十分重要的地位。

然而，王安石這樣一個重要的思想家卻長期未受到重視。「一個令人驚異的現象是，各種哲學史教科書或者都列有王安石專論，而各種宋明的專著又都將王安石排除在外，最典型的是侯外廬先生主編的《宋明理學史》。又如《宋元學案》於「附錄」才闢有「荊公新學略」。」[31]

二、義利統一論

中國倫理思想史上的義利觀經常陷入一種「圍城現象」：就是「義」和「利」孰先孰後和孰輕孰重的爭論。這種義利觀的「圍城現象」曾經產生過四種主要的義利觀：儒家重義輕利論、法家重利輕義論、道家義利並輕論和墨家義利並重論。在中國倫理思想史上把自己的義利觀運用於現實並且取得偉大實績的出色代表是王安石。他拓展了「義」和「利」的思想內涵，解決了傳統倫理思想史上義利孰先孰後和孰輕孰重的「圍城現象」，回答了義利孰先孰後和孰輕孰重的「司芬克斯」之迷。

中國倫理思想史總體上「缺乏實利精神氣質。雖然在中國傳統文化的哲學精神中貫注了義利之辨，雖然在這種義利之辨中也有重利之聲音，但是在總體上，一方面此利僅限於社會整體立場之利而非個人立場之利，另一方面，占主導地位的則是傳統儒學別義利為二的尚義之精神氣質。由於這種精神氣質將義利二分對待，義可以離利而獨立存在，並在此基礎上進一步將人的存在價值、意義完全歸結於這種與利二分相對的義，因而，在全社會形成一種廣泛的蔑利文化情結。」[32]

在缺乏重利精神的中國倫理思想中，王安石的義利觀是個獨特的存在，他的義利統一論和以義理財論是既真正重視物質利益，又重視道義，把義利統一起來了。

（一）擴大了傳統倫理「義」範疇的內涵

王安石在傳統儒家「仁義」及其「五常」的倫理體系的基礎上，擴大了傳統倫理「義」的內涵，他認為「義」主要有以下三個方面的含義。

一是「理財」。他說：「政事所以理財，理財乃所謂義也。一部《周禮》，理財居其半，周公豈為利哉？」(《王安石全集‧答曾公亮書》)王安石賦予了義利不同的內容和時代價值。這也是為什麼他遭到理學家批判的重要原因。他的反對者如程頤、程顥和司馬光認為他所說的義利就是為了他自己的權力，是損害老百姓的利益，是給朝廷添亂。王安石在《答司馬諫議書》中做了有力的反駁。他說：「舉先王之政，以興利除弊，不為生事。為天下理財，不為徵利。」(《王安石全集‧答司馬諫議書》)

二是「富邦」。這是針對北宋積貧積弱的社會現實提出來的，也是他變法的一個重要目的。「作為一個實際的政治家，北宋王朝面臨的積貧、積弱的現實問題等待著他去解決，即使他想維護現存秩序也是不可能的，因為現存秩序本身已經亂了，在這種情況下空談重義輕利的高調是無補於事的。」[33] 在王安石看來，使國家富強就是義。從政者就是要使國家富強，這樣老百姓就會過上幸福生活，國家就會穩定，否則「民之窮，則君之羞」[34]。因此，國家當政者要大力發展生產，增加社會財富，以提高人們的生活水平。他認為要「因天下之力，以生天下之財；取天下之財，以供天下之費」(《王安石全集‧上皇帝萬言書》)。

三是「利民」。重視民利是王安石「義」的重要內容之一，王安石繼承了他的精神導師孟子的「民為貴，社稷次之，君為輕」(《孟子‧盡心下》)的光輝思想，重視老百姓的利益。他認為只有讓老百姓「無憾於衣食」才能興「禮義廉恥」。他說：「夫閔仁百姓而無奪其時，無侵其財，無耗其力，使其無憾於農食，而有以養生喪死，此禮義廉恥之所興，而二帝、三王誠敕百工諸侯之所先，後世不可以忽者也。」(《王安石全集‧誡勵諸道轉運使經畫財利寬恤民力》)王安石從他的人性論出發，認為看重物質利益是人情的表現，不應該反對。他的變法運動其中一個重要的目的就是為民利民，這與他重視民利的義利觀有直接的聯繫。

(二) 對傳統「利」內涵的突破

王安石把「利」區分為兩種：公利和私利。公利是王安石「利」思想第一方面內涵。王安石認為公利就是公義，公利就是指老百姓和國家民族的利益，也就是「公義」。這在形式上與先秦的墨子具有某種相似性，但是兩者還是有很大區別的。墨家的公義不一定指物質利益，而更多的是指「兼愛」「互愛」。

王安石的「公利」思想集中表現就是指國家的財政收入，也就是理財。在政事範圍內，他認為義與公利是統一的，「理財乃所謂義」他說：「孟子所言利者，為利吾國。……至狗彘食人則檢之，野有餓莩則發之，是所謂政事。政事所以理財，理財乃所謂義也。一部《周禮》，理財居其半，周公豈為利哉？」（《王安石全集‧答曾公亮書》）這裡的「利」就是公義，是不應該反對的。在理論上王安石把理財與牟利區別開來了，認為理財是為國為天下的公利，不是為了滿足個人的私欲。「為天下理財，非所以佐私欲」，「為天下理財，不為徵利」（《王安石全集‧答司馬諫議書》）。所以，從這個角度來說，義等於利。理學家是從傳統儒家「道統」論的角度來說明問題，而王安石是從政治上和當時宋代的實際情況來說的。兩者的角度不同看問題的方式不同，最後得到的結論自然也是不同的。這也是他遭到理學家反對的理由。

但是，我們在研究王安石時，最容易忽視的一個問題就是忘記了王安石是政治家的身份，他是站在政治家的立場上來闡釋他的義利學說。王安石公元 1042 年（即宋仁宗慶曆二年）二十二歲中進士第四名之後，一生都在為官，任地方官達二十多年，在宰相之位達七八年之久。面對大宋帝國日益困窘的財政狀況和積貧積弱的社會現實，任何一任政治家都不可能忽視這個問題。他做出了他所生活的那個時代一位政治家應有的貢獻。他的義利思想影響了後來的陳亮、葉適等功利主義學派。

私利是王安石「利」思想第二方面內涵。私利就是指個人的物質利益。他肯定了個人利益，認為個人利益沒有滿足，人就會產生貪欲。「人之情，不足於財，則貪鄙苟得，無所不至。」（《王安石全集‧上皇帝萬言書》）但是，私利不能像野獸那樣無節制的膨脹，否則就會使社會產生貧富不均，貧富不均社會就會動亂。他說：「貪饕之行成，則上下之力匱。如此則人無完行，士無廉聲；尚陵逼者為時宜，守檢柙者為鄙野；節義之民少，兼併之家多，富者財產滿布州城，貧者困窮不免於溝壑。」（《王安石全集‧風俗》）因此，要用「義」來節制這種貪利之風。

（三）公利與私利的處理原則

公利與私利如何處理，王安石認為有三條原則。一是「斂財」，從富人手中徵收財稅，這也是他變法理財的重要措施。他說：「稍收輕重斂散之權，歸之公上，而制其有無，以便轉輸，省勞費，去重斂，寬農民，庶幾國用可足，民財不匱矣。」（《王安石全集‧乞制置三司條制》）二是主張「損有餘以補不

足」。他說：「損有餘以補不足，天道也，悠悠之議，恐不足惜，在力行之而已。」（《王安石全集‧與孟逸秘校手書第五》）要「損」那些為富不仁的大官僚大地主和土地擴張者，「補」那些生活有困難的百姓。通俗的講，就是用富人的口袋裏的錢去補窮人的口袋，從而做到「以政令均有無，使富不能侵貧，強不能淩弱。」[35]三是主張「禮以節之」。他說：「人情足於財而禮以節之，則又放僻邪侈，無所不至。」（《王安石全集‧上皇帝萬言書》）王安石認為「禮」是規範人性，使人性變善的方式，他反對荀子「聖人化性起偽」的觀點。人的物質財富太多或是物質財富太少都應當用「禮」節之，多的要被「損」，少的要「補」，要做到「順其性之欲」，否則社會道德就會混亂，人就會「慢其父而疾其母」。他說：「今人生而有嚴父愛母之心，聖人因其性之欲而為之制焉，故其制雖有以強人，而乃以順其性之欲。聖人苟不為之禮，則天下蓋將有慢其父而疾其母者矣，此亦可謂失其性也。」（《王安石全集‧禮論》）他這裡講的「欲」也就是人的私利，而「禮」節的也就是人的這種私利。

公利與私利的關係，也涉及到利己和利他的關係問題。王安石認為利己和利他是統一的，但是利己是利他的條件，人只有先利己然後才能利他。他批評楊朱和墨子，一個只為利己，一個不知為利己，這兩者都是不可取的。楊朱「拔一毛利天下而不為也」是不義，墨子「摩頂放踵以利天下」是「不仁」。他說：「是故由楊子之道則不義，由墨子之道則不仁。於仁義之道無所遺而用之不失其所者，其唯聖人之徒歟！」（《王安石全集‧楊墨》）在為己與為人的關係中，他認為利己是利他的先決條件，「為己，學者之本本也」；「為人，學者之末也」，「是以學者之事必先為己，其為己有餘而天下之勢可以為人矣，則不可以不為人。」（《王安石全集‧楊墨》）也就是說，人要先「為己」同時又要「不可以不為人」，做到了「為己」與「為人」統一，也就實現了利己與利他的統一，無疑這是合理的。

（四）義和利孰先孰後的問題

王安石主張先利後義。傳統的儒家如孔子、孟子、董仲舒等都主張先義後利。孔子主張「義以生利」，有了利，才能「利以平民」，這才是「政之大節也」（《左傳‧成公二年》）。在《論語‧先問》中他還說「見利思義」，「義然後取」，「見得思義」（《論語‧季氏》）。孟子從人性善出發，認為仁義是人天生就有的，不是外在力量鑄造的。他說：「仁義禮智，非由外鑠我也，我固

有之也。」(《孟子‧告子上》)其他的「惻隱之心」，「羞惡之心」，「辭讓之心」，「是非之心」等都是義的表現形式。因此他是主張先義後利。他在謁見梁惠王時說：「王何必曰利？亦有仁義而已矣。王曰：『何以利吾國？』大夫曰：『何以利吾家？』士庶曰：『何以利吾身？』上下交征利，而國危矣。萬乘之國，弒其君者，必千乘之家。千乘之國，弒其君者，必百乘之家。萬取千焉，千取百焉，不為不多矣。苟為後義而先利，不奪不饜。」(《孟子‧梁惠王上》)所以他建議梁惠王要先講仁義不要討論利益問題。這裡孟子發展了孔子「見義思利」「先義後利」的思想。荀子也是主張先義後利。「國者，巨用之則大，小用之則小。……巨用之者，先義後利。」(《荀子‧王霸》)董仲舒也是認為先義後利的。他說：「凡人之性，莫不善義，然而不能義者，利敗之矣。」(《春秋繁露‧玉英》)進而提出「仁人者正其道不謀其利，修其理不急其功。」(《春秋繁露‧對膠西王越大夫不得為仁》)他的意思是說仁人要先謀義，不要急於求功利。宋代理學家是一味的強調義而不樂意談利，認為「義利之說，乃儒者第一義」(《朱熹集‧與延平李先生書》卷二十四)，「大凡出義則入利，出利則入義。天下之事，惟義利而已」(《二程集‧河南程氏遺書》卷十一)。

　　王安石提出了不同的看法，認為先利後義，利是義的出發點也是義的歸宿，安定的物質生活是培養人們良好道德情感的基礎。王安石在《洪範傳》中說：「人之始生也，莫不有壽之道焉，得其常性則壽矣，故一曰壽。少長而有為也，莫不有富之道焉，得其常產則富矣，故二曰富。得其常性，又得其常產，而繼之以毋擾，則康寧矣，故三曰康寧也。夫人君使人得其常性，又得其常產，而繼之以毋擾，則人好德矣，故四曰攸好德。好德，則能以令終，故五曰考終命。」(《王安石全集‧洪範傳》)這是說，人有了常性，長壽、常產，又不受騷擾，人就有好的物質生活，這樣才可能有良好的道德情操。沒有安定的物質生活人們就可能不會有好的道德情感，沒有好的道德情感社會就會動亂。他說：「夫君人者，使人失其常性，又失其常產，而繼之以擾，則人不好德矣。」(同上)「民窘於衣食，而欲其化而入於善，豈可得哉！」(《王安石全集‧夔說》)因此，他總結說：「蓋聚天下之人，不可以無財；理天下之財，不可以無義。」(《王安石全集‧乞制置三司條制》)王安石看到了物質利益對道德的基礎作用，把握了倫理的本質，這具有進步意義。

（五）義和利孰輕孰重的問題

王安石主張義與利同等重要。在中國倫理思想史中重義輕利占主流地位，孔子、孟子、荀子、董仲舒等都是持這種看法；要麼就像法家重利輕義；或者乾脆像道家把義和利都拋棄掉。宋代理學家完全把「義」和「利」對立起來，哪怕是為了私利的道德動機去求取公利也是不可取的，甚至更極端地認為「餓死事極小，失節事極大」（《二程集‧河南程氏遺書》卷二十二下），把義與利的對立推到了頂峰。這種義利「圍城現象」王安石把它解構掉了，他指出義利都很重要，兩者卻已不可缺，義和利像錢幣的兩面。事實上，一個普遍的認識是：根本不講利是錯誤的，而唯利是圖違背社會道義又是可恥的。王安石主張義利統一無疑是進步的。他認為，「利者義之和，義者利固所為利也」（《續資治通鑒》卷二百一十九，熙寧四年正月壬辰）。如果統治者不能使老百姓生活富裕，那麼貪欲之風就會無所不至，「人之情，不足於財，則貪鄙苟得，無所不至。」（《王安石全集‧上皇帝萬言書》）但是，如果財富富裕「利」實現了，不強調「義」也會產生社會混亂。他說：「人情足於財而無禮以節之，則又放僻邪侈，無所不至。」（同上）

王安石作為中國古代政治家，合理地吸收了前人和同時代人的思想，看到物質利益與道德的統一性，主張義利統一的義利觀是合理的。

總之，王安石破解了困惑在人們心中的義利孰輕孰重和孰先孰後的義利「圍城現象」。他的義利統一的義利觀是徹底的：他既給「義」和「利」做了新的解釋又區別了私利和公利以及兩者之間的關係；既看到了物質利益（利）的必要性又看到了道德（義）的重要性及其兩者的關係；既強調了物質利益是道德的出發點也是道德的歸宿，沒有好的物質利益就不會有好的道德，又強調了道德和物質利益的統一性。這在中國倫理思想史上具有重要的意義，對我國構建社會主義和諧社會來說具有重要的參考價值。

三、以義理財論

以義理財論是王安石義利觀又一個重要的內容。如果說義利統一論是他的義利觀的理論層面，那麼以義理財論就是他的義利觀的實踐層面，而他發動的「王安石變法」則是他的義利觀具體的政策體現。王安石在《乞制置三司條制》中明確提出了他的以義理財的功利主義義利觀。他說：「聚天下之人，不可以無財，理天下之財，不可以無義。」（《王安石全集‧乞制置三司

條制》）

馬克思在《政治經濟學批判》序言中說，「物質的生活方式制約著整個社會生活、政治生活和精神生活的過程。」[36] 恩格斯進一步指出，「每一個社會的經濟關係首先是作為利益表現出來。」[37] 但是，馬克思又指出，「財產的任何一種社會形式都有各自的『道德』與之相適應」[38]。雖然，王安石對道德和經濟基礎的關係的理解沒有馬克思恩格斯那樣深刻，但是他在義利統一論中已經認識到了物質利益對道德具有基礎性的作用。增加社會財富不但是大宋帝國這個國家的政治問題，是解決帝國積貧積弱的中心問題，而且是一個社會風俗好壞人情善惡的倫理道德問題。王安石說：「合天下之眾者財，理天下之財者法，守天下之法吏也。」（《王安石全集・度支副使廳壁題名記》）正是因為財產不僅可以籠絡天下人心，而且是社會倫理秩序的物質基礎，因此，他總結說：「理財乃是所謂義」（《王安石全集・答曾公立書》）。他賦予了理財以道德內涵。

那麼，王安石面對北宋「恩逮於百官者惟恐其不足，財取於萬民者不留其有餘」（趙翼《廿二史札記》卷二十五）的經濟財政狀況，又是如何理財的呢？這就是他的以義理財論的兩部分內容：一是內部理財，一是外部理財。

（一）內部理財

王安石在《與馬運判書》中說：「嘗以謂方今之所以窮空，不獨費出之無節，又失所以生財之道故也。富其家者資之國，富其國者資之天下，欲富天下則資之天地。蓋為家者，不為其子生財，有父之嚴而子富焉，則何求而不得？今闔門而與其子市，而門外莫入焉，雖盡得子之財，猶不富也。蓋近世之言利雖善矣，皆有國者資天下之術耳，直相市於門內而已，此其所以困與？」（《王安石全集・與馬運判書》）王安石打了個比喻來說明理財之道，認為要發展生產，增加社會財富，不能關起門來與子女做交易，那樣就是盡取子女的財產也不可能使家庭富裕。

內部理財的實質是調整財富的結構布局，就是對北宋帝國的施政策略做改革，在保持皇權不變的情況下改革政府機構，加強中央政府對財政權的控制，把落在富人手中的鉅額資金適當地收歸中央政府，國家壟斷對鹽、鐵、茶、礬等的專賣，對社會資本進行重新組合分配，來達到富國強兵利民的目的。這種富國強兵利民，也就是王安石義利觀中「理財乃是所謂義」的內涵。

　　例如制置三司條例司就是他推行「理財」措施的重要的政府立法機構。制置三司條例司是超越行政機構、財務機構和軍事機構之上的機構。[39]王安石推行的富國強兵利民的新法就是由這個機構來完成的。

　　在《上皇帝萬言書》中他就談到了當今朝廷皇室，各級政府官吏的奢靡生活是導致國庫空虛的重要原因之一。他說：「天下以奢為榮，以儉為恥」（《王安石全集·上皇帝萬言書》），「富者竟以自勝，貪者恥其不若。」（《王安石全集·論風俗》）「婚喪、祭養、宴享之事。服食、器用之物，皆以命數為之節，而齊以律度量衡之法。」（《王安石全集·上皇帝萬言書》）尤其是大地主大官僚，「閨門之內，奢靡無節，犯上之所惡，以傷天下無教者，有已甚者矣，未聞有朝廷有所放絀，以示天下」（同上）。為了抑制浪費奢侈之氣，達到「理財」目的，王安石建議皇帝限制政府官員的開支。同時，崇儉節約。王安石以身作則，以身示範，在朝廷中崇尚節約，他從我做起，以身示範取得了一定效果。

（二）外部理財

　　外部理財就是通過發展農業，改造大自然來創造社會財富。一些學者認為王安石變法只是「富國之術」，不是通過生產而是通過「以其道通其變」，也就是說通過財產的再分配來增加中央財政收入的。這種看法只看到了王安石內部理財的方面，而沒有看到他的外部理財的方面。作為任地方官達二十多年之久的王安石不可能僅僅只看到內部理財這一點。王安石在《與馬運判書》中說：「嘗以謂方今之所窮空，不獨費出之節，又失所以生財之道故也。」（《王安石全集·與馬運判書》）這裡王安石就看到了創造財富的問題。這方面他比他的先輩桑弘羊站得高看得遠。

　　那麼生財之道的具體內容是指什麼呢？王安石說：「富其家者資之國，富其國者資之天下，欲富天下則資之天地。」（《王安石全集·與馬運判書》）這個「天地」就是大自然。意思是說，要想增加社會財富就要通過開發大自然來實現。限於歷史的局限性，王安石不可能看到生產力對社會經濟發展地巨大促進作用。在古代社會除了發展農業生產就沒有別的終南捷徑。所以，王安石說：「理財，以農事為急，農以去疾苦，抑兼并，便趣農為急」（《續資治通鑒長編》卷二百二十，熙寧四年二月庚午）。王安石變法中的「農田水利法」、「青苗法」、「方田均稅法」和「免役法」等新法就是為增加農業收入而採取的。以「青苗法」為例，青苗法，就是在農民莊稼青黃不接的時候由政

府提供低息貸款給以補助，從而「使農人有以赴時趨事，而兼不得乘其急」（《宋史・食貨志》），這樣就促進了農業的發展。

最能體現王安石「因天下之力，以生天下之財」（《王安石全集・上皇帝萬言書》）的外部理財原則的是農田水利法。農田水利法「主要有五項措施：（一）農田水利包括『土地所宜，種植之法』，『荒廢田土』的墾闢，『陂湖河港』、『溝洫』、『圩埠堤堰』的興復創修，水流的『均濟疏通』，等等項目。（二）上項工程由地方官或群眾提出計劃，繪圖申報，上級核定後施工。如發覺有疑問，另派人覆查研究，然後決定。（三）有關幾個州的大水利工程，另外報告中央政府，然後決定。（四）農田水利工程，由民力自辦。工役浩大，民力不能給者，政府用常平廣惠錢穀借貸，依青苗錢例納息。再不足，許有物力出錢借貸，照例出息。（五）興修有功，酬獎；因出人力物料而不備，應照期舉辦而不辦，都要處罰。」[40] 農田水利法推行以後，收到實際收益，達到了王安石外部理財理想的效果，「自熙寧三年至九年（公元 1070 年至 1076 年）的七年時間裏，興修水利共達一萬零七百九十三處，水利田達三十六萬三千頃」。[41]

馬克思主義強調生產力決定生產關係，經濟基礎決定上層建築，人們首先要滿足吃、穿、住、行，才有可能從事精神生產。世界銀行在 2000 年發佈的貧困調查報告中指出，貧困是一種痛苦，是一種疾病，窮人要承受來自食物缺乏引起的肉體痛苦，還要承受作為社會邊緣群體與缺乏參加主流社會的機會均等帶來的屈辱和心理上的痛苦，以及承受被迫做出某種選擇而帶來的道義上的痛苦。貧困是一種恥辱，一種當我們尋找幫助時，依賴他人，被迫承受無禮、侮辱和冷漠的感覺。[42] 伏爾泰曾經說過一句名言，瞭解前人如何想的，比瞭解他們如何做的更為有益。王安石不僅說了而且做了。限於歷史的局限，他雖然對貧困的認識沒有現代人這樣深刻，但是，他的義利觀卻包含了這種現代思想的基本內涵。因而，具有進步意義。

對於封建主義的國家，它所依靠的是汪洋大海般的農耕自然經濟，如果國家的財政出現危機，那麼任何一個帝國面臨崩潰的命運就不遠了。王安石這位大宋帝國「名高一時，學貫千載」（《蘇軾全集・王安石贈太傅制》）的政治家，在面對國家積貧積弱的現實時，不得不和他的決策者們為解決帝國的財政問題而嘔心瀝血，鞠躬盡瘁。北宋那場轟轟烈烈的，以富國強兵利民為目的王安石變法運動，是王安石義利統一論和以義理財論為主要內容的

義利觀在現實政治生活中的一次踐履。儘管他失敗了，但留給我們的是一筆豐富的財富：對於任何一個社會來說，如果只重視道義而蔑視物質利益那最終的命運就是潦倒；但是如果不講道義一味地追求物質利益其結果也必然是混亂。

第四章 王安石義利觀的歷史評價

　　王安石是中國歷史上最有爭議的人物之一，這個提出「天變不足畏，祖宗不足法，人言不足恤」（《宋史・王安石列傳》）的政治家在歷史上的評價各種各樣，可謂是「一樹梅花萬首詩」。具體的講主要是從他的人品、變法運動、詩文和學術思想等方面來評價的。對他的義利觀的歷史評價主要有「道義論」否定性評價和「功利論」肯定性評價兩個方面。

一、「道義論」：否定性評價

　　道義論強調應根據責任而行動的倫理學，它集中注意道德動機，把道義或責任看作是中心概念。它認為，有些事情內在地是對的或錯的。我們應當做或不應當做這些事只是因為這類事本身就是對的或錯的，而與做這些事情的後果無關。[43]中國古典道義論認為維護封建社會的三綱五常的倫理秩序才是最大的道義，誰打破了這一天經地義的道義誰就應該受到否定。王安石的義利觀具有功利主義倫理品質，這是封建社會傳統道義論所不能容忍的。

　　道義論對王安石義利觀的否定主要來源於兩個方面：一是封建專制主義者「政統」上的否定；一是傳統儒家學者「道統」上的否定。

　　第一，封建專制主義者「政統」上的否定。封建專制主義者為了維護「三綱」「五常」正統的倫理秩序，對王安石的義利觀進行了全盤否定。祁潤興先生在《陸九淵評傳》中談到，「封建專主義國家是一尊外強中乾的文明雕塑，就表面現象看，它上有不可一世的專制君主威加海內，權傾四方，中有龐大而臃腫的官僚機構我行我素，無孔不入；下有汪洋大海般的農耕自然經濟生生不息，綿綿不絕，但從內部本質講，維持其機體生態循環的血液動力系統，

卻是既早熟而又脆弱的小農業生產方式；調控其軀幹行為活動的神經反射系統，只是溫情脈脈的宗法倫理秩序觀念。」[44]如果祁潤興先生對封建專制主義制度的評價是合理的，那麼任何一個提出有違封建正統理論和思想的政治家都會被視為大逆不道的異端，王安石就是這其中的一位。

當王安石還坐大宋帝國宰相位置上的時候，時人對他的批評就從來沒有停止過。首次向王安石發難的是崔鷗，他說「王安石除異己之人，著《三經》之說以取士，天下靡然雷同，陵夷至於大亂，此無異論之效也。」（《宋史‧崔鷗傳》）認為王安石是為了實現個人的政治野心，排除政敵而使國家大亂。洛學傳人楊時批評王安石時，說：「蔡京用事二十餘年，蠹國害民，幾危宗社，人聽切齒，而論其罪者，莫聽所本也，蓋京以繼述神宗之名，實投王安石以圖身利，故推尊王安石，加以配享孔子廟庭。今日之禍，實王安石有以啟之。」（《宋史‧楊時傳》）

在封建專制主義否定性的評價中宋高宗趙構和明太祖朱元璋是最為典型的兩位。公元 1127 年，宋微宗、宋欽宗被金國部隊擄走以後，宋欽宗的庶弟康王趙構趁亂之際稱帝。他認為正是王安石的義利觀及他推行的變法運動，導致了大宋帝國的衰頹，從而招致靖康之恥。他這樣做是出於政治陰謀，因為如果他把北宋的滅亡加在王安石身上的話，那麼北宋的皇帝及皇室就可以免去敗國的歷史責任，又可以保持帝皇的聖明形象。這樣做既可以使世人常常緬懷北宋朝廷的恩德，又可以引開人們的視線思考另外一種國家失敗之因。今天，如果我們翻開修訂正史的《宋史》，我們就會發現：王安石變法的最重要的支持者、參與者、助手、學生和繼承人，幾乎全部被列入姦臣的行列，連《宋元學案》的編纂者也對王安石執有根深蒂固的偏見。

明朝開國皇帝明太祖朱元璋對王安石及其義利觀則是深惡痛絕，他說：「昔漢武帝用東郭咸陽、孔僅之徒為聚斂之臣，剝民取利，海內苦之；宋神宗用王安石理財，小人競進，天下騷然，此可為戒。」（余繼登《典故紀聞》卷四）黃仁宇先生抨擊明太祖朱元璋放棄「第二帝國開放性的財政設施，而採取一種保守性和收斂性的體制，與他（朱元璋）個人對王安石的反感有關。」[45]封建統治者對王安石義利觀的否定，其目的是為了維護封建統治秩序，即維護所謂的封建「政統」。這種否定性的評價是一種專制政治制度上的否定。在封建統治者看來只有符合封建專制統治的義利觀才是合法合理的，而王安石的義利統一和以義理財的義利觀對他們來說是一種異端，與傳統重

義輕利的義利觀格格不入。也因此後世的專制統治者對這位「得志於君則變時而之道若手反然」(《王安石全集‧送孫正之序》)的王安石大多是持否定立場的。顯然，這種以維護封建統治為目的「道義論」具有極大的道德欺騙性，這種否定性評價是應當批判的。

　　第二，正統的儒家學者否定性的評價，即所謂「道統」的否定。王安石公開提出的義利統一和以義理財的義利觀，對重義輕利為主流思想的儒家倫理來說是一種公開的背叛，王安石觸動的最根本原則就是王霸義利的倫理準則，這是一個微妙的平衡系統表現為「以義為上」和「公利可言」的有機統一。假如動搖了這個平衡，便是對整個穩定的中國倫理文化系統的破壞，必將被吞噬在一個無形的黑洞中。[46] 所以受到保守派和南宋以後儒家傳統倫理捍衛者的一致反對和批評。自北宋以後中國封建社會的整個思想由開放的狀態轉向封閉的狀態。儒學由也開放的先秦原典儒學轉向逐漸封閉的宋明理學，最終把儒學趕進死胡同；政治制度上由也開放走向封閉，一步一步發展到清代的閉關鎖國政策，直到外國列強用堅船利炮才打開中國的國門。在這種主流話語中，就是進步的思想家也難逃「義主利從論」的窠臼。明代正德年間的狀元楊慎就是一個典型。他對王安石是深惡痛絕，說王安石是古今第一小人。他認為王安石行新法，起用了小人，最終為法自蔽。楊慎把王安石比喻為妖言惑眾的狐媚，害人甚深。楊慎認為北宋之亂不在朝廷而罪在王安石，認為對王安石不必作傳立碑，因為在他看來王安石無任何功勞。他說：「撫州有安石祠，陸象山作記。余曰：祠不必立，記不必作，安石何功合於祀典乎？」[47] 楊慎從立德、立言、立功這「三不朽」方面全面否定了王安石的功勞，自然也就否定了王安石的義利觀。不僅其他人如此，就是中國古代哲學集大成者王夫之在他的《宋論》一書中也對王安石口誅筆伐。他說：「君子之道，有必不為，無必為。小人之道，有必為，無必不為，執此以察其所守，觀其所行，而君子小人之辨昭矣」，「故王安石之為小人，無可辭也。」(《宋論》卷六)

　　「道統」的否定有兩個方面：一是以二程和朱熹為代表從「道問學」的角度來否定；一是以陸九淵為代表從「尊德性」的角度來否定。「道問學」和「尊德性」出自《中庸》中的一句經典：「君子尊德性而道問學，致廣大而盡精微，極高明而道中庸。」朱熹曾用盡一生的心血來注釋《論語》、《孟子》、《大學》、《中庸》這「四書」，並對自己的注釋不僅十分自信而且給自己高度

的評價。他對吳仁父說：「某《語》、《孟》集注，添一字不得，減一字不得。公子細看。又曰：不多一個字，不少一個字。」（《朱子語類》卷十九）「尊德性而道問學」這句話朱熹和陸九淵都非常重視，曾引起兩人長時間的爭辯。事實上朱熹和陸九淵兩人的爭辯也就是「道問學」和「尊德性」之爭，即所謂的「支離」和「簡易」之爭。黃宗羲在評述朱陸之爭時就指出：陸九淵之學，「以尊德性為宗」；朱熹之學，「則以道問學為主」（《宋元學案‧象山學案案語》）。他們否定王安石的義利觀也是從這個角度入手的。

朱熹是從「道問學」的角度來否定王安石義利觀的主要代表，當然其中也包括二程和司馬光。他們對王安石義利觀否定性的評價是後期中國封建社會「道統論」的主流。二程對王安石的批評，主要集中在他的義利統一論中。二程認為王安石提出義利統一論，本質上是為了實現他個人的政治野心。二程說：「介父當初，只是要行己志，恐天下有異同，故只去上心上把得定，他人不能搖，以是拒絕言路，進用柔佞之人，使之奉行新法。今則是他已去，不知今日卻留下害事。」（《二程集‧河南程氏遺書》卷二上）二程認為如果人的動機是為了實現個人理想的，哪怕是做有利於天下的公事，也是私心。二程說：「雖公天下事，若用私意為之，便是私。」（《二程集‧河南程氏遺書》卷五）他們認為王安石是為了個人的理想而為天下理財的所以應當受到批判。

王安石主張在國家「政事」範圍內，義利是統一的，「理財乃所謂義也」（《王安石全集‧答曾公立書》）。而二程認為，「仁義」「尚德」才是解決問題的最好辦法。他們說：「德者本也，財者末也。」（《二程集‧禮記‧明道先生改正大學》卷五）因此，二程反對追求財力，追求利益的動機。二程把人分為兩種：一種是「不記利害，惟看義當為不當為」的聖人君子；另一種是「皆知趨利而避害」的小人。君子聖人與小人的區別就是如何處理義利關係。他們認為聖人君子就是為「公」之人，小人則是為「私」之人，因此，反應在義利關係問題就是公與私的問題。他們說：「義與利只是個公與私也。」（《二程集‧河南程氏遺書》卷十七）王安石主張為國理財，主張義利統一，自然與提倡「至誠仁愛為本」的二程持相反的立場，所以他們認為王安石義利觀及其變法實踐是不符合「義」的，也應當受到批判。

司馬光具有傳統儒家思想。作為歷史學家，他從歷史上各個朝代合久必分，分久必合的王朝更替中深知國家倫理綱常「道統」的重要性。司馬光認

為「禮」是國之根本，不能隨便更改。他說：「天地設立，聖人則之，以制禮立法，內有夫婦，外有君臣。夫婦之從夫，終身不改；臣之事君，有死無貳；此人道之大倫也。苟或廢之，亂莫大焉。」（《資治通鑒》卷二百九十一）又說：「禮之為物大矣！用之於身，則動靜有法而百行齊焉；用之於家，則內外有別而九族睦焉；用之於鄉，則長幼有倫而俗化美焉；用之於國，則君臣有敘而政治成焉；用之於天，則諸侯順服而紀綱正焉」（《資治通鑒》卷十一）。這個「禮」在他看來就是儒家的「義」的表現，儒家修身齊家治國平天下必須用禮，有之天下則治，廢之天下則亂。他是站在儒家正統的「道統」立場來否定王安石的義利觀。王安石變法是王安石義利觀現實政策的體現，而司馬光認為王安石的變法是「侵官」、「生事」、「徵利」、「拒諫」。對司馬光的四點責難，王安石逐一以批駁，「某則以謂受命於人主，議法度而修之於朝廷，以授之於有司，不為侵官；舉先王之政，以興利除弊，不為生事，為天下理財，不為徵利；辟邪說，難聖人，不為拒諫」（《王安石全集·答司馬諫議書》），表達了他的功利主義立場。後來司馬光一當上宰相，就廢棄了王安石的新法，也足見其否定立場之堅定。

那麼朱熹的「道問學」是什麼呢？朱熹說：「道問學，所以致知，而盡乎道體之細也。」（《四書章句集注·中庸章句》）因此這個「道問學」就是「格物致知」，「即物窮理」。朱熹認為「理」包括在萬事萬物之中，「物我一理」，只要窮盡了事物的「理」也就明白心中的「理」了。

如果我們讀朱熹的《朱子語類》和《朱熹集》，就會發現朱熹往往採用先揚後抑的方法來批評王安石。朱熹頌揚地是王安石的人品德性和變法運動，而對他的義利觀則是否定的。朱熹稱王安石個人的道德修養是「修身行己，人所不及」（《朱子語類》卷五十五），說他的學問才識高妙，誇獎王安石的見解，高於當時世俗之儒，說他「欲凌跨揚、韓，掩迹顏、孟。」（《朱熹集·答汪尚書五》卷三十）尤其服膺他的「鞭笞漢唐，直追三代」的高志遠識，認為王安石在當世是無人能比的。朱熹評價王安石時說：「而其始見神宗也，直以漢文帝，唐太宗之不足法者為言，復以諸葛亮、魏元成之不足為者自任，此其志識之卓然，又秦漢以來諸儒所未聞者，而豈一時諸賢之所及哉？」（《朱子語類》卷一百二十七）對王安石變法的歷史必然性，朱熹也做了充分肯定的評價。他說：「熙寧更法，亦是勢當如此」，「時非獨荊公要如此，諸賢都有變更意」，「新法之行，諸公實共謀之，雖明道先生不以為不是，蓋那時也是

合變時節。」（《朱子語類》卷一百三十）但是，對王安石的義利觀朱熹是不贊同的，他從「道問學」方面進行了否定。朱熹說王安石的學說是「於學不正」、「雜糅佛道」或「學本出於刑名度數」，說他的為人為學「雖極勤苦而流於異端，雖極宏富而病於博雜」，「志雖高遠，而學實凡近」，「足已自聖」，「違眾自用」（《朱熹集‧讀兩陳諫議遺墨》卷七十）。他認為既然王安石的學問是「於學不正」，那麼包括王安石義利觀在內的「王荊公新學」也就顯得不正，就達不到「格物致知」的效果。不能格物致知，那一個人想要實現修身、齊家、治國、平天下的理想就成為不能，也注定要失敗。正是因為這樣，所以他批評王安石，終於倒行逆施，「學術不正當，遂誤天下」（《朱子語類》卷一百二十七）。不惟如此，他還認為「學無淺深，首要辨義利」（《朱子語類》卷十三），「為義之人，只知有義而已，不知利之為利」（《朱子語類》卷十三）。他認為這些是王安石沒有做到的，從而就從「道問學」的角度完成了對王安石的義利觀及整個「荊公新學」的否定。

陸九淵是從「尊德性」的角度來否定王安石義利觀的主要代表。所謂「尊德性」朱熹的解釋是「尊德性，所以存心，而極乎道體之大也」（《四書章句集注‧中庸章句》）。陸九淵從主觀唯心主義「心即理」出發，認為「宇宙便是吾心，吾心即是宇宙」，宇宙萬物的「理」不過是我心中「理」的外在顯現。因此，要知此「理」不必像朱熹那樣「即物窮理」，只要「支離」功夫，也就是「尊德性」，就像孟子所說的「先立乎其大者」。他說：「既不知尊德性，焉有所謂道問學？」（《陸九淵集‧語錄上》卷三十四）陸九淵就是從這個角度來否定王安石的義利觀的。不過，同朱熹一樣他也只是肯定王安石的人品，而對他的包括義利觀在內的「荊公新學」也是持否定立場的。陸九淵《荊國王文公祠堂記》一文，是南宗初年以來最早公開發表對王安石身後受到不公正待遇的傳世之作。但該文肯定的是王安石的人品，同時為他變法失敗作開脫。陸九淵評價王安石「英特邁往，不屑於流俗，聲色利達之習介然無毫毛得以入於其心，潔白之操，寒於冰霜」，「公以蓋世之英，絕俗之操，山川炳靈，殆不世有。」（《陸九淵集‧荊國王文公祠堂記》）

對王安石的義利觀陸九淵是不認同的，我們可以從淳熙八年（公元 1183 年）陸九淵在白鹿洞書院的那次精彩的演講中就可以獲得這種認識。他講的就是《論語‧里仁》篇中的「君子喻於義，小人喻於利」。一開場，他就說：「故學者之志，不可不辨也。」接著講理由：「人之所喻，由其所習；所習，

由其所志。志乎義，則所習者必在於義。所習在於義，斯喻於義矣。志乎利，則所習者必在於利，所習在於利，斯喻於利矣。故學者之志，不可不辨也。科舉取士久矣，名儒鉅公，皆由此出，今為士者，固不能免此。然場屋之得失，顧其技與有司好惡如何耳，非所以為君子小人之辨也。而今世以此相尚，使汩沒於此而不能自拔，則終日從事者，雖曰聖賢之書，而要其志之所鄉，則有與聖賢背馳者矣。推而上之，則又惟官資崇卑、祿廩厚薄是計，豈能悉心力於國事民隱，以無負於任使之者哉？從事其間，更歷之多，講習之熟，安得不有所喻？顧恐不在於義耳。誠能深思是身，不可使之為小人之歸。其於利欲之習，怛焉為痛心疾首，專志乎義而日勉焉，博學、審問、慎思、明辨而篤行之。由是而進於場屋，其文必皆道其平日之學，胸中之蘊，而不詭於聖人。由是而仕，必皆共其職，勤其事，心乎國，心乎民，而不為身計，其得不謂之君子乎？」（《陸九淵集‧白鹿洞書院論語講義》）陸九淵認為君子首先要「立乎其大者」，也就是「尊德性」，要辨別「義利公私」。他認為君子做官要拋棄私欲，一心為公，這是合理的，但是他根本否定人的個人利益，他認為要去掉人心中的個人利益就要剝落，「剝落得一番，即一番清明，後隨起來，又剝落，又清明，須是剝落得淨盡方是」（《陸九淵集‧語錄下》卷三十五）。這與理學家講的「革盡人欲，復盡天理」本質上是一致的。王安石是肯定個人利益的，認為如果老百姓的個人利益沒有滿足天下就會大亂。因此，這是陸九淵不能認同王安石的重要原因。他總結說：「讀介甫書，見其凡事歸之法度，此是介甫敗壞天下處」，「介甫不當言利」。（同上）

　　總之，無論朱熹是從「道問學」的角度來否定王安石的義利觀，還是陸九淵從「尊德性」的角度來反對王安石的義利觀，兩者都是從傳統儒家「道統」的立場來否定的，兩者的性質是一樣的，只是角度不同罷了。朱熹以客觀唯心主義的「理」為基礎，從「道問學」的角度來否定王安石的義利觀，可能會喪失「理」的道德性，導致義利觀的虛偽性。陸九淵以主觀唯心主義「心」為基礎，從「尊德性」的角度來否定王安石的義利觀，可能會喪失「心」的道德性，導致義利觀的虛無性。最終兩者都會走向禁欲主義的不歸之路。

二、「功利論」：肯定性評價

　　功利論也可以說是功利主義，它的「本質特徵是，人們對一個人的行為

的善惡評價所依據的主要標準，應該以行為者的行為所產生的效果或結果而定。」[48] 中國道義論遮蓋下的功利主義學派對王安石義利統一的義利觀基本上是肯定的。這種肯定包括三個方面：一是古代的功利論如陳亮、葉適、顏元、蔡上翔和龔自珍等；二是資產階級改良派如梁啟超等；三是現代馬克思主義學者如漆俠、鄧廣銘等。近現代功利論對王安石義利觀肯定性的評價處於支配地位，但也不泛否定性評價如史學家錢穆等。

浙東的事功學派如陳亮和葉適等都是主張義與利是統一的，認為義與利並不是互相矛盾的，更不應相互排斥。陳傅良把陳亮的思想概括為「功到成處便是有德；事到濟處便是有理」(《陳亮集‧致陳同甫書》)。浙東事功派的觀點受到了王安石的影響，他們繼承了王安石義利統一的義利觀，反對把義與利對立起來的傳統倫理主流觀點。所以，他們遭到朱熹的反對，朱熹說他是「專是功利」。陳亮則反駁說：「諸儒自處者曰義曰王，漢唐做得成者曰利曰霸，一頭自如此說，一頭自如彼做，說得雖甚好，做得亦不惡如此卻是義利雙行，王霸並用。如亮之說，卻是直上直下只有一個頭顱做得成耳。」(《陳亮集‧甲辰答朱元晦書》) 這裡陳亮並不是採用義與利的雙重價值標準而是採用義利統一的標準。

葉適也說：「『仁人正誼不謀共利，明道不計功』，此語粗看極好，細看全疏闊。古人以利與人而不自居其功，故道義光明。後世儒者行仲舒之論，既為功利，則道義者乃無用之虛語爾。」(《習學記言序目》卷二十三) 浙東事功學派雖然肯定王安石義利觀，但是在具體理財政策問題上不贊成王安石的做法。他們認為王安石採用的「以義理財」的方法是「斂財」。他們既反對王安石理財的動機，又反對王安石理財的措施。例如，青苗法是抑制高利貸者，陳亮卻說「青苗之政，唯恐富民之不困也；均輸之法，唯恐高賈之不折也。」(《陳亮集‧上孝宗皇帝第一書》) 葉適也說：「當熙寧之大臣，慕周公之理財，為市易之司以奪商賈之贏，分天下以債而取其什二之息……今天下之民，不齊久矣。開闔、斂散、輕重之權不一出於上，而富人大賈分而有之，不知其幾千百年也，而遽奪之，可乎？奪之可也，嫉其自利而欲為國利，可乎？」[49]

清初顏元也是肯定王安石義利統一論的。他說：「其實，義中之利，君子所貴也。後儒乃云『正其誼，不謀其利』，過矣！宋人喜道之，以文其空疏無用之學。予嘗矯其偏，改云『正其誼以謀其利，明其道而計其功。』」(《顏元

集‧四書正誤》卷一）他稱讚王安石為「宋朝第一有用宰相」，認為王安石的變法「正是宋家對症之藥」（《顏元集‧朱子語類評》）。他認為，宋代之所以亡國是因為宋代反對王安石的義利觀及其變法的結果，不注重經世致用和理財，專務性命義理之學。他說：「宋人但見料理邊疆，便指為多事；見理財，便指為聚斂；見心計材武，便憎惡斥為小人。此風不變，乾坤無寧日矣！」（《顏元集‧顏習齋先生年譜》）批評理學家是「無事袖手談心性，臨危一死報君王」（《顏元集‧存學編》卷一）的無能之輩，認為王安石的不幸，就是宋朝的不幸。

清人蔡上翔全面肯定了王安石的歷史功績其中也包括他的義利觀。他「閱正史及百家雜說，不下數千卷，則因年以考事，考其事而辨其誣」（《王荊公年譜考略‧序》），寫成《王荊公年譜考略》一書為王安石辯誣。蔡氏在《王荊公年譜考略》一書中駁斥了一切詆毀王安石的流言。《邵氏聞見錄》中記載邵康節在洛陽天津橋上聽見杜鵑的叫聲，便預見王安石當宰相後要亂天下，蔡上翔認為這是無稽之談。他認為蘇洵的《辨奸論》是後世詆毀王安石的偽作。他指出，蘇洵在宋仁宗嘉祐元年（公元 1056 年）到京師，當時王安石還沒有當宰相，宋英宗治平三年（公元 1066 年）蘇洵去世，此時王安石還沒有實行變法，而《辨奸論》中說見王安石而知他要亂天下，這就不成理了。他還批評了貶斥王安石的司馬光、周德恭、楊慎等人，認為他們「採私書為正史」，沒有根據事實真相來評價王安石。在蔡上翔的筆下，王安石是一代聖人賢相。

但是，對王安石義利觀肯定性的評價在中國傳統倫理思想史上不占主流。近代隨著中國一步步淪為半封建半殖民社會，傳統儒家重義賤利，重本抑末和重農抑商的義利觀慢慢地被「求利」、「逐利」、「商本」的義利觀取代了，王安石的義利觀才受到重視，肯定型的評價才占主流地位。

在近代中國倫理思想史上最先肯定王安石義利觀的是傑出的思想家龔自珍，他看到千瘡百孔的清代社會現實，種種社會危機，對王安石極為推崇。他「少好讀王介甫《上仁宗皇帝書》，手錄凡九遍，慨然有經世之志」。[50] 王安石的功利主義義利觀與近代經世致用之學有異曲同工之妙，因而受到近代學者們的歡迎。

近代著名學者梁啟超在他著的《王荊公傳》中批評了《宋史》對王安石變法的否定，為王安石翻案。他說王安石「其德量汪然若千頃之陂，其氣節

嶽然若萬仞之壁，其學術集九流之粹，其文章起八代之衰，其所設施之事功，適應於時代之要求而救其弊，其良法美意，往往傳諸今日莫之能廢」。[51] 梁啟超肯定王安石義利觀及其變法實踐，突破了封建主義的樊籬。但是，他是站在資產階級改良主義立場上來評價王安石的顯得言過其實，過分誇大了王安石的功績。

漆俠先生在《王安石變法》一書中高度評價了王安石的歷史功勞，雖然他沒有正面肯定王安石的義利觀，但是他高度評價了王安石的變法運動，這就間接地肯定了王安石的義利觀。他認為王安石變法是地主階級的自救運動；王安石變法加強了北宋政府的封建統治，使北宋政府走出了積貧積弱的困境；王安石變法調整了封建經濟關係，促進了社會生產的發展，多少改善了勞動人民的生活。他認為王安石變法的失敗是歷史上一個進步力量的失敗。

著名的宋史專家鄧廣銘先生曾四寫王安石，他本著「有一分證據說一分話」的原則對王安石的義利觀做了充分的肯定。他認為王安石「因天下之力以生天下之財」的義利觀「符合經濟發展的精神和方向」，「多多少少使封建社會生產發展的遲滯進程稍得加速」[52] 充分肯定了王安石變法的進步意義。同時，鄧廣銘先生還肯定了王安石「天變不足畏，祖宗不足法，人言不足恤」（《宋史·王安石列傳》）的厚今薄古和勵精圖治的倫理精神。

漆俠先生和鄧廣銘先生站在馬克思主義功利主義立場上，運用辯證唯物主義和歷史唯物主義的史學方法來肯定王安石的義利觀無疑是科學的，也是合理的。

總之，後世評價王安石的義利觀由正反兩個方面展開：一方面對王安石的義利觀持否定性評價，這在古代倫理思想史上占主流地位；另一方面，對王安石的義利觀持肯定性評價，這在近代功利主義倫理思想上處於主導地位，與古代形成鮮明的對比。那麼，理性和冷靜的現代人對王安石的義利觀有了更清醒的認識，對他的義利觀的價值也有了辯證的看法。王安石畢竟是封建地主階級思想家，他提出的義利觀的終極目的是為了維護封建地主階級的利益，不是真正代表老百姓的利益。他重視老百姓的個人利益是手段，維護封建地主階級永恒的統治地位才是目的。因此，今天我們應當用辯證唯物主義和歷史唯物主義的眼光來看待王安石的義利觀。

第五章　王安石義利觀的當代價值

馬克思說：「人體解剖對於猴體解剖是一把鑰匙。反過來說，低等動物身上表露的高等動物的徵兆，只有在高等動物本身已被認識之後才能理解。」[53] 我們從先進的社會主義義利觀立場出發，本著辯證唯物主義和歷史唯物主義的態度來研究落後的封建社會中產生的王安石的義利觀，既要看到它表露出來的糟粕又要看到它合理的有價值的地方。這既有助於完善市場經濟促進企業倫理發展，又有助於抵制人際交往中盛行的物質主義。

一、完善市場經濟促進企業倫理發展的價值

王安石早就看到義利統一和以義理財的重要性。「理天下之財，不可以無義」（《王安石全集・乞制置三司條制》）。同時，他也看到了物質利益對個體的重要性。他在《洪範傳》中說：「人之始生也，莫不有壽之道焉，得其常性則壽矣，故一曰壽。少長而有為也，莫不有富之道焉，得其常產則富矣，故二曰富。得其常性，又得其常產，而繼之以毋擾，則康寧矣，故三曰康寧也。夫人君使人得其常性，又得其常產，而繼之以毋擾，則人好德矣，故四曰攸好德。好德，則能以令終，故五曰考終命。」（《王安石全集・洪範傳》）這是說，人有了常性，而得常產，不受騷擾，好的物質生活為培養良好的倫理道德準備了條件。物質利益和倫理道德，這兩者是和諧統一的過程。如果物質生活與倫理道德不和諧，就會「夫君人者，使人失其常性，又失其常產，而繼之以擾，則人不好德矣。」（《王安石全集・洪範傳》）「民窘於衣食，而欲其化而入於善，豈可得哉！」（《王安石全集・夔說》）沒有豐裕的物質生活，人們就可能不會有良好的倫理道德。因此，他總結說：「聚天下之人，不可以

無財」(《王安石全集‧乞制置三司條制》)。王安石強調只有義與利的統一即物質和精神的和諧統一，社會才能和諧發展。無疑這對於完善市場經濟抵制泛濫的拜金主義促進企業倫理發展具有重要的意義。

市場經濟是理解現代中國社會的一枚鑰匙，不能說市場經濟是中國社會生活的全部，但至少是中國社會生活最重要的領域之一。市場經濟與小農經濟具有不同的價值形態、倫理取向和道德規範。傳統小農經濟是以家為單位，是家長制下的指派性勞動，生產的目的主要是自給自足，人的主體性淹沒在家族集體之中，「我」呈現不在場。市場經濟凸現人的主體性，是在「利他」語境中的「自利」，是「我」的在場。市場經濟是從傳統小農經濟熟人社會向契約社會的發展。「利」是市場經濟的驅動力。可以說「利」及人的主體性的發現是市場經濟最大的成就之一。在市場經濟中「利」或「自利」不再被簡單視為道德意義上的惡，反而獲得了某種肯定性的評價。

在傳統倫理思想史上也曾出現過對「利」的肯定，例如，陳亮的「功到成處便是有德；事到濟處便是有理」，李贄的「穿衣吃飯，即是人倫物理；除去穿衣吃飯，無倫物矣」，等等。但是占主導地位的還是「君子喻於義，小人喻於利」、「重義輕利」、「重義賤利」的義利觀。這種重義輕利的義利觀曾在極左思潮的年代裏還達到了登峰造極的地步。諸如「狠鬥私字一閃念」，「個人的事再大也是小事，集體的事再小也是大事」，個人利益要「無條件地服從集體利益」，等等。十一屆三中全會以來中國實行改革開放和市場經濟，「利」的合法性才被張揚。市場經濟是一個不可逆轉的趨勢，就其本質而言它是一種以「利」為導向的經濟形態。市場經濟從根本上衝破了禁欲主義與蔑利的文化情結，是對在歷史上曾經出現過並在一個相當長的時期占主導地位的義利對立、重義輕利倫理精神的否定。

當然，在市場經濟中不是只有「利」就可以達到一種圓滿。「利」的不受限制的膨脹就會使市場經濟走向另外一種怪圈，就會使人產生為錢而錢、為利而利的變異心理。當「利」本身成為本體論意義上的終極目的，就會使社會產生奢侈和浪費，滋生拜金主義，最終使社會崩潰。奢侈既是沒落的象徵，又是罪惡的發端。因而，市場經濟必須又要有「義」的價值主導。

在市場經濟中企業是除了政府組織之外發揮重要作用的組織，它是社會經濟的細胞。企業倫理的訴求就是實現「義」與「利」的統一。企業倫理，也稱為商業倫理，一般是指蘊涵在企業的生產、經營、管理及生活中的倫理

關係、倫理意識、倫理準則與倫理生活的總和。倫理關係包括企業與投資人（股東）、員工、消費者、合作者、競爭者、媒體等的關係。倫理意識包括企業的道德風氣、道德傳統、道德心理、道德信念等。企業倫理是企業規範性文化，是一種特殊的行為規範。這種行為規範通過社會輿論、內心信念和傳統習慣等非強制性手段作用於企業和個人。企業倫理以其積極示範效應和強烈的感染力作用於企業和員工，從而達到企業經營與發展。[54]企業倫理的精髓是企業價值觀，而價值觀的核心問題是義與利的問題，因而企業倫理價值觀也就主要表現為企業倫理觀。在市場經濟中，企業的產品開發、市場開拓、營銷策略和售後服務等都涉及到企業的價值判斷，面對的大量價值判斷是「應該不應該」和「對或錯」的問題，這些問題的實質就是「義」和「利」的問題。

　　企業的基本追求是營利，也就是說企業總是要賺錢的。對整個社會來說，企業的營利是一種自私行為。正如亞當‧斯密所說，「我們每天所需要的食料和飲料，不是出自屠戶、釀酒師或烙面師的恩惠，而是出於他們自利的打算。」[55]但是，企業這種自私的行為不但在市場經濟中不能被限制反而要大力鼓勵。沒有企業的營利就不可能有市場的繁榮。然而，企業是不是為了營利就可以不承擔企業的倫理責任了呢？是不是為了營利就可以損害員工、競爭者或合作者的利益呢？是不是可以用低劣的產品矇騙消費者呢？顯然不能，也不應該。企業的營利是「利」的行為，企業承擔倫理責任是「義」的行為。義利統一和以義理財是企業倫理的訴求。

　　海爾集團的崛起是企業義與利結合的典型例子。海爾公司成立於 1984 年，20 世紀 90 年代以來，海爾的名字婦孺皆知。在 20 世紀 80 年代，海爾還是一個只有 800 人、虧損 100 多萬元的集體企業，然而幾十年後，海爾變成了海爾集團，成為全國 500 強中名列 30 位、年銷售收入 162 億元、利潤 4.3 億、品牌價值 265 億元的特大型企業。海爾為何發展如此迅速？海爾集團總裁張瑞敏一語道破，企業要靠無形資產來盤活有形資產，只有先盤活人，才能盤活資產，而盤活人的關鍵是鑄造企業的文化精神。[56]這種企業文化精神的精髓就是企業倫理價值觀，即海爾提倡的「真誠到永遠」。通過這種「真誠」的企業倫理精神去營造一切為了人，為了一切人的倫理文化氛圍來實現營利。海爾的成功不僅僅是「利」的成功，而且是「義」的成功。

　　義與利的分離就會阻滯企業的發展，使企業既不能產生好的經濟效益又

不能取得好的社會效益。企業倫理的訴求是既要追求利潤的最大化又要追求社會效應的最大化，即要實現義與利的統一。企業不賺錢是不現實的，但企業僅僅是為了賺錢而不講企業倫理更是不合理的。2003 年 5 月至 2004 年 4 月間發生的阜陽劣質奶粉事件就是明證。這起重大的事故引起的原因是生產嬰兒奶粉的企業為了得到豐厚的利潤而不恪守企業道德，生產的嬰兒奶粉沒有達到國家標準，奶粉中蛋白質的含量大大低於國家標準，有的連米湯都不如。長期食用這種奶粉往往出現造血功能障礙，內臟功能衰竭，免疫力下降等症狀。這次事件使 100 多名嬰兒患上一種怪病，其中 13 名嬰兒死亡。這起事件使 40 多家企業的形象受損，打掉生產及分裝窩點 4 個，刑事拘留 47 人，留職審查 59 人，宣佈正式逮捕 31 人，依法傳訊 203 人。[57] 這起事件給受害者家庭、社會和國家都造成了重大的損失。企業這樣大發橫財結果義利雙棄自食其果，被市場徹底淘汰。

要發展經濟，提高人民的生活水平，不能一味的追求物質利益而忽視道義。王安石的義利統一論和以義理財論對完善我國市場經濟促進企業倫理發展具有重要的意義。

義利統一和以義理財不但是企業追求的倫理品質，而且也是市場經濟追求的倫理品質，因為市場經濟既講「利」又必須講「義」，兩者必須結合，市場經濟才能正常發展。同時我國又是一個社會主義國家，個人利益不能損害集體利益，當個人利益與集體利益和國家利益發生衝突時，應當犧牲個人利益。個體在追求利潤時不能見利忘義，損人利己，損公肥私。失去「義」的市場經濟是不正常的，其結果會義利雙失。所以，市場經濟必須要遵循義利統一、義利並重和以義理財的道德原則。既要重視「義」的價值，又要重視「利」的價值，把「義」與「利」結合起來，做到一邊發展社會主義市場經濟，一邊發展社會主義道德文明，只有把這兩者結合起來，社會主義市場經濟才能實現可持續發展。

樊浩先生指出，單純的「經濟標準論」和「利益驅動論」導致的結果就是將人還原為「自然人」和「生物人」，只有在發展經濟的同時，引入道德責任，才能解決市場經濟的單片向度的發展。一個不可否定的事實是：一個人有錢是不是就一定幸福？或者一個社會只要有了發達的經濟整個社會是否就實現了繁榮？顯然，一味追求金錢的個人或社會都不可能達到預定的目標。社會主義市場經濟既是一種法制經濟，又是一種倫理經濟，既要求我們追求

正當的物質利益，又要求我們恪守社會倫理。

社會主義市場經濟是經濟衝動力和道德衝動力的生態合力，追求市場經濟建設本身不是目的而是手段，其目的是為了讓廣大人民過上幸福的生活，只有在這個意義上講追求「義」和「利」的統一才成為可能，也只有這樣才能實現德與福的統一。因此，市場經濟建設既要追求「利」的豐收，又要追求「義」的碩果，堅持義利統一的社會主義市場經濟才是具有中國特色的，才能不斷提高我國人民的物質文化水平和精神文化水平。王安石義利並重與義利統一的義利觀至今在社會主義現代化建設中對完善市場經濟促進企業倫理發展具有鮮活的倫理價值。

二、抵制人際關係中盛行的物質主義的價值

王安石的義利觀不僅對完善市場經濟促進企業倫理發展具有重要的價值，而且對協調人際關係的和諧也具有重要的意義。當然，市場經濟也包括人際的交往。但是市場經濟中人際的交往往往偏重於交往的合法性，而非市場領域中人際的交往往往偏重於交往的合理性。因為，市場經濟領域不可能包括一切，現實生活中有許多東西可以市場化，但是有許多東西是不能也不可能市場化，更不能用金錢來衡量，比如說親情、友情、愛情、自尊、性、人體器官等。我們說王安石義利觀有助於抵制人際交往關係中盛行的物質主義是從這個角度來分析的。

和諧的人際關係能夠滿足人們友誼、歸屬、安全的需要，有利於提高人的自信心和自尊心，促進人的全面發展。美國著名的心理學家馬斯洛把人的需要分為生理的需要、安全的需要、歸屬的需要和愛的需要、自尊的需要五個層次。人要滿足這五個層次的需要，要合理地滿足自我需要就必須要有和諧的人際關係。與善人交往，如入芝蘭之室，久而不聞其香；與惡人交往，如入鮑魚之肆，久而不聞其臭。下棋可以後悔，而人生就一回，在人際交往我們常常需要超越自我走向他人。

今天在社會人際交往中，許多人奉行物質主義，認為人的交往是一種利用與被利用的關係。錦上添花者趨之若鶩，雪中送炭者鳳毛麟角。在人際關係中我們主張禮尚往來，對人有情有義，反對唯利是圖的個人，反對利用別人把別人當成工具以滿足自己私欲的行為，反對妨礙人際關係和諧的物質主義。

物質主義是以物質生活為生活的第一中心要義，強調物質利益的極端重要性，主張致力於物質享受，並以物質生活資料判斷善惡是非的理論觀點和思想學說。物質主義與唯經濟主義、極端功利主義和享樂主義關係最為密切，它們的本質均割裂了物質利益同其他事物的內在聯繫，犯了片面誇大物質或物質利益功能和作用的錯誤。物質主義忽視甚至全盤否定精神文化和道德倫理的價值，認為相對於物質或物質利益而言，精神文化和倫理道德完全是多餘的、無用的，甚至是有害的，發展社會的精神文明和道德文明是社會財富的巨大浪費或破壞。物質主義是一種單純的唯經濟論，它在倫理道德上的主要表現常常是否認倫理道德的內在功能和相對獨立性，只承認物質或物質利益的合理性。[58]

首先，物質主義造成了富人與窮人一定程度的不和諧。改革開放 30 年來，我國的綜合國力顯著提高，人民生活水平總體上達到了小康，有部分人甚至過上了富裕的生活。我們國家允許一部分人一部分地區通過誠實勞動、合法經營先富，先富帶動後富，最終實現共同富裕。但是如果先富不顧後富甚至厭惡後富這也就不符合倫理精神，就造成了人際關係的不和諧。

慈善事業是人際和諧的潤滑劑，是社會穩定的平衡器。但是我國慈善事業的發展卻不盡人意，許多富人或大公司不願意為慈善業出一份力盡一份責。一項慈善公益組織的專項調查顯示，我國上千萬企業裏，有過捐贈記錄的不過 10 萬家，99%的企業從來沒有參與過捐贈。與國外相比，我國的慈善事業在普及性上還有較大的差距。資料顯示，我國人均捐款一度為 0.92 元，不足人均收入 GDP 的 0.02%，志願服務參與率僅為全國人口的 3%。[59]一個文明的社會應該是義與利統一的社會，應該是由千千萬萬個有慈悲心懷和善良品質的公民組成，因為他們最能代表社會的道德良心。

其次，物質主義導致城市人和農村人、城市人與城市人以及農村人與農村人之間人際關係一定範圍的不和諧。30 年來，無論是城市還是農村，貧富差距都有了大幅度上昇，特別是自 20 世紀 90 年代以來，貧富差距有拉大的趨勢。在社會財富分配上，有一個「基尼系數」，在 0～1 之間波動。社會財富絕對平分，系數為 0，所有財富集中在 1%的人手中，系數則為 1。0 或 1 都是理論數值，在現實生活中是不存在的。在 0.2～0.3 之間，表明財富分配相對平均；在 0.3～0.4 之間，財富分配比較合理；在 0.4～0.6 之間，財富分配差距偏大。0.4 是「警戒線」；一旦超過 0.6，社會就有可能發生動亂，處於危

機狀態，社會基礎動搖，社會環境惡化。中國的「基尼系數」，2003 年達到 0.458，超過了 0.4 的「警戒線」；2004 年超過 0.465，呈上昇趨勢，比同期印度的 0.375、日本的 0.249 都高。[60] 在這短短的 30 年時間裏，我國已經從一個經濟平均主義盛行的國家，轉變為超過了國際上中等不平等程度的國家，貧富差距在這樣短的時期內迅速拉開，這樣巨大的變化在全世界也是不多見的。貧富差距拉大，使人際關係趨向緊張。這會引發出人的各種各樣的心理失衡，由心理問題引起生理疾病呈上昇之勢。我國的自殺調查數據顯示，如果有 4 個男人自殺，就同時有 5 個女人自殺，女性自殺率比男性高 25%。除了自殺成功者，中國每年還有約 200 萬的自殺未遂者。每 1 人自殺就會對周圍的 5 個人產生巨大的心理影響。[61] 我們姑且不管白殺對自殺者是否真的是一種解脫，但在中國這樣一個和平的時代自殺終究是由各種不幸的、不和諧的因素引起的，人際關係不和諧無疑是一個重要的因素。

再次，物質主義使愛情和婚姻出現危機。愛情和婚姻是人際和諧的最重要的表現形式之一。恩格斯指出愛情是「人們彼此間以相互傾慕為基礎的關係」。[62] 愛本身才是最重要的，如果只看重對方的物質條件才產生愛情，那由這種愛情結成的婚姻就不具有持久性。中國古代社會提倡「三從」「四德」，把廣大女性置於男性沙文主義的控制之下，男女完全不平等。在愛情的選擇上主張「門當戶對」「父母之命，媒妁之言」，男女青年對愛情的選擇常常處於被動狀態。在婚姻關係中也常常要求婦女「從一而終」，而男子卻可以三妻四妾。如果婦女達不到封建社會婚姻倫理的理想狀態，那就面臨離婚的危險。《大戴禮記・本命篇》提出古代封建社會只針對婦女離婚提出七大理由即「七出」：「不順父母，為其離德也；無子，為其絕世也；淫，為其亂族也；妒，為其亂家也；有惡疾，不可與其共粢盛也；口多言，為其離親也；盜竊，為其反義也。」很明顯這種男性統治下的物質主義婚姻觀造成了人際關係的不和諧，使廣大婦女處於被奴役狀態中。資本主義社會的婚姻也完全建立在赤裸裸的金錢物質基礎之上，「資產階級撕下了罩在家庭關係上的溫情脈脈的面紗，把這種關係變成了純粹的金錢關係。」[63] 這種唯物質主義的婚姻觀導致夫妻關係的虛偽性。他們表面上傾慕女性的美貌，骨子裏卻常常把女性「當作共同淫樂的犧牲品和婢女來對待」。[64] 這導致了資本主義社會人際關係的不和諧，賣淫和通姦就成了資本主義社會婚姻補充的重要形式。我國是社會主義國家，那麼我們應該有比封建社會和資本主義社會更加和諧的愛情婚姻。

當前我國社會實利精神的膨脹導致兩性關係中物質主義思潮一浪高過一浪，這就在一定程度上造成了愛情和婚姻的不和諧。「郎財女貌」物質主義婚戀觀較大範圍地取代了「郎才女貌」的理想配對。「沒有錢，我們能愛多久」的物質主義應答就是「不在乎天長地久，只在乎一朝擁有」。不僅如此，有的人在選擇對象時往往過高地看重對方的身高、學歷、工資待遇、住房、家庭背景等條件，常常忽視彼此是否有真的感情。愛本身就是一種「義」。真正愛情的高潮是婚姻和維持愛的婚姻狀態，虛假愛情的高潮就是兩敗俱傷的分手。愛僅僅是愛才是愛情和婚姻的基礎，沒有愛的婚姻擁有再好的物質條件也無濟於事。一個明顯的例子是：有好的物質條件是不是就有愛情？沒有好的物質條件是不是就沒有愛情？顯然，有好的物質條件未必就有愛情，沒有好的物質條件未必就沒有愛情。

愛情是無價的。它的本質是奉獻、是付出、是忠誠、是體貼，「愛情，不掌握在醫生手中，也不存在於互助小組裏；愛情，不是商品，不可估量；愛情，不是為了粉飾自我，而是為了讓他人更美麗。」[65] 我國目前的離婚率的上升一個人重要的原因就是對婚姻附帶了許多附加物質條件。1980 年我國結婚 716.7 萬對，離婚為 34.1 萬對，離婚率為 0.7%。1990 年我國離婚 80 萬對，1995 年結婚 929.7 萬對，離婚達到 105.5 萬對，離婚率為 1.8%，到 1999 年離婚數字上漲到 120.1 萬對。2003 年全國辦理離婚登記 133.1 萬對，比 2002 年增加 15.4 萬對。2004 年，中國民政部門共辦理了 161.3 萬件離婚登記手續，平均每天有 4000 多對夫妻宣告婚姻破裂。這個數字比 2003 年增加了 28.2 萬對，增長率為 21.2%。2005 年我國辦理離婚手續的有 178.5 萬對，比 2004 年增加 12 萬對，離婚率高達 27.3%。[66] 總之，婚姻的不穩定反映人際關係的不和諧。婚姻主體雙方只有共同承擔道德義務和法律責任，不以外在物質條件論長短，婚姻才能長久。

我國人際交往中盛行的這種物質主義，不利於人際關係的和諧。王安石的義利觀有助於協調這種人際關係的和諧。他的義利觀雖然是針對宋代的土地和財富貧富不均提出來的，與今天我們講的平均主義是不同的。他的這種「均天下之財使百姓無貧」（《續資治通鑑長編》卷二百二十三，熙寧四年五月丙午）的義利觀具有民本色彩。這對促進人際關係的和諧具有重要的意義。當然，他認為只有均財無貧還不夠，還應當對老百姓施以孝友之教，使之明白「義」的內涵，這樣人與人之間就可以達到和諧進步，實現君民和諧

共處，天下太平。如果「仁義不足澤其性，禮樂不足錮其情，刑政不足綱其惡」，那麼人則「蕩然復與禽獸朋矣」（《王安石全集・太古》）。他批判了只講功利而不講仁義，只談物質利益而不談德業的君子。他說：「世蓋有自為之道而未嘗知此者，以為德業之備不足以為道，道之至在於神耳，於是棄德業而不為。夫為君子者皆棄德業而不為，則萬物何以得其生乎？故孔子稱神而卒之以德業之至，以明其不可棄。蓋神之用在乎德業之間，則德業之至可知矣。故曰神非聖則不顯，聖非大則不形。此天地之全，古人之大體也。」（《王安石全集・大人論》）在王安石看來，道義就是德業，無德業就不足以體現道義之重。

　　要想抑制物質主義實現人際關係的和諧，王安石的義利觀還強調要做到利己和利他的統一。他批評楊朱和墨子，一個只為利己，一個不知為利己，這兩者都是不可取的。楊朱「拔一毛利天下而不為也」是不義，墨子「摩頂放踵以利天下」是「不仁」。他說：「是故由楊子之道則不義，由墨子之道則不仁。於仁義之道無所遺而用之不失其所者，其唯聖人之徒歟！」（《王安石全集・楊墨》）在利己與利人的關係中，他認為利己是利他的先決條件，人只有先利己然後才能利他。「為己，學者之本本也」；「為人，學者之末也」，「是以學者之事必先為己，其為己有餘而天下之勢可以為人矣，則不可以不為人。」（《王安石全集・楊墨》）也就是說，人要先「為己」同時又要「不可以不為人」，做到了「為己」與「為人」統一，也就實現了利己與利他的統一，王安石這種合理的思想對於促進人際關係的和諧無疑具有重要的意義。

　　總之，王安石的義利觀不但有利於完善市場經濟促進企業倫理發展，而且有利於抵制人際交往關係中盛行的物質主義，進而有利於促進整個社會人際關係的和諧。因此，王安石的義利觀對構建社會主義和諧社會具有重要的價值。

　　中國共產黨第十六屆六中全會的決議指出：我們要構建的社會主義和諧社會，是在中國特色社會主義道路上，中國共產黨領導全體人民共同建設，共同享有的和諧社會。社會主義和諧社會的是：社會公正，平等正義、充滿活力、誠信友愛、穩定有序、人與人、人與社會、人與自然的和諧。和諧社會是「義」和「利」的統一，具有多樣性、非對抗性和有序性等特徵。和諧社會既是指消滅了矛盾和衝突，又是指在發生矛盾和衝突時能夠適當、及時地調節，並且能控制矛盾和衝突，實現社會的整體繁榮。和諧社會必須堅持

義利並重的倫理價值取向，是道德與利益有機的統一，是民主、法制、公平、正義的社會。

為了達到這個要求，中國共產黨在十六屆六中全會公報中指出，到 2020 年構建社會主義和諧社會共有九大目標和任務：社會主義民主法制更加完善，依法治國基本方略得到全面落實，人民的權益得到切實尊重和保障；城鄉、區域發展差距擴大的趨勢逐步扭轉，合理有序的收入分配格局基本形成，家庭財產普遍增加，人民過上更加富足的生活；社會就業比較充分，覆蓋城鄉居民的社會保障體系基本建立；基本公共服務體系更加完備，政府管理和服務水平有較大提高；全民族的思想道德素質、科學文化素質和健康素質明顯提高，良好道德風尚、和諧人際關係進一步形成；全社會創造活力顯著增強，創新型國家基本建成；社會管理體系更加完善，社會秩序良好；資源利用效率顯著提高，生態環境明顯好轉；實現全面建設惠及十幾億人口的更高水平的小康社會的目標，努力形成全體人民各盡其能，各得其所而又和諧相處的局面。

黨的十七大報告提出我國要建設社會主義市場經濟、社會主義民主政治、社會主義先進文化、社會主義和諧社會，建設富強民主文明和諧的社會主義現代化國家。這個富強民主文明和諧的社會主義現代化國家在倫理學上也可以表述為義與利更高層次的和諧和義與利更全面地在廣大人民生活中表現出來。在「利」方面主要表現是：加快轉變經濟發展方式、完善社會主義市場經濟體制；創造條件讓更多群眾擁有財產性收入；保護合法收入，調節過高收入，取締非法收入，逐步扭轉收入分配差距擴大趨勢；著力保障和改善民生，努力使全體人民學有所教、勞有所得、病有所醫、老有所養、住有所居；初次分配要體現公平，逐步提高居民收入在國民收入分配中的比重和提高勞動報酬在初次分配中的比重；要基本形成合理有序的收入分配格局，使中等收入者占多數，基本消除絕對貧困現象；在憂化結構、提高效益、降低消耗、保護環境的基礎上，實現人均國內生產總值到 2020 年比 2000 年翻兩番；要有效控制主要污染物排放，生態環境質量明顯改善等等。在「義」方面主要表現是：堅持改革開放以來使我們取得一切成績和進步的中國特色社會主義道路和中國特色社會主義理論體系；堅持國家一切權力屬於人民，從各個層次、各個領域擴大公民有序政治參與；推進決策科學化、民主化，完善決策信息和智力支持系統；加強公民意識教育，樹立社會主義民主法治、

自由平等、公平正義理念；堅決懲治和有效預防腐敗，堅決查處違紀違法案件，對任何腐敗分子，都必須依法嚴懲，決不姑息等等。

溫家寶總理 2008 年 3 月 18 日在中外記者招待會上進一步表明了我國政府堅持義利統一的和諧社會倫理思路。他認為，公平正義是社會主義國家制度的首要價值。公平正義就是要尊重每一個人，維護每一個人的合法權益，在自由平等的條件下，為每一個人創造全面發展的機會。如果說發展經濟、改善民生（利）是政府的天職，那麼推動社會公平正義（義）就是政府的良心。如果我們人人都有比黃金還要貴重的誠信、有比大海還要寬廣的包容、有比高山還要崇高的道德、有比愛自己還要寬廣的博愛，那麼我們這個國家就是一個具有精神文明和道德力量的國家。要建設社會主義和諧社會就是要使經濟體制改革和政治體制改革要有新的突破，這就必須解放思想。解放思想需要勇氣、決心和獻身精神，要解放思想就要發揚「天變不足畏，祖宗不足法，人言不足恤」(《宋史‧王安石列傳》）的精神。

總而言之，雖然王安石的義利觀產生在古代社會，但是如果我們剝離他的歷史局限性，站在把國家和人民利益放在首位而又充分尊重公民個人合法利益的社會主義義利觀的角度，運用辯證唯物主義和歷史唯物主義以及比較分析的方法，本著實事求是和理論聯繫實際的態度去發揚王安石義利觀的合理的倫理精神，這對於我國構建社會主義和諧社會來說無疑既具有重要的理論價值又具有鮮活的實踐價值。

結束語

　　王安石是歷史上最複雜最受爭議的人物之一。陸九淵說他是「英特邁往，不屑於流俗」，「潔白之操，寒於冰霜」。蘇軾說他是「名高一時，學貫千載。智足以達其道，辯足以行其言。瑰瑋之文，足以藻飾萬物；卓絕之行，足以風動四方。用能於期歲之間，靡然變天下之俗。」從立德立言立功「三不朽」方面進行了頌揚。明朝正德年間的狀元楊慎說他是古今第一姦臣，又從立德立言立功「三不朽」方面進行了貶斥。王夫之更全面更系統貶低了王安石，稱他是民賊。而列寧稱讚他是「中國十一世紀時的改革家」使他身價百倍。

　　王安石和他的義利觀是有區別和聯繫的，我們應站在時代的角度，用歷史的眼光辯證地分析他和他的義利觀的功與過和得與失。堅持把國家和人民利益放在首位而又充分尊重公民個人合法利益的社會主義義利觀，批判地吸收王安石義利觀的精華，剔除其糟粕，為構建社會主義和諧社會貢獻自己的一點努力。

　　由於我本人才學疏淺，學力不深，加之對原著的把握力度不夠，對王安石義利觀的研究紕漏之處自然很多，或者，正如德國著名思想家海涅所說，我只不過是把問題從無知狀態上昇到了問題的表面。要對王安石義利觀做深入的研究，只能期待以後進一步的努力了。就像著名思想家顧炎武在《初刻日知錄自序》中說的那樣：「蓋天下之理無窮，而君子之志於道也，不成章不達。故昔日之得，不足以為矜；後日之成，不容以自限。」路漫漫其修遠兮，吾將上下而求索。

注　釋

〔1〕中國近代愛國主義思想的一種概括。明清之際顧炎武已提出：「保國者，其君其臣肉食者謀之；保天下者，匹夫之賤與有責焉耳矣。」（《日知錄・正始》）近代維新派思想家在新的歷史條件下，將其概括為「天下興亡，匹夫有責」。最早由維新派思想家、宣傳家麥孟華（1875～1915）提出（見《清議報》第 38 冊《論中國之存亡決定於今日》）。梁啟超在《痛定罪言》（1915 年）中了引用此語，遂成為中國人家喻戶曉的用以表達愛國主義思想的名言。夏徵農，《大辭海》（哲學卷）〔M〕，上海：上海辭書出版社，2003 年，第 686 頁。

〔2〕《列寧全集》（第十二卷）〔M〕，北京：人民出版社，1987 年，第 226 頁。

〔3〕蔡元培，《中國倫理學史》〔M〕，北京：商務印書館，1999 年，第 76 頁。

〔4〕朱貽庭，《中國傳統倫理思想史》（修訂本）〔M〕，上海：華東師範大學出版社，2003 年，第 348～349 頁。

〔5〕張躍，〈論王安石與司馬光義利觀之差異〉〔J〕，《華中科技大學學報》（社會科學版），2000 年第 14 卷第 4 期，第 55～58 頁。

〔6〕陳瑛，《中國倫理思想史》〔M〕，長沙：湖南教育出版社，2004 年，第 287 頁。

〔7〕唐凱麟、陳科華，《中國古代經濟倫理思想史》〔M〕，北京：人民出版社，2004 年，第 344 頁。

〔8〕劉文波，《王安石倫理思想及其實踐研究》〔D〕，長沙：湖南師範大學，2004 年，第 28～53 頁。

〔9〕沈善洪、王鳳賢，《中國倫理思想史》（中冊）〔M〕，北京：人民出版社，2005 年，第 347～352 頁。

〔10〕羅國傑，《中國倫理思想史》（上卷）〔M〕，北京：中國人民大學出版社，2008 年，第 580 頁。

〔11〕汪暉，《現代中國思想的興起》（上卷）〔M〕，北京：生活・讀書・新知三聯書店，2004 年，第 6 頁。

〔12〕《馬克思恩格斯選集》（第二卷）〔M〕，北京：人民出版社，1995 年，第 32 頁。

〔13〕李約瑟，《中國科學技術史》（第一卷）〔M〕，《中國科學技術史》翻譯小組譯，北京：科學出版社，1975 年，第 287 頁。

〔14〕《宋大詔令集・勸栽植開墾詔》〔M〕，北京：中華書局，1962 年，第 658 頁。

〔15〕《宋大詔令集・募民耕曠土詔》〔M〕，北京：中華書局，1962 年，第 659 頁。

〔16〕漆俠，《王安石變法》〔M〕，上海：上海人民出版社，1959 年，第 28～29 頁。

〔17〕周寶林、陳振，《簡明宋史》〔M〕，北京：人民出版社，1985 年，第 61 頁。

〔18〕漆俠，《王安石變法》〔M〕，上海：上海人民出版社，1959 年，第 25 頁。

〔19〕呂祖謙，《麗澤論說集錄》〔M〕，見：《四庫全書》（第 703 冊），子部，儒家類，呂祖儉蒐錄，呂喬年編，上海：上海古籍出版社影印，1987 年，第 440 頁。

〔20〕漆俠，《王安石變法》〔M〕，上海：上海人民出版社，1959 年，第 20 頁。

〔21〕漆俠，《王安石變法》〔M〕，上海：上海人民出版社，1959 年，第 20 頁。

〔22〕張祥浩、魏福明，《王安石評傳》〔M〕，南京：南京大學出版社，2006 年，第 25 頁。

〔23〕陳夢家，《殷虛卜辭綜述》〔M〕，北京：中華書局，1988 年，第 265～266 頁。

〔24〕朱貽庭，《中國傳統倫理思想史》（修訂本）〔M〕，上海：華東師範大學出版社，2003 年，第 49 頁。

〔25〕《馬克思恩格斯選集》（第四卷）〔M〕，北京：人民出版社，1995 年，

第 237 頁。

〔26〕張岱年，《中國哲學大綱》〔M〕，北京：中國社會科學出版社，1982
　　　年，第 389～390 頁。

〔27〕羅國傑，《倫理學》〔M〕，北京：人民出版社，1989 年，第 11～12 頁。

〔28〕樊浩，《道德形而上學的精神哲學基礎》〔M〕，北京：中國社會科學
　　　出版社，2006 年，第 36 頁。

〔29〕安・蘭德，《自私的德性》〔M〕，焦曉菊譯，北京：華夏出版社，2007
　　　年，第 14 頁。

〔30〕安・蘭德，《自私的德性》〔M〕，焦曉菊譯，北京：華夏出版社，2007
　　　年，第 12 頁。

〔31〕楊柱才，〈儒學的主題轉換與學理更新──從王安石說起〉〔J〕，《中
　　　共中央黨校學報》，2001 年第 5 卷第 4 期，第 17～22 頁。

〔32〕高兆明、李萍等，《現代化進程中的倫理秩序研究》〔M〕，北京：人民
　　　出版社，2007 年，第 165 頁。

〔33〕李祥俊，《王安石學術思想研究》〔M〕，北京：北京師範大學出版社，
　　　2000 年，第 282 頁。

〔34〕王安石，《詩義鈎沈》〔M〕，丘漢生輯，北京：中華書局，1982 年，
　　　第 187 頁。

〔35〕轉引自沉善洪、王鳳賢，《中國倫理思想史》（中冊）〔M〕，北京：人
　　　民出版社，2005 年，第 352 頁。

〔36〕《馬克思恩格斯選集》（第二卷）〔M〕，北京：人民出版社，1995 年，
　　　第 32 頁。

〔37〕《馬克思恩格斯全集》（第十八卷）〔M〕，北京：人民出版社，1964
　　　年，第 307 頁。

〔38〕《馬克思恩格斯全集》（第十七卷）〔M〕，北京：人民出版社，1963
　　　年，第 610 頁。

〔39〕《宋史・職官志》說：「制置三司條例司，掌經畫邦計，議變舊以通天
　　　下之利。《宋史・呂惠卿傳》中也說：「及設制置三司條例以為檢詳文
　　　字，事無大小必謀之，凡所建請章奏皆其筆。」王安石在《乞制置三
　　　司條制》中說：「所有本司合置官屬，許令辟舉，及有合行事件，令依
　　　條例以聞，奏下制置司參議施行。」《王安石全集・乞制置三司條制》
　　　這都證明，條例司是一個立法機構。

〔40〕侯外廬，《中國思想通史》（第四卷上）〔M〕，北京：人民出版社，1959 年，第 474 頁。

〔41〕周寶林、陳振，《簡明宋史》〔M〕，北京：人民出版社，1985 年，第 188 頁。

〔42〕高國希，《道德哲學》〔M〕，上海：復旦大學出版社，2005 年，第 195 頁。

〔43〕夏徵農，《大辭海》（哲學卷）〔M〕，上海：上海辭書出版社，2003 年，第 659 頁。

〔44〕祁潤興，《陸九淵評傳》〔M〕，南京：南京大學出版社，1998 年，第 21 頁。

〔45〕黃仁宇，《赫遜河畔談中國歷史》〔M〕，北京：生活・讀書・新知三聯書店，1992 年，第 161 頁。

〔46〕趙益，《王霸義利──北宋王安石改革批判》〔M〕，南京：南京大學出版社，2000 年，第 160 頁。

〔47〕楊慎，《升菴全集》（第四冊）〔M〕，龍旭光、徐鼎銘、潘其璿等校對，上海：商務印書館，1937 年，第 590 頁。

〔48〕羅國傑，《中國倫理思想史》（上卷）〔M〕，北京：中國人民大學出版社，2008 年，第 138 頁。

〔49〕葉適，《葉適集》〔M〕，劉公純等點校，北京：中華書局，1977 年，第 658 頁。

〔50〕龔自珍，《龔自珍全集》〔M〕，上海：上海人民出版社，1975 年，第 633 頁。

〔51〕梁啟超，《名人傳記》〔M〕，天津：百花文藝出版社，2002 年，第 102 頁。

〔52〕鄧廣銘，《鄧廣銘全集》（第一卷）〔M〕，石家莊：河北教育出版社，2005 年，第 272 頁。

〔53〕《馬克思恩格斯選集》（第二卷）〔M〕，北京：人民出版社，1995 年，第 23 頁。

〔54〕盧風、蕭巍，《應用倫理學概論》〔M〕，北京：中國人民大學出版社，2008 年，第 439〜440 頁。

〔55〕亞當・斯密，《國民財富的性質和原因的研究》（上卷）〔M〕，郭大力、王亞南譯，北京：商務印書館，1972 年，第 14 頁。

〔56〕許啟賢，《職業道德》〔M〕，北京：藍天出版社，2001 年，第 33〜34
　　　頁。

〔57〕富子梅，〈安徽阜陽劣質奶粉事件基本查清〉〔N〕，《人民日報》，2004
　　　年第 5 卷第 17 期，第 2 頁。

〔58〕朱貽庭，《倫理學小辭典》〔M〕，上海：上海辭書出版社，2004 年，
　　　第 68 頁。

〔59〕張敏，〈公眾參與才是慈善的真諦──中國慈善事業調查〉〔N〕，《工
　　　人日報》，2006 年第 2 卷第 5 期，第 1 頁。

〔60〕葛榮晉，《中國管理哲學導論》〔M〕，北京：中國人民大學出版社，
　　　2007 年，第 66 頁。

〔61〕陳金華，《倫理學與現實生活──應用倫理引論》〔M〕，上海：復旦
　　　大學出版社，2006 年，第 203 頁。

〔62〕《馬克思恩格斯選集》（第四卷）〔M〕，北京：人民出版社，1995 年，
　　　第 234 頁。

〔63〕《馬克思恩格斯選集》（第一卷）〔M〕，北京：人民出版社，1995 年，
　　　第 275 頁。

〔64〕《馬克思恩格斯全集》（第四十二卷）〔M〕，北京：人民出版社，1979
　　　年，第 119 頁。

〔65〕賴默爾・格羅尼邁爾，《21 世紀的十誡──新時代的道德與倫理》
　　　〔M〕，梁晶晶、陳群譯，北京：社會科學出版社，2007 年，第 193
　　　頁。

〔66〕陳金華，《倫理學與現實生活──應用倫理引論》〔M〕，上海：復旦大
　　　學出版社，2006 年，第 142 頁。

參考文獻

一、著作類

1. 《馬克思恩格斯選集》〔M〕，北京：人民出版社，1995 年。

2. 《馬克思恩格斯全集》（第十七卷）〔M〕，北京：人民出版社，1963 年。

3. 《馬克思恩格斯全集》（第十八卷）〔M〕，北京：人民出版社，1964 年。

4. 《馬克思恩格斯全集》（第四十二卷）〔M〕，北京：人民出版社，1979 年。

5. 《列寧全集》（第十二卷）〔M〕，北京：人民出版社，1987 年。

6. 王安石，《王安石全集》〔M〕，秦克、鞏軍標點，上海：上海古籍出版社，1999 年。

7. 王安石，《詩義鈎沉》〔M〕，邱漢生輯校，北京：中華書局，1982 年。

8. 王安石，《王安石老子注輯本》〔M〕，容肇祖輯，北京：中華書局，1979 年。

9. 李燾，《續資治通鑒長編》〔M〕，上海師範大學古籍整理研究所，華東師範大學古籍整理研究所點校，北京：中華書局，1992 年。

10. 《十三經注疏》（附校勘記）〔M〕，阮元校刻，北京：中華書局影印，1980 年。

11. 《諸子集成》〔M〕，上海：上海書店出版社影印世界書局，1986 年。

12. 朱熹，《四書章句集注》〔M〕，北京：中華書局，1983 年。

13. 朱熹，《朱熹集》〔M〕，郭齊、尹波點校，成都：四川教育出版社，1996 年。

14. 黎靖德，《朱子語類》〔M〕，楊繩其、周嫻君校點，長沙：嶽麓書社，1997

年。

15. 司馬光，《資治通鑒》〔M〕，北京：中華書局，2007 年。

16. 程顥、程頤，《二程集》〔M〕，王孝魚點校，北京：中華書局，1981 年。

17. 張載，《張載集》〔M〕，章錫琛點校，北京：中華書局，1978 年。

18. 陸九淵，《陸九淵集》〔M〕，鍾哲點校，北京：中華書局，1980 年。

19. 陳亮，《陳亮集》〔M〕，北京：中華書局，1974 年。

20. 葉適，《習學記言序目》〔M〕，北京：中華書局，1977 年。

21. 葉適，《葉適集》〔M〕，劉公純等點校，北京：中華書局，1977 年。

22. 顏元，《顏元集》〔M〕，王星賢、張芥塵、郭徵點校，北京：中華書局，1987 年。

23. 戴震，《戴震集》〔M〕，湯志鈞校點，上海：上海古籍出版社，1980 年。

24. 黃宗羲、全祖望，《宋元學案》（第四冊）〔M〕，陳金生、梁運華點校，北京：中華書局，1986 年。

25. 王先慎，《韓非子集解》〔M〕，鍾哲點校，北京：中華書局，1998 年。

26. 何寧，《淮南子集釋》〔M〕，北京：中華書局，1998 年。

27. 陳鼓應，《老子注釋及評價》〔M〕，北京：中華書局，1984 年。

28. 楊伯峻，《孟子譯注》〔M〕，北京：中華書局，1960 年。

29. 楊伯峻，《論語譯注》〔M〕，北京：中華書局，1980 年。

30. 陳戌國，《四書五經》（校注本）〔M〕，長沙：嶽麓書社，2006 年。

31. 蘇輿，《春秋繁露義證》〔M〕，鍾哲點校，北京：中華書局，1992 年。

32. 李覯，《李覯集》〔M〕，王國軒點校，北京：中華書局，1981 年。

33. 王夫之，《尚書引義》〔M〕，王孝魚點校，北京：中華書局，1962 年。

34. 王夫之，《宋論》〔M〕，舒士彥點校，北京：中華書局，1964 年。

35. 石介，《徂徠石先生文集》〔M〕，陳植鍔點校，北京：中華書局，1984 年。

36. 黎翔鳳，《管子校注》〔M〕，梁運華整理，北京：中華書局，2004 年。

37. 黃暉，《論衡校釋》〔M〕，北京：中華書局，1990 年。

38. 沈括，《夢溪筆談》〔M〕，上海：商務印書館，1937 年。

39. 脫脫等，《宋史》〔M〕，北京：中華書局，1985 年。

40. 蔣禮鴻，《商君書錐指》〔M〕，北京：中華書局，1986 年。

41. 《宋大詔令集》〔M〕，北京：中華書局，1962 年。

42. 蘇軾，《蘇軾全集》〔M〕，傅成、穆儔標點，上海：上海古籍出版社，2000 年。

43. 蘇轍，《蘇轍集》（第一冊）〔M〕，陳宏天、高秀芳點校，北京：中華書局，1990 年。

44. 韓愈，《韓愈全集》〔M〕，錢仲聯、馬茂元校點，上海：上海古籍出版社，1997 年。

45. 余繼登，《典故紀聞》〔M〕，顧思點校，北京：中華書局，1981 年。

46. 龔自珍，《龔自珍全集》〔M〕，上海：上海人民出版社，1975 年。

47. 顧炎武，《顧亭林詩文集》〔M〕，華忱之點校，北京：中華書局，1983 年。

48. 曾鞏，《曾鞏集》〔M〕，陳杏珍、晁繼周點校，北京：中華書局，1984 年。

49. 楊慎，《升菴全集》（第四冊）〔M〕，龍旭光、徐鼎銘、潘其璿等校對，上海：商務印書館，1937 年。

50. 蔡上翔，《王安石年譜考略》〔M〕，上海：上海人民出版社，1973 年。

51. 漆俠，《王安石變法》〔M〕，上海：上海人民出版社，1959 年。

52. 張祥浩、魏福明，《王安石評傳》〔M〕，南京：南京大學出版社，2006 年。

53. 鄧廣銘，《鄧廣銘全集》（第一卷）〔M〕，石家莊：河北教育出版社，2005 年。

54. 馬振鐸，《政治改革家王安石的哲學思想》〔M〕，武漢：湖北人民出版社，1984 年。

55. 陳榮捷，《中國哲學文獻選編》〔M〕，楊儒賓、吳有能等譯，南京：江蘇教育出版社，2006 年。

56. 郭齊勇，《中國古典哲學名著選讀》〔M〕，北京：人民出版社，2005 年。

57. 趙璐，《中國近代義利觀研究》〔M〕，北京：中國社會科學出版社，2007 年。

58. 高兆明、李萍等，《現代化進程中倫理秩序研究》〔M〕，北京：人民出版社，2007 年。

59. 仝晰綱、查昌國、于雲瀚，《義》〔M〕，北京：中國社會科學出版社，2006 年。

60. 湯江浩，《北宋臨川王氏家族及文學考論——以王安石為中心》〔M〕，北京：人民文學出版社，2005 年。

61. 邵龍寶、李曉菲，《儒家倫理與公民道德教育體系的構建》〔M〕，上海：同濟大學出版社，2005 年。

62. 李祥俊，《王安石學術思想研究》〔M〕，北京：北京師範大學出版社，2000 年。

63. 陳少峰，《中國倫理學史》〔M〕，北京：北京大學出版社，1996 年。

64. 蔡元培，《中國倫理學史》〔M〕，北京：商務印書館，1999 年。

65. 朱貽庭，《中國傳統倫理思想史》（修訂本）〔M〕，上海：華東師範大學出版社，2003 年。

66. 沈善洪、王鳳賢，《中國倫理思想史》〔M〕，北京：人民出版社，2005 年。

67. 陳瑛，《中國倫理思想史》〔M〕，長沙：湖南教育出版社，2004 年。

68. 羅國傑，《中國倫理思想史》〔M〕，北京：中國人民大學出版社，2008 年。

69. 羅國傑，《倫理學》〔M〕，北京：人民出版社，1989 年。

70. 汪潔，《中國傳統經濟倫理研究》〔M〕，南京：江蘇人民出版社，2005 年。

71. 唐凱麟、陳科華，《中國經濟倫理思想史》〔M〕，北京：人民出版社，2004 年。

72. 唐凱麟，《倫理學》〔M〕，北京：高等教育出版社，2001 年。

73. 唐凱麟、王澤應，《20 世紀中國倫理思潮》〔M〕，北京：高等教育出版社，2003 年。

74. 呂世榮、劉象彬、蕭永成，《義利觀研究》〔M〕，開封：河南大學出版社，2000 年。

75. 高國希，《道德哲學》〔M〕，上海：復旦大學出版社，2005 年。

76. 王澤應，《義利觀與經濟倫理》〔M〕，長沙：湖南人民出版社，2005 年。

77. 王澤應，《義利並重與義利統一——社會主義義利觀研究》〔M〕，長沙：湖南人民出版社，2001 年。

78. 黃亮宜，《社會主義義利觀——面向 21 世紀的價值選擇》〔M〕，鄭州：河南人民出版社，2001 年。

79. 樊浩，《倫理精神的價值生態》〔M〕，北京：中國社會科學出版社，2001年。

80. 樊浩，《道德形而上學的精神哲學基礎》〔M〕，北京：中國社會科學出版社，2006年。

81. 李華瑞，《王安石變法研究史》〔M〕，北京：人民出版社，2004年。

82. 張豈之、陳國慶，《近代倫理思想的變遷》〔M〕，北京：中華書局，2000年。

83. 盧風、蕭巍，《應用倫理學概論》〔M〕，北京：中國人民大學出版社，2008年。

84. 侯外盧，《中國思想通史》（第一卷）〔M〕，北京：人民出版社，1957年。

85. 侯外盧，《中國思想通史》（第二卷）〔M〕，北京：人民出版社，1957年。

86. 侯外盧，《中國思想通史》（第三卷）〔M〕，北京：人民出版社，1957年。

87. 侯外盧，《中國思想通史》（第四卷上）〔M〕，北京：人民出版社，1959年。

88. 侯外盧，《中國思想通史》（第四卷下）〔M〕，北京：人民出版社，1960年。

89. 侯外盧，《中國思想通史》（第五卷）〔M〕，北京：人民出版社，1956年。

90. 侯外盧，《宋明理學史》（上冊）〔M〕，北京：人民出版社，1984年。

91. 侯外盧，《宋明理學史》（下冊）〔M〕，北京：人民出版社，1987年。

92. 任繼愈，《中國哲學史》（第一冊）〔M〕，北京：人民出版社，1963年。

93. 任繼愈，《中國哲學史》（第二冊）〔M〕，北京：人民出版社，1963年。

94. 任繼愈，《中國哲學發展史》（先秦卷）〔M〕，北京：人民出版社，1983年。

95. 梁啟超，《名人傳記》〔M〕，天津：百花文藝出版社，2002年。

96. 周寶林、陳振，《簡明宋史》〔M〕，北京：人民出版社，1985年。

97. 張岱年，《中國哲學大綱》〔M〕，北京：中國社會科學出版社，1982年。

98. 馮友蘭，《中國哲學史新編》〔M〕，北京：人民出版社，1998年。

99. 劉成國，《荊公新學研究》〔M〕，上海：上海古籍出版社，2006年。

100. 葛兆光，《中國思想史》〔M〕，上海：復旦大學出版社，2005年。

101. 黃仁宇，《赫遜河畔談中國歷史》〔M〕，北京：生活・讀書・新知三聯書店，1992年。

102. 劉文波，《王安石倫理思想及其實踐研究》〔D〕，長沙：湖南師範大學，2004 年。

103. 徐文明，《十一世紀的王安石───一個政治家的進退之路》〔M〕，北京：當代中國出版社，2007 年。

104. 葛榮晉，《中國管理哲學導論》〔M〕，北京：中國人民大學出版社，2007 年。

105. 趙益，《王霸義利──北宋王安石改革批判》〔M〕，南京：南京大學出版社，2000 年。

106. 羅傳奇，吳雲生，《王安石教育思想研究》〔M〕，南昌：江西教育出版社，1991 年。

107. 汪暉，《現代中國思想的興起》（上卷）〔M〕，北京：生活・讀書・新知三聯書店，2004 年。

108. 吳來蘇，安雲鳳，《中國傳統倫理思想評介》〔M〕，北京：首都師範大學出版社，2002 年。

109. 張傳開、汪傳發，《義利之間──中國傳統文化中的義利觀之演變》〔M〕，南京：南京大學出版社，1997 年。

110. 陳金華，《倫理學與現實生活──應用倫理引論》〔M〕，上海：復旦大學出版社，2006 年。

111. 陳鍾凡，《兩宋思想述評》〔M〕，北京：東方出版社，1996 年。

112. 崔大華，《儒學引論》〔M〕，北京：人民出版社，2001 年。

113. 李申，《簡明儒學史》〔M〕，北京：中國人民大學出版社，2006 年。

114. 徐復觀，《中國人性論史》（先秦卷）〔M〕，上海：華東師範大學出版社，2005 年。

115. 許啟賢，《職業道德》〔M〕，北京：藍天出版社，2001 年。

116. 錢穆，《中國近三百年學術史》〔M〕，北京：商務印書館，1997 年。

117. 祁潤興，《陸九淵評傳》〔M〕，南京：南京大學出版社，1998 年。

118. 陳夢家，《殷虛卜辭綜述》〔M〕，北京：中華書局，1988 年。

119. 許慎，《說文解字》〔M〕，徐鉉校定，北京：中華書局，1963 年。

120. 朱貽庭，《倫理學小辭典》〔M〕，上海：上海辭書出版社，2004 年。

121. 夏徵農，《大辭海》（哲學卷）〔M〕，上海：上海辭書出版社，2003 年。

122. 〔美〕安・蘭德，《自私的德性》〔M〕，焦曉菊譯，北京：華夏出版社，2007 年。

123. 〔智利〕達里奧・薩拉斯，《道德觀》〔M〕，王再勵譯，北京：知識出版社，2006 年。

124. 〔英〕李約瑟，《中國科學技術史》（第一卷）〔M〕，《中國科學技術史》

翻譯小組譯，北京：科學出版社，1975 年。

125. 〔英〕亞當・斯密，《道德情操論》〔M〕，蔣自強、欽北愚等譯，胡企林校，北京：商務印書館，1997 年。

126. 〔英〕亞當・斯密，《國民財富的性質和原因的研究》（上卷）〔M〕，郭大力、王亞南譯，北京：商務印書館，1972 年。

127. 〔英〕約翰・穆勒，《功用主義》〔M〕，唐鉞譯，上海：商務印書館，1936 年。

128. 〔德〕賴默爾・格羅尼邁爾，《21 世紀的十誡——新時代的道德與倫理》〔M〕，梁晶晶、陳群譯，北京：社會科學出版社，2007 年。

129. 〔德〕康德，《實踐理性批判》〔M〕，韓水法譯，北京：商務印書館，1999 年。

130. 〔德〕黑格爾，《法哲學原理》〔M〕，范揚、張企泰譯，北京：商務印書館，1961 年。

二、文章類

1. 李祥俊，〈王安石的儒學人物評價及其道統觀〉〔J〕，《江西社會科學》，2002 年第 7 期。

2. 李祥俊，〈王安石的經學觀與經學解釋學〉〔J〕，《中國哲學史》，2002 年第 4 期。

3. 龔抗雲，〈王安石的德育思想〉〔J〕，《湖南大學學報》，1996 年第 1 期。

4. 童麗，〈試析王安石變法中的矛盾〉〔J〕，《學術月刊》，1996 年第 8 期。

5. 張小偉，〈試論王安石變法與張居正改革成效不同之原因〉〔J〕，《成都教育學院學報》，2005 年第 7 期。

6. 高紀春，〈論朱熹對王安石的批判〉〔J〕，《晉陽學刊》，1994 年第 5 期。

7. 樂文華、戴文君，〈王安石新學和陸九淵心學的相近之處〉〔J〕，《江西教育學院學報》（社會科學），2005 年第 4 期。

8. 樂文華，〈李覯和王安石的哲學思想比較〉〔J〕，《撫州師專學報》，2002 年第 4 期。

9. 蔣星煜，〈王安石與司馬光〉〔J〕，《山西師大學報》（社會科學版），1995 年第 1 期。

10. 李德明，〈論王安石的人才革新思想〉〔J〕，《撫州師專學報》，1994 年第 2 期。

11. 陳深漢，〈論王安石變法的失敗原因及其教訓〉〔J〕，《南寧職業技術學院學報》，2001 年第 3 期。

12. 樊宏法，〈論胡宏與王安石「性與天道」觀差別〉〔J〕，《江蘇工業學院學

報》，2005 年第 2 期。

13. 王祥雲，〈略論王安石變法的實學思想〉〔J〕，《開封大學學報》，1999 年第 1 期。

14. 朱瑞熙，〈20 世紀中國王安石及其變法的研究〉〔J〕，《安徽師範大學學報》（人文社會科學版），2003 年第 2 期。

15. 張國剛，〈論「唐宋變革」的時代特徵〉〔J〕，《江漢論壇》，2006 年第 3 期。

16. 陳國生，〈蘇東坡阻遏王安石變法的心理學考察〉〔J〕，《吉首大學學報》（社會科學版），1997 年第 3 期。

17. 楊柱才，〈儒學的主題轉換與學理更新——從王安石說起〉〔J〕，《中共中央黨校學報》，2001 年第 4 期。

18. 楊柱才，〈王安石的性命學說〉〔J〕，《撫州師專學報》，2001 年第 2 期。

19. 魏福明，〈王安石對老子哲學的繼承和發展〉〔J〕，《玉溪師範學院學報》，2004 年第 4 期。

20. 魏福明，〈王安石與老子哲學〉〔J〕，《江蘇社會科學》，2004 年第 3 期。

21. 楊世利，〈試論王安石的內聖外王之道〉〔J〕，《中州學刊》，2000 年第 4 期。

22. 劉文波，〈論王安石的人性觀〉〔J〕，《湖南師範大學社會科學學報》，2005 年第 6 期。

23. 王春璽，〈政治改革家王安石的人格魅力〉〔J〕，《東華理工學院學報》（社會科學版），2005 年第 2 期。

24. 廖寅、楊果，〈王安石性格解讀〉〔J〕，《撫州師專學報》，2001 年第 2 期。

25. 李華瑞，〈九百年來社會變遷與王安石歷史地位的沉浮〉（上）〔J〕，《河北學刊》，2004 年第 2 期。

26. 李華瑞，〈九百年來社會變遷與王安石歷史地位的沉浮〉（下）〔J〕，《河北學刊》，2004 年第 4 期。

27. 李華瑞、水潞，〈南宋理學家對王安石新學的批判〉〔J〕，《河北大學學報》（哲學社會科學版），2002 年第 1 期。

28. 熊凱，〈近十年來的荊公新學研究〉〔J〕，《東華理工學院學報》（社會科學版），2006 年第 1 期。

29. 馮錫剛，〈「我願意以他為模範」——郭沫若論王安石〉〔J〕，《郭沫若學刊》，2002 年第 2 期。

30. 王榮科,〈王安石生前毀譽交替現象的政治文化分析〉〔J〕,《江淮論壇》, 2002 年第 5 期。

31. 王榮科,〈北宋政治文化與王安石變法〉〔J〕,《南通師範學院學報》(哲 學社會科學版), 1999 年第 4 期。

32. 王榮科,〈王安石提出「三不足」之說質疑〉〔J〕,《復旦學報》(社會科 學版), 2000 年第 1 期。

33. 王書華,〈二程對荊公新學的批判〉〔J〕,《孔子研究》, 2004 年第 5 期。

34. 王書華,〈荊公新學的創立與發展〉〔J〕,《社會科學論壇》, 2001 年第 4 期。

35. 王書華,〈荊公新學的學術淵源〉〔J〕,《文史哲》, 2001 年第 3 期。

36. 范立舟、徐志剛,〈論荊公新學的思想特質、歷史地位及其與理學之關係〉 〔J〕,《西北師大學報》(社會科學版), 2003 年第 3 期。

37. 劉成國,〈論宋代政治文化的演進與荊公新學之命運〉〔J〕,《社會科學研 究》, 2005 年第 6 期。

38. 劉成國,〈關於王安石的師承與後裔〉〔J〕,《河北學刊》, 2003 年第 4 期。

39. 高建立,〈論王安石變法革新中的民本思想〉〔J〕,《中州大學學報》, 2006 年第 2 期。

40. 鄭曉江,〈論王安石的學術思想與變法實踐〉〔J〕,《求索》, 2005 年第 3 期。

41. 張躍,〈論王安石與司馬光義利觀之差異〉〔J〕,《華中科技大學學報》(社 會科學版), 2000 年第 4 期。

42. 徐文明,〈蘇洵與王安石思想異同論〉〔J〕,《清華大學學報》(哲學社會 科學版), 2002 年第 2 期。

43. 楊朝雲,〈王安石變法失敗原因探討及其當代思考〉〔J〕,《曲靖師範學院 學報》, 2001 年第 4 期。

44. 富子梅,〈安徽阜陽劣質奶粉事件基本查清〉〔N〕,《人民日報》, 2004 年 第 5 卷第 17 期, 第 2 頁。

45. 張敏,〈公眾參與才是慈善的真諦——中國慈善事業調查〉〔N〕,《工人日 報》, 2006 年第 2 卷第 5 期, 第 1 頁。

後　記

　　《王安石義利觀研究》由我的碩士論文修改而成。

　　王國維在《人間詞話》中說，古今之成大事業、大學問者，必經過三種之境界：「昨夜西風凋碧樹。獨上高樓，望盡天涯路」，此第一境也。「衣帶漸寬終不悔，為伊消得人憔悴」，此第二境也。「眾裏尋他千百度，回頭驀見，那人正在燈火闌珊處」，此第三境也。而我在廣西師範大學老師們的帶領下正興高采烈地奔向第一種境界。我樂意在倫理精神的海洋裏自由遊弋，努力踐履「吾貌雖瘦，心肥天下」的道德理想。

　　對待學術研究既不要不知內斂地放縱自己的偏見，也不要成為令人尷尬的學術祭司。生命的意義不在於你得到多少而在於你付出多少，正如法國著名倫理學家居友所說，人常常需要超出自己走向他人，一個正常的成熟的人都有著多餘自己的痛苦所需要的眼淚，也都有著多餘自己的幸福所證實的更多的歡樂。人不能過於悲觀也不能過於樂觀，因為過分的悲觀可能是一種為生活的不幸所嚴重傷害了的道德情感的不健康的過度刺激的症候；相反，盲目的樂觀卻常常表明著對一切道德情感的一種無動於衷和麻木不仁。博學之，審問之，慎思之，明辨之，篤行之才是做學問最實在的方法，這也是我碩士三年學著做人做事做學問的一點感悟。

　　論文完成既有一份成功的喜悅又有一份辛酸的記憶。在論文完稿之時，我首先要感謝我的碩士生導師蘇平富教授，蘇老師嚴謹的學風，紮實的理論功底，平易近人的風範，使我在這三年的碩士學習中受益匪淺，同時他高尚的人格，開闊的胸襟和樂觀的人生態度，為我樹立了為人為學的榜樣。

　　衷心感謝譚培文教授對我的指導和幫助，譚老師紮實的學術功底，一絲

不苟的治學態度，讓我終生難忘。

衷心感謝劉瓊豪博士、吳全蘭博士、蘇曉雲博士、李恩來博士、鍾小鈺老師三年來對我的幫助與支持。

衷心感謝湖南師範大學唐凱麟教授、王澤應教授、張懷承教授、舒遠招教授指引我走進倫理學大門，尤其要感謝王澤應教授，他是我在湖南師範大學求學時遇到的第一位倫理學教授，從他那裡我學會了科學研究的精神和方法，這些將使我終生受益。

感謝北京師範大學李祥俊教授，他贈送的《王安石學術思想研究》一書對我完成本篇論文很有幫助；感謝河南省委黨校黃亮宜教授，他贈送的《社會主義義利觀》一書給了我許多啟發。

感謝我愛的人和愛我的人！感謝家人對我的幫助和支持！感謝所有幫助過我的朋友和同學！祝他們永遠健康快樂！

歐陽輝純

2014 年暑假於湖南永州石溪江上游嶺口村

下篇：倫理學論文集

論儒家敬身之道

摘　要

　　儒家敬身之道的原則是「以身訓禮」、「身禮合一」、「德身一如」，不是僅僅為「身體而身體」。它至少包括兩個方面的內涵：一是不虧其體，二是不辱其身。在社會主義和諧社會建設中，反思儒家敬身之道對個體身心健康建設具有重要的意義和價值。

關鍵詞：敬身之道；不虧其體；不辱其身

　　身體不只是「他」者眼中的物質體，它還是一種倫理的存在，脫離倫理規範的束縛，身體就很容易滑入欲望的海洋。儒家倫理不僅關注「德性」和「德行」，而且關注「在心為德，施之為行」的肉身。儒家敬身之道的原則是「以身訓禮」、「身禮合一」、「德身一如」，不僅僅是為「身體而身體」。儒家敬身之道認為，身體是道德主體踐履道德行為的載體，它不僅是物質的，而且是精神的。

　　「身」為道德主體行為的萬源之本。《禮記・曲禮》說：「毋不敬，儼若思，安定辭，安民哉！」宋儒真德秀解釋說：「曰『毋不敬』者，謂身心內外不可使有一毫不敬也，其容貌必端嚴而若思，其言辭必安定而不邊。以此臨民，民其有不安乎？」（《大學衍義》卷二十八）真德秀的解釋體現了儒家倫理的「以身訓禮」，「身禮合一」敬身之道的精神旨歸。因此，我們不能把儒家敬身之道，僅僅理解為「為身體而身體」。儒家敬身之道體現的是身體和德性的一體化，是身與理，身與德，身與禮的合一。正如《禮記・祭義》所說的那樣：「不虧其體，不辱其身，可謂全矣。」因此，筆者認為，儒家敬身之道至少包括兩個方面的內涵：一是不虧其體，二是不辱其身。

一、不虧其體

　　《禮記・祭義》認為，人的身體是「天之所生，地之所養，無人為大。」身體是人的一切社會活動的載體，失去身體，一切將成為不可能。因此，儒家認為，人一出生父母就給了自己完整的身體，等到自己臨終的時候也要反思自己，要把身體完整地交給父母，這樣才稱得上孝。「父母全而生之，子全而歸之，可謂孝矣。」（《禮記・祭義》）人在有生之年要做到不虧其體，謹慎地保存身體的完整性。所以，《孝經・開宗明義章》說：「身體髮膚，受之父母，不敢毀傷，孝之始也。」

　　《周易・艮》卦就很明白地說明了不虧其體的重要性。《周易・艮・六四》中說：「艮其身，無咎。」意思是說，只是保持身體某個部位不受損傷，那對整個身體的健康是有害的。《周易・艮・九三》中進一步強調了這一點：「艮其限，列其夤，厲薰心。」這就是說，人如果只照顧腰部，不顧其背部，同樣是危險的。因此，艮卦的卦辭概括說：「艮其背，不獲其身；行其庭，不見其人，無咎。」孟子也說：「天下之本在國，國之本在家，家之本在身。」（《孟子・離婁上》）

不虧其身，最基本的是要保持身體的完整性。王夫之說：「『形色，天性也』，故身體髮膚不敢毀損，毀則滅性以戕天矣。」(《思問錄·內篇》) 一個人即使是在逆境之中，也不能放逐自己的身體。正如孟子所言「達則兼善天下，窮則獨善其身。」(《孟子·盡心上》) 那種不珍惜自己的身體，隨意處置和安頓自己身體的行為是儒家不贊同的。自然，儒家「不虧其體」的目的，不僅僅是為了個體的得救，而是為了更好地弘「道」，因為儒家主張「繼往開來」，以天下為己任。但是在這種「為天地立心，為生命立命，為往聖繼絕學」的道德責任意識中，如果沒有身體為物質載體，那麼，儒家的一切理想將無法實現。

不過，在面對「道」或「正義」的時候，儒家強調了「道」重於「身」。所以，孟子說：「天下有道，以道殉身；天下無道，以身殉道；未聞以道殉乎人者也。」(《孟子·盡心上》)。因此，一個人如果肯心甘情願犧牲自己的身體去弘揚道德，就顯得十分崇高。不過，對那種毫無價值的「自殘」、「自虐」，儒家是不贊同的，甚至是貶斥的。在儒家敬身之道看來，以「自殺」的方式摧殘或毀滅自己的身體，往往不是出於對生命的禮贊，而很可能是對邪惡現實的抗議。因此，孟子說：「守，孰為大？守身為大。不失其身而能事其親者，吾聞之矣。失其身而能事其親者，吾未之聞也。孰不為事？事親，事之本也。孰不為守？守身，守之本也。」(《孟子·離婁上》) 至於那種不懂得保其身，「烹身割股」的愚忠愚孝，儒家也是反對的。王艮批判說：「不知安身，便去幹天下國家事，是之為失本。就此失腳，將烹身割股，餓死結纓，且執以為是矣。不知身不能保，又何以保天下國家哉！」[1](P712)「不知安身，則明明德新民卻不曾立得天下國家的本，是故不能主宰天地，幹旋造化。」[1](P711~712) 既然「不虧其體」是「立得天下國家的本」，那麼，怎樣才能做到「不虧其體」？

首先，在日常行為中，應當注意安全，要重視身體的完整性。對日常行為，儒家對身體的安全做了詳細的規定。在日常行為交往中，孔子曾經告誡弟子說：「君子有三戒：少之時，血氣未定，戒之在色；及其壯也，血氣方剛，戒之在鬥；及其老也，血氣既衰，戒之在得。」(《論語·季氏》) 他反對「暴虎馮河」。他說：「暴虎馮河，死而無悔者，吾不與也。必也臨事而懼，好謀而成者也。」(《論語·述而》) 孟子也說：「知命者，不立乎岩牆之下。」(《孟子·盡心上》) 懂得珍惜生命的人，是不會站在危險的岩牆之下，以免發生意

外。如果是坐馬車，就要抓穩登車的繩子，以防跌傷。《論語・鄉黨》中說：
「升車，必正立，執綏。車中，不顧言，不疾言，不親指。」

其次，要養成健康的飲食習慣。為了身體健康，要做到「食不厭精，膾不言細」（《論語・鄉黨》）。如果是發黴的食物，堅決不能吃，「魚餒而肉敗，不食。」（《論語・鄉黨》）要按時進食，「不時，不食」。飲酒要有限量，不能喝醉，「失飪，不食」，「唯酒無量，不及亂。」（《論語・鄉黨》）放久了的食物，不宜食用，「祭於公，不宿肉。祭肉不出三日，出三日，不食。」（《論語・鄉黨》）吃飯的時候，最好不要說話，以免噎住，「食不語，寢不言。」（《論語・鄉黨》）

最後，要寡欲。孔子說：「食色，性也」，承認了人的正常生理欲望的存在。但是，儒家反對淫欲，孟子說：「養心莫善於寡欲。」（《孟子・盡心下》）那種時時處處追求物質欲望的行為，是儒家敬身之道不允許的。《論語・里仁》中說：「士志於道，而恥惡衣惡食者，未足議也。」宋明理學家提出「存天理，滅人欲」，也不是要消除人的正常欲望，而是反對過度的「人欲」。儒家敬身之道強調是德身一如，道身無二。因此，提倡「君子恥服其服而無其容，恥有其容而無其辭，恥有其辭而無其德，恥有其德而無其行」（《禮記・表記》）；要求聖人君子做到「服其服，則文以君子之容；有其容，則文以君子之辭；遂其辭，則實以君子之德」（《禮記表記》）；做到「以德潤身」。所以，游酢概括說：「夫聞譽施諸身，則美在其中，而暢與四支，夫豈借美於外哉！」[2]（P28）

二、不辱其身

如果說不虧其體，是從物質層面上來保存身體的完整性，那麼，不辱其身則是從精神層面上來保護身體不受損傷。

儒家強調「士可殺，不可辱」。「辱身」是士大夫最大的精神和肉體污蔑。因此，儒家強調做人要「無啟寵納侮，無恥過作非」（《尚書・說命中》）。為人處世要慎言慎行。孔子說：「古者言之不出，恥躬之不逮也。」（《論語・里仁》）為人要善養浩然之氣，要做到在逆境中不放棄自己的信念。正如朱熹所說：「國有道，不變未達之所守；國無道，不變平生之所守也。」（《四書章句集注・中庸章句》）

要做到不辱其身，首先，要行仁義，仗義做人。「仁則榮，不仁則辱。」

（《孟子‧公孫丑上》）儒家認為，君子要「先義後利」「見利思義」。如果「先利後義」，那可能就要遭遇恥辱。荀子說：「先義後利者榮，先利後義者辱。」（《荀子‧榮辱》）荀子還區別了「義辱」、「義榮」等幾個方面。他認為：「流淫污僈，犯分亂理，驕暴貪利，是辱之由中出者也，夫是之謂義辱」；「志意修，德行厚，知慮明，是榮之由中出者也，夫是之謂義榮。」（《荀子‧正論》）

其次，做人要有知恥之心。孟子說：「人不可以無恥，無恥之恥，無恥矣。」（《孟子‧盡心上》）王通也說：「痛，莫大於不聞過；辱，莫大於不知辱。」（《中說‧關朗》）孟子曾痛惜那種不知恥辱無是非之心的人，稱這種人「無是非之心」。他說：「無惻隱之心，非人也；無羞惡之心，非人也；無辭讓之心，非人也；無是非之心，非人也。」（《孟子‧公孫丑上》）歐陽修認為：「禮義，治人之大法；廉恥，立人之大節。」（《新五代史‧雜傳》卷五十四）在歐陽修看來，有廉恥之心的人是立身做人的根本，是大本大節。朱熹把是否「有恥」看作是聖賢君子與禽獸相區別的標準，這就大大提升了「恥」的道德價值。他說：「恥者，吾所固有善惡之心也。存之則進於聖賢，失之則入於禽獸，故所繫為甚大。」（《孟子集注‧盡心上》）一個沒有恥感的人什麼事都敢做，最終可能導致自身肉體的消亡。歐陽修說：「不廉則無所不取，不恥則無所不為。人而如此，則禍敗亂亡亦無所不至。」（《新五代史‧雜傳》卷五十四）

儒家強調「天下為己任」，「先天下之憂而憂，後天下之樂而樂」。如果一個國家的公民失去恥辱之心，那麼社會道德秩序就會崩潰，這是一個國家的恥辱。顧炎武說：「人之不廉而至於悖禮犯義，其原皆生於無恥也。故士大夫之無恥，是謂國恥。」（顧炎武《日知錄‧廉恥》卷十三）

個體無恥，輕則招來辱罵，重則危其自身及家人，可能導致「捶笞、臏腳、斬、斷、枯、磔」（《荀子‧正論》）。道德個體的無恥就會使自己的肉體受到割肉、斬殺、裂肢等酷刑。那種「憂忘其身，內忘其親」（《荀子‧榮辱》）的辱身行為是儒家敬身之道不能原諒的。所以，《大戴禮記‧曾子制言上》說：「富以苟不如貧以譽，生以辱不如死以榮。」

儒家強調的「不辱其身」，其目的是要人們加強自身的道德修養，做到身禮合一。只有道德修養較高的人，才能做到「不辱其身」。所以說，「賢者不容辱」（《鹽鐵論‧備胡》），「世能知善，雖賤猶顯；不能別白，雖尊猶辱。」

（王充《論衡‧自紀》）

總之，儒家的敬身之道，不僅僅是從衣、食、住、行等日常行為中來保持肉體的健康和完整，而且還要從道德實踐中實踐身體與德性的統一。儒家敬身之道認為，身體的存在為一切道德實踐提供了無限的可能性，它是一切道德活動的基礎，也是道德實踐的載體。敬身是實現儒家修身、齊家、治國、平天下的基礎，同時，敬身之道還是一種生活智慧。所以，儒家非常重視「敬身為大」（《禮記‧哀公問》）的道德信念和道德原則。

三、對敬身之道的現代反思

以「不虧其體」、「不辱其身」為主要內容的儒家敬身之道，是道德主體保持身體和道德一致性的兩個重要維度。道德主體是道德生活中主體意志的承載者。道德主體包括兩個基本方面的內容：主體的意志和主體的身體。主體的意志相對於精神性而言，主體的身體相對於人的物質性而言。主體的身體是主體意志的物質載體。這兩者統一於道德主體。

道德主體的身體，不僅僅指的是一種美的身體，還包括畸形的身體。儒家敬身之道認為即使是醜陋的身體，因為是父母所生，自己也應當珍惜。但是，這並不會妨礙他們通過道德修養和道德實踐，成為有功於社會和國家的聖人君子。荀子在《非相》篇中就提出了，人的成功與人長相無關而與人內在的道德修養息息相關的問題。荀子認為，長相美與不美不是決定人一生是否成功的根本原因。「仲尼之狀，面如蒙倛」；公孫呂「焉廣三寸，鼻目耳具」，長相怪異；孫叔敖「突禿長左，軒較之下」（《荀子‧非相》）。儘管這些人「形相雖惡」，但是他們「心術善」，又不斷加強自己的道德修養，所以「無害為君子」。而有些人美麗姚冶，「婦人莫不願得以為夫，處女莫不願得以為士」（《荀子‧非相》），甚至「棄其親家」想和他們私奔。結果，這些有其貌而無其德的人，有一天就可能會「戮乎大市」（《荀子‧非相》），不得善終。所以，荀子說：「相形不如論心，論心不如擇術。」（《荀子‧非相》）

這裡荀子強調了人的道德修養，他認為只有做到「以身訓禮」，「身禮合一」，這個社會才能有序的發展，而在荀子看來「禮」是人身與德合一的集中體現。

無論是先秦儒家如孔子、孟子、荀子，還是宋明理學家，其實都已經意識到了「身體」和「德性」統一。這也正反映了傳統儒家對身體與道德自我

的覺醒。

儒家的敬身之道不僅發現了人們內在頭腦中的道德世界，也看到了人本身的「身體」世界，即肉體與道德之間的一致性。儒家敬身之道張揚了人性。這無疑是有價值的。因為這是人的道德意識的覺醒，是認識自然和自我的一種方式，是人們思想進步的一種必然選擇。它回歸到了人的本性，是人性的一種美讚，是一種道德進步。

今天在市場經濟建設時代，人的解放既包括思想的解放也包括人身體的解放。在個性多元的現代社會裏，人們對身體之美的期待，達到了前所未有的程度。如今中國大城小鎮中各式各樣的美容、美唇、美眉、美鼻、美腿、隆胸店鋪天蓋地。為了獲得「骨感美」的效果，各種各樣的減肥術，紛紛登場。當然，這從一個側面反映了時代的發展，說明人們對身體的重視達到了一種高度的自覺。或許這是中國人經歷五四「思想啟蒙」到現代「身體啟蒙」過程中的一種表現樣態。自然，人們對這種身體美的追求是無可厚非的。

但是，一些人一味地追求身體的「美」，一味地為「身體而身體」，或者為了「他」者的愉悅而對自然的身體進行純功利的打造，而往往忽視了德性的修養。他們在生活中奉行「道義放兩旁，利字擺中間」的人生態度。許多人之所以對自己的身體不滿意，其實是極端利己主義和畸形自戀主義心理在作怪。因為，他們覺得在這個以市場為主要資源分配的社會，他們所獲得的利益與他們所期待的相差太遠。因此，這些人往往忽視道德修養，而想從身體上來為自己得到更多利益增加籌碼。所以，他們希望通過「人造的美」讓自己得到盡可能的多。這樣，一個不擇手段追求身體美而忽視道德修養的人，就很可能最終連身體本身的內在價值也虧得血本無歸。因為，對身體美的追求不是人生的唯一，而且一系列的過度地身體整容，很可能損傷身體本身的健康。例如，選擇藥物減肥，過多地服用減肥藥可能導致記憶力減退、失眠、頭疼、心臟病，嚴重地可能還會導致不孕不育症等後果。事實上，身體一旦脫離道德的束縛，就可能成為欲望的俘虜，人就很可能沉淪。既使是一個美艷絕倫的人，如果放棄了道德修養，最終依然也為人們所唾棄。

其實，即使是窈窕淑女，無論以怎樣的方式追求自己身體的美，也戰勝不了時間對身體衰老的侵襲，畢竟人是要衰老的。但是作為社會意義上的人，我們依然要有起碼的道德良知和道德涵養，追求身體之美不是生活的全部。

　　因此，當我們在為身體之美絞盡腦汁的時候，如果我們能夠從儒家的敬身之道中汲取「不虧其體」、「不辱其身」、「德身一如」的道德資源，無疑對我們的身與心的建設是大有裨益的。

參考文獻

〔1〕黃宗羲，《明儒學案》（修訂本）〔M〕，沈之盈點校，北京：中華書局，2008 年。

〔2〕朱熹，《朱子全書》（修訂本）（第七冊）〔M〕，朱傑人、嚴佐之、劉永翔主編，上海：上海古籍出版社，合肥：安徽教育出版社，2010 年。

〔3〕朱熹，《四書章句集注》〔M〕，北京：中華書局，1983 年。

〔4〕王先謙，《荀子集解》〔M〕，沈嘯寰、王星賢點校，北京：中華書局，1988 年。

〔5〕程顥、程頤，《二程集》〔M〕，王孝魚點校，北京：中華書局，1981 年。

〔6〕楊伯峻，《孟子譯注》〔M〕，北京：中華書局，1960 年。

〔7〕楊伯峻，《論語譯注》〔M〕，北京：中華書局，1980 年。

〔8〕王陽明，《王陽明全集》〔M〕，吳光、錢明等編校，上海：上海古籍出版社，1992 年。

〔9〕黃暉，《論衡校釋》〔M〕，北京：中華書局，1990 年。

〔10〕張錫勤、柴文華，《中國倫理道德變遷史稿》〔M〕，北京：人民出版社，2008 年。

〔11〕張再林，〈中國古代倫理學的身體性〉〔J〕，《陝西師範大學學報》（社會科學版），2006 年第 5 期。

〔12〕張勇，〈身體與思想──儒家倫理判斷中的身體聚焦〉〔J〕，《西安電子科技大學學報》（社會科學版），2006 年第 6 期。

〔13〕張國啟，〈身體哲學視域下修身理論價值的現代闡釋〉〔J〕，《南通大學學報》（社會科學版），2008 年第 1 期。

〔14〕閆旭蕾，〈論身體的德性〉〔J〕，《教育理論與實踐》，2008 年第 5 期。

原載《河北工程大學學報（社會科學版）》2011 年第 4 期

論宋代理學「理」的倫理內蘊

摘　要

　　「理」是宋代理學的核心範疇，其內在本質特徵是善惡處於中庸狀態的呈現。「理」的倫理內蘊包括人類生活的自然、社會制度和日常人倫生活。居敬和窮理是對「理」的倫理精神的體認和踐履。宋代理學家提出的「理」其目的是為了張揚人的主體性，儘管它不盡人意，但是這種追求本身的價值和精神值得後人反思。

關鍵詞：理；倫理內蘊；居敬；窮理

如果用兩個關鍵詞來概括中國儒家倫理思想史，那就是「仁」和「理」。宋之前以「仁」為主體，宋之後以「理」為主體。如果說「仁」是先秦儒學對當時那個君不君、臣不臣、父不父、子不子「禮樂崩壞」的社會提供的建構社會倫理秩序的美好願望，那麼「理」則是宋代理學自三代以來為拯救泯滅的人性與良知而提供一種安身立命之道。因此，宋代理學的實際創立者二程無不得意地說：「吾學雖有所受，『天理』二字卻是自家體貼出來。」（《上蔡語錄》卷上）那麼，宋代理學中的理，究竟是什麼？它的倫理精神的內涵和範疇是什麼？如何才能在日常人倫中踐履「理」呢？本文就這三個問題做嘗試性的回答，以便拋磚引玉。

一、「理」是善惡處於中庸狀態的呈現

宋代理學論證模式往往是通過把人們日用生活的倫理秩序抽象提升為一種普遍的道德原則，並又以此來論證日常生活的合理性。「理」或「天理」是他們提煉的成果。在宋代理學視野中這個「理」不是如康德所說的「假言命題」和「絕對命令」，而是一種善惡處於平衡狀態的存在，是一種善惡處於中庸狀態的呈現。破壞這種平衡狀態的「理」，就產生「過猶」或者「不及」，而「過猶」或者「不及」就是一種「惡」。最容易破壞這種善惡平衡狀態力量是「人欲」。所以，程顥解釋《尚書・大禹謨》中的話說：「『人心惟危』，人欲也；『道心惟微』，天理也。」（《河南程氏遺書》卷十一）宋代理學家對這種天理的內在本質的解釋「既提示了世界的存在方式，同時也表明了人類在世界中實行自我變革的可能性。」[1] (P172)

處於善惡平衡狀態是「理」的基本的倫理品格。宋代理學家有時候把這種狀態叫做「理一」。天下的萬事萬物都有自己的這種善惡平衡狀態。所以，程頤說，「一物之理，即萬物之理」（《河南程氏遺書》卷二上）；「天下之事物歸於一是，是乃理也」（《河南程氏遺書》卷一）；「天下物，皆可以理照。有物必有則，一物須有一理。」（《河南程氏遺書》卷十八）

朱熹把「理」的善惡平衡狀態拔高到超越人的經驗層面，以此來擡高「理」。所以他說：「未有這事，先有這理，如未有君臣已先有君臣之理，未有父子已先有父子之理。……直待有君臣父子，卻旋將道理入在裏面。」（《朱子語類》卷九十五）「理」的這種善惡平衡的呈現狀態是世界萬事萬物，有形無形物的本質狀態。所以，朱熹總結說：「天下之物，則各有所以然之故，尤

其所當然之則，所謂理也。」(《朱子全書·大學或問上》)

朱熹認為，理的這種呈現無處不在。但是，這種呈現有的可以為人的經驗所認知和體驗到，有的則是人的經驗無法把握的。他通過形而上和形而下這兩種狀況來說明理的存在。「形而上者，無形無影是此理；形而下者，有情有狀是此器。」(《朱子語類》卷九十五)「形而上之道，本無方所名狀之可言也。」(《朱子全書·太極圖說解》)

既然「理」是善惡的平衡的呈現，那麼，惡也並非是一種「純粹的惡」，而是一種「相對的惡」，它只是「過」或者「不及」。要達到對這種善惡呈現的平衡狀態「理」的認識，就要通過「格物致知」或者「敬」或者「誠」等方法來實現。宋代理學認為對「理」的認識是人生極為重要的實踐功夫。因此，朱熹在教弟子時，認為首先要學習《大學》、《論語》、《孟子》，最後才學習《中庸》，因為對中庸的認識難度最大，而只有認識中庸、掌握中庸才是踐履「理」的最好方法。「尊德性而道問學，致廣大而盡精微，極高明而道中庸」(《中庸章句》)是達到「理」的最高境界。

正是因為「理」是一種善惡或者中庸狀態的呈現，所以，宋代理學家明確提出「存天理，滅人欲」。「存天理」達到的是「理」善惡平衡狀態的把握；「滅人欲」是要人剔除人性中邪惡的欲望。不過，宋代理學家並沒有否定人的正常的人欲，「飲食，天理也；要求美味，人欲也。」(《朱子語類》卷十三)朱熹認為，「饑而欲食，渴而欲飲」(《朱子語類》卷九十四)這是很自然的道德，也是「理」的呈現。朱熹說，「口之於味，目之於色，耳之於聲，鼻之於臭，四肢之於安佚，聖人與常人皆如此，是同行也。」(《朱子語類》卷一百一)

宋代理學肯定了人的正常的衣食住行，但是，如果人沉溺於衣食住行，這便是「人欲」。因此，朱熹說，「人欲者，此心之疾疢，循之則其心私而邪。」(《朱文公文集·辛丑延和奏劄二》卷十三)

由此可見，宋代理學家對「理」的本質內涵的論述，比起前人來說是一種進步。既然「理」的倫理本質是善惡中庸的一種平衡狀態的呈現，那麼在現實世界和社會秩序及人倫日常生活中，「理」是如何呈現的呢？或者說，在人類生活的自然世界和人類社會中，「理」的倫理內蘊究竟是什麼？

二、「理」的主要倫理內蘊

宋代理學「理」的主要倫理內蘊主要有以下幾個方面。

（一）人們生活的自然界是「理」的一種善惡平衡狀態的表達，體現為中庸的倫理精神

宋代理學家比較注重人類生活的自然世界，而對純粹自然界，宋代理學家很少關注。正如葛兆光教授所說的那樣：「由於宋代理學關心的重點已經不再包括自然世界，因此他們對於宇宙空間與時間的『天』，只是把它懸置在遙遠處，推到後面作為朦朧的背景，而把『人』的依據作為知識與思想的焦點凸顯起來。即便如此，他們也沒有對『天』產生質疑或者否定，因為這時關心的問題已經主要是人文精神與社會的秩序了。」[2]（P46《導論·注釋③》）

宋代理學家認為，自然界的春夏秋冬四季的運行，日月星辰的更替，陰陽五行的變化等等能有序進行都是「理」的善惡平衡狀態的結果。自然界的異常變化不會導致人間的福禍，而是因為人間的福禍才導致自然界出現異常。不過，通常情況下，自然界是善惡處於中庸的一種狀態。

這種狀態，宋代理學家有時候把它叫做「誠」。周敦頤是最為典型的倡導者。周敦頤作為宋代理學的奠基人之一，他首先從《周易》的思維模式出發，從道德自然主義的立場來確立「誠」為道德本體的中心地位。「『大哉乾元，萬物資始』，誠之源也。」「『乾道變化，各正性命』，誠斯立焉。」「元、亨，誠之通；利、貞，誠之復。」（《通書》）周敦頤認為，大自然的變化，是「誠」的體現。而「誠」又是大自然陰陽乾坤善惡運動處於平衡的結果。「一陰一陽之謂道，繼之者善也，成之者性也。」（《通書》）至善的「誠」，就是「天道」，也就是「理」。只是這裡周敦頤不是用「理」這個術語，而是改用了「誠」。他說，「聖，誠而已矣。誠，五常之本，百行之原也。」（《通書》）這裡，周敦頤沒有明確提出「理」或者「天理」的命題，但是，這種「誠」與「理」其實是同一個意思，具有與「理」同樣的內涵。所以，這個「誠」是善惡或者是中庸的狀態，是「無為」的。不過，如果這個「誠」「一旦運動起來善惡失去平衡，就會產生「過猶」或「不及」，那善與惡就體現出來了。「誠，無為；幾，善惡。」（《通書》）朱熹解釋說，「幾者，動之微，善惡之所分也。蓋動於人心之微，則天理固當發見，而人欲亦已萌乎其間矣。」（《朱子全書·通書注》）

　　周敦頤雖然提出了理的命題，但是因為他的論述十分簡略，留給後來的理學家很多闡釋空間。如果說周敦頤是通過「誠」來呈現他對自然道德本體的洞見，那麼二程則是通過「理」來呈現他們對自然道德本體的理解。二程認為，大自然是「理」的存在。萬事萬物都有一個理，而這個理則是善惡處於平衡的狀態。大自然也是這個善惡運動平衡的狀態。不僅如此，這個「理」是動態的，是運動的呈現，而不是孤立靜止的客體。「日月，陰陽之精氣耳，唯其順天之道，往來盈縮，故能久照而不已。得天，順天之理也。四時，陰陽之氣耳，往來變化，生成萬物，亦以得天，故常久不已。」（《周易程氏傳・恒卦》卷三）如果「理」中的陰陽之氣打破了善惡的平衡或中庸狀態，那麼「惡」就很自然出現了。所以二程說：「萬物莫不有對，一陰一陽，一善一惡，陽長則陰消，善增則惡減。」（《河南程氏遺書・師訓》卷十一）又說，「生生之謂易，生則一時生，皆完此理。」（《河南程氏遺書》卷二上）二程認為，自然界的存在是「理」的體現，這是外在的，表面的。實質維護這種自然界的存在是善惡運動過程產生的平衡，是一種中庸的境界。朱熹在《中庸章句》序言中引用二程一段很重要的話說，中庸「其書始言一理，中散為萬事，末復合為一理。『放之則彌六合，卷之則退藏於密。』」這段話是對「理」的綱領性的論述。但是，問題是，如果因為善惡呈現出來的大自然的「理」一旦被破壞，那這個「理」就不存在了，自然界就出現了「過猶」或者「不及」。

　　那麼是誰會打破自然界中「理」的這種平衡呢？宋代理學家認為打破自然界平衡的，不是自然本身，而是「人欲」，是人的欲望的過度張揚。最明顯的例子是天子不行仁道，大自然就會出現異常。如果天子失德，大自然會發生地震或者山洪等現象來警告天子。這時天子要進行自我反省，或者發佈「罪己詔」，要大赦天下，進行自我批評。

　　宋代理學家論證自然界的「理」，並不是僅僅因為自然之理而談「理」，他們是通過談自然之「理」的方式來說明人類社會，是為論證社會倫理秩序的合理性提供理論依據。所以，宋代理學家論述的直接目的不是「天道」或純自然，而是心性和人類社會的秩序。也就是說宋代理學家建構自然道德本體的目的，是為倫理為本位的社會秩序做鋪墊的，張揚的還是人的主體性。宋代理學家這種通過論自然來張揚人的主體性為明代學者進一步張揚人的價值奠定了基礎，李贄的不「以孔子之是非為是非」使人性得到了充分的

展開。雖然，在政治層面上他們失敗了，但是這種覺醒的價值是值得後人稱道的。

（二）合理的社會制度和秩序是「理」的善惡處中庸狀態的體現，失去這種平衡，社會制度就是不合理的，社會秩序就會陷入「物欲橫流」的境地

既然「理」是一種善惡處於平衡或者合理秩序的存在狀態，那麼可以說在這種狀態下，「理」就充分體現出「善」。也就是說，一個合理的社會制度和秩序要表現出「善」，就必然要符合「理」，否則，社會秩序就混亂，社會制度就會綱常不再，乾坤倒轉，民有倒懸之急。

社會制度是人的社會，社會制度不能離開人而獨立存在。宋代理學家認為，君君、臣臣、父父、子子、夫婦五倫的合理性的安排是這個社會制度和社會秩序合法合理存在的基礎。因此，宋代理學家特別強調角色倫理，強調個體在社會中的職業道德和社會責任。宋代理學家繼承了孔孟君仁、臣敬、父慈、子孝、夫義、婦順等角色倫理。程頤說：「父止於慈，子止於孝，君止於仁，臣止於敬，萬物庶事莫不各有其所，得其所則安，失其所則悖。聖人所以使天下順治，非能為物作則也，唯止之各於其所而已。」（《周易程氏傳・艮卦》卷四）宋代理學家認為，只有每個社會角色恪守各自的社會責任，社會制度的合理性才能凸現出來。程頤說：「上下之分，尊卑之義，理之當也，禮之本也，常履之道也。」（《周易程氏傳・履卦》卷一）

社會制度的正常運行有賴於各個社會角色的定位。每個人的角色定位也是「理」的善惡平衡狀態的體現。如果每個人在各自的角色中恪守中庸之道，做到不偏不倚，那麼，社會的穩定就是必然的。所以，程頤說：「人之所履當如是，故取其象而為履。君子觀履之象，以辨別上下之分，以定其民志。夫上下之分明，然後民志有定。民志定，然後可以言治。民志不定，天下不可得而治也。」（《周易程氏傳・履卦》卷一）

每個人在自己的社會角色中擔當的社會責任是維護社會制度穩定的最基本的社會綱紀。「所謂綱者，猶網之有綱也；所謂紀者，猶絲之有紀也。網無綱則不能以自張，絲無紀則不能以自理。」（《朱文公文集・庚子應詔封事》卷十一）這個社會制度綱常責任體現在兩個方面：其一，從家庭道德來說。「一家有一家之綱紀，一國有一國之綱紀。」（《朱文公文集・庚子應詔封事》卷十一）。也就是說，家有家規，國有國法。張載說，「宗子之法不立，

則朝廷無世臣」，「如此則家且不能保，又安能保國家。」《經學理窟‧宗法》）其二，從職業道德來說，各守其職，各盡其道。「仁莫大於父子，義莫大於君臣，是謂三綱之要，五常之本，人倫天理之至，無所逃於天地之間。」（《朱文公文集‧癸未垂拱奏劄二》卷十三）君臣之義是維護社會制度穩定的根本，是「大本」。「天下事，有大根本，有小根本。正君心是大本。」（《朱子語類》卷一百八）所以，朱熹在宮中做侍講四十多天，每次基本上給皇帝講的就是「正心誠意」，為的是「正君心」。宋代理學家認為君主有錯，臣子就要糾正，「格君心之非事。」（《陸九淵集‧語錄下》）只有君正臣敬，各人在各自的崗位上盡心盡力，天下才能大治，社會制度才能穩定，社會才能有秩序。「君臣上下兩盡其道，天下其有不治者哉！」（《朱子語類》卷二十五）

　　總之，從整個社會制度和社會秩序來說，「三綱五常，天理民彝之節，而治道之本根也。」（《朱文公文集‧戊申延和奏劄一》卷十四）「綱常千萬年，磨滅不得。」（《朱子語類》卷二十四）每個人應當恪守自己的社會責任，人倫秩序是不可以放棄的，「人之大倫，夫婦居一，三綱之首，理不可廢。」（《朱文公文集‧勸女道還俗榜》卷一百）宋代理學強調的三綱五常還是漢唐以來的內容，也並沒有為社會提供新鮮的內容，而且有時候，這種論述顯得繁瑣，明顯的感受到佛學尤其是禪宗和華嚴宗的影響。但是，他們為合理社會秩序建構的這種努力是值得肯定的。

　　理學家認為，既然社會角色倫理是「理」的呈現，每個人只是在各自的崗位恪守「理」的平衡狀態，那麼政府各級官員的地位就應當是平等的，所以，宋代政府系統中上下級官員是禁止跪拜的，當然皇帝是例外。安分守己是社會倫理的要求，社會制度是「理」的倫理內蘊的呈現，因而是善的。如果社會制度不合理，偏離了善惡平衡的原則，那麼這個社會制度就是不合理的。因此，宋代理學家很積極的參與社會實踐，無論是在朝還是在野。「處廟堂之高則憂其民，處江湖之遠則憂其君。」如果有人要對一個合理的社會制度提出挑戰，那也是不合的。問題是，是什麼力量促使社會制度不合理呢？宋代理學家還是回到了人的本身，那就是「人欲」。人欲的膨脹會導致社會制度和倫理秩序的崩潰，因此，宋代理學極力強調人的修身養性，格物致知，居敬窮理。無論是天子還是庶民，都應當以修身為本。所以，宋代理學家極力強調要學好《中庸》。

（三）日常生活的有序性是「理」在人倫世界中的凸現

在中國儒家倫理思想史上，如果說宋之前主要是「義利之辨」，那麼宋代主要是「理欲之辨」。如果人欲戰勝了天理，那麼社會就會人欲橫流；如果天理戰勝了人欲，那麼社會就是大化流行，滿街都是聖人。朱熹認為，「聖賢千言萬語，只是教人明天理，滅人欲。」（《朱子語類》卷十二）這裡「人欲」不是指那種「饑而欲食，渴而欲飲」正常的人欲，而是包括了兩個極端：

一是過分地強調人欲的滿足。「人欲者，此心之疾疢，循之則其心私而邪。」（《朱文公文集・辛丑延和奏劄二》卷十三）過分強調人的欲望就是邪惡。人若沉溺於欲望世界而不能自拔，那麼善惡就處於失衡狀態，自然「天理」就要泯滅。所以，要「革盡人欲，復盡天理。」（《朱子語類》卷十三）在宋代理學中，「天理」就代表善惡中道平衡狀態，「人欲」代表「過猶」或者「不及」，代表惡。

二是如果一個人沒有任何欲望，完全放棄人的社會責任、名譽、欲求，去過一種「空」的人生，宋代理學家認為這也是一種邪惡的「人欲」。這種追求最典型的是佛教徒。因此，宋代理學家對這種放棄一切的「人欲」也是反對的。朱熹說：「佛說萬理俱空，吾儒說萬理俱實。」（《朱子語類》卷十七）朱熹還認為，「人心」和「理」是一體的，而佛教「人心」和「理」是分離的。（《朱文公文集・答鄭子上》卷五十六）宋代理學是在反對佛教的過程中建構起自己的理論體系，儘管他們吸收了佛教的有益的營養。但是，宋代理學家對放棄一切欲望的這種「人欲」是反對的，他們不提倡佛教的這種禁欲主義。所以，朱熹挖苦佛教「終日吃飯，卻道不曾咬著一粒米；滿身著衣，卻道不曾掛著一條絲。」（《朱子語類》卷一百二十六）因此，從這種意義上來說，如果把宋代理學家提出的「存天理，滅人欲」視為禁欲主義，認為他們取消了人的一切物質和精神的欲望，恐怕與宋代理學家的旨趣不相符合。

宋代理學家主張正常的人的欲望的滿足，這裡正常的欲望和「人欲」是兩個不同的範疇。「問：『飲食之間，孰為天理？孰為人欲？』曰：『飲食者，天理也，要求美味，人欲也。』」（《朱子語類》卷十三）因為「天理」或「理」是人的一種善惡的中庸狀態，因而是一種善，而人欲是對這種中道的僭越，因而是一種惡。

由此可見，宋代理學家對生活的態度是積極的，肯定了「理」在人倫日

常生活中的凸現。他們認為正常的生活秩序是人對「天理」體認的結果。

三、居敬和窮理是對「理」倫理內蘊的踐履

既然「理」是善惡處於中道的一種呈現，那麼做為社會生活中的道德個體會通過什麼樣的方式體悟和踐履「理」呢？宋代理學家提出兩種主要的方法：居敬和窮理。

（一）居敬是道德主體踐履「理」的倫理精神的內在方式

朱熹認為，「敬字工夫，乃聖門第一義，徹頭徹尾，不可頃刻間斷。」（《朱子語類》卷一十二）「敬」是對「理」的一種「整齊嚴肅」，「內無妄思，外無妄動」的「聖賢氣象」。「敬不在外，但存心便是敬。」（《朱子語類》卷十二）在行為上要做到「坐如尸，立如齊」，「頭容直，目容端，足容重，手容恭，口容止，氣容肅」。（《朱子語類》卷十二）這是道德主體在行為舉止上表現出對「理」的居敬的態度。在內心深處要做到居敬，要求道德主體內心要「有所畏謹，不敢放縱」（《朱子語類》卷十二），要「敬以直內」。朱熹說，「只收斂身心，整齊純一，不恁地放縱，便是敬。」（《朱子語類》卷十二）

宋代理學家很欣賞程頤的「涵養須是敬，進學在致知」這句話。朱熹經常引用程頤的話說：「入道莫如敬，未有致知而不在敬者。」（《朱文公文集‧與湖南諸公論中和第一書》卷六十四）敬是人對自己內在「人欲」的打磨和歷練，宋代理學家有時候把這種方式叫「主一」。程頤說：「所謂敬者，主一之謂敬。」（《河南程氏遺書》卷十五）他們認為這是在「收拾自家精神」（《朱子語類》卷十二）。

宋代理學家居敬強調的是「動機」而非「功利」，是一個人從自然狀態進入成人的狀態，是一種道德自覺。其目的是要把握「理」，要把握好善惡的中庸狀態，只有這樣「然後心得所存，而不流於邪僻」（《朱文公文集‧答呂伯恭》卷三十三）。

（二）窮理是道德主體踐履「理」的倫理精神的外在超越

窮理就是要把握「理」的精神實質，達到中庸的境界，做到不偏不倚，恰當好處。「格物致知」是窮理的前提。不過，宋代理學家講的「格物致知」是屬於價值認識論的範疇，而不是知識論的向度，不是對萬千世界的知識層面的把握，而是認識「理」的內在精神、倫理規範，其目的是為了提高個體道德修養和心靈的境界。所以，朱熹說，「知之愈明則行之愈篤，行之愈篤則

知之益明。」（《朱子語類》卷十四）

　　為什麼「窮理」能達到對「理」的認識和踐履？朱熹在《大學章句》中說：「人心之靈，莫不有知，而天下之物，莫不有理，惟於理有未窮，故其知有不盡也。是以大學始教，必使學者即凡天下之物，莫不因其已知之理而益窮之，以求至乎其極。至於用力之久，而一旦豁然貫通焉，則眾物之表裏精粗無不到，而吾心之全體大用無不明矣。」這裡，朱熹說明了「窮理」在認識和踐履「理」的可能性和作用。

　　窮理的目的是成賢成聖，什麼是聖賢的境界呢？宋代理學家認為成賢成聖的境界就是中庸的境界，也就是把握「理」的善惡平衡的維度的能力。

　　因此，居敬和窮理是對「理」的倫理內蘊的一種體認和踐履。離開這種對「理」的道德認知和踐履，「人欲」就會流行，社會就會陷入混亂狀態。

　　總之，宋代理學家認為「理」不是一種從天而降的客觀的物質存在，它是一種善惡處於平衡的存在狀態，是一種中庸的「境遇」，是一個動態的過程。這個動態的過程或者說這種動態的善惡的維持，決定於善惡的平衡狀態。「過猶」或「不及」都是一種惡。無論是大千世界還是社會制度或者是人倫社會都是這種「理」的呈現，這是一種常態，也是一種中庸的境況。對「理」的這種善惡的把握要依賴於道德主體居敬涵養與格物窮理的修養工夫。

　　因此，宋代理學「理」的倫理內蘊，不是一種不食人間煙火的「自在之物」，它體現的是人的內在本質和主體對自然、社會和生命的把握。所以，宋代理學家提出的「理」是人類追求倫理精神和美好社會秩序的一次體驗。雖然，它有許多不盡人意的地方，甚至在後世的流變中產生了許多弊端，但是他們把人的主體價值擡高到了「終極地位」，即「理」的地位，充分地肯定了人在世界中主體價值的地位。儘管這種對人的主體價值的升格的洞見是一次失敗的運動，但是這種追求本身的價值和精神價值卻值得現代人反思。

參考文獻

〔1〕〔日〕土田健次郎，《道學之形成》〔M〕，朱剛譯，上海：上海古籍出版社，2010年。

〔2〕葛兆光，《中國思想史》〔M〕，上海：復旦大學出版社，2005年。

〔3〕《十三經注疏》（清嘉慶刊本）〔M〕，阮元校刻，北京：中華書局影印，2009年。

〔4〕朱熹，《四書章句集注》〔M〕，北京：中華書局，1983年。

〔5〕朱熹，《朱子全書》（修訂本）〔M〕，朱傑人、嚴佐之、劉永翔主編，上海：上海古籍出版社，合肥：安徽教育出版社，2010 年。

〔6〕朱熹，《朱子全書外編》〔M〕，朱傑人、嚴佐之、劉永翔主編，上海：華東師範大學出版社，2010 年。

〔7〕黎靖德，《朱子語類》〔M〕，王星賢校點，北京：中華書局，1986 年。

〔8〕程顥、程頤，《二程集》〔M〕，王孝魚點校，北京：中華書局，1981 年。

〔9〕張載，《張載集》〔M〕，章錫琛點校，北京：中華書局，1978 年。

〔10〕邵雍，《邵雍集》〔M〕，郭彧整理，北京：中華書局，2010 年。

〔11〕陸九淵，《陸九淵集》〔M〕，鍾哲點校，北京：中華書局，1980 年。

〔12〕胡宏，《胡宏集》〔M〕，吳仁華點校，北京：中華書局，1987 年。

〔13〕周敦頤，《周敦頤集》〔M〕，陳克明點校，北京：中華書局，1990 年。

〔14〕陳淳，《北溪字義》〔M〕，熊國禎、高流水點校，北京：中華書局，1983 年。

〔15〕侯外廬、邱漢生、張豈之，《宋明理學史》（上卷）〔M〕，北京：中華書局，1984 年。

原載《沈陽師範大學學報（社會科學版）》2011 年第 4 期

愛國主義精神發展中
儒家忠德思想的價值分析

摘　要

　　儒家忠德思想並非歷史糟粕，其中包含著可以批判繼承的合理內核，它和我國其它形式的道德文化一樣，也參與了現代化的過程，對我國愛國主義精神的形成和發展起著重要作用。儒家忠德在愛國主義精神發展中的作用主要體現為：一有利於促進「天下為公」的愛國主義精神的形成；二有利於促進人們維護國家團結和統一；三有利於協調個人、集體和國家之間的關係。因此，當前我們在建設社會主義愛國主義精神的同時應當創造性地繼承和發展儒家忠德的價值。

關鍵詞：愛國主義精神；儒家；忠德；當代價值

在中國，一些學者對儒家文化的批判更多來自想當然的假設，或者來自一些帶有成見學者的介紹，而沒能夠自己真正深入經典，認真地看看儒家的《四書》究竟講了些什麼，這是令人深感遺憾的。[1] P250 一些學者對儒家忠德的認識也是如此，認為儒家忠德只是為維護封建皇帝制度服務的，是過時的東西，在當代沒有多大的價值。這種看法其實是沒有真正理解儒家忠德價值。儒家忠德是和其它文化價值一樣，參與了現代化的進程，它也是現代文化的重要組成部分。英國 19 世紀著名的倫理學塞繆爾·家斯邁爾斯說：「哪一個民族如果不再崇尚和奉行忠誠、誠實、正直和公正的美德，它就失去了生存的理由。一旦一個國家的人民如此熱衷於對財富的追求，對感官快樂的追求和如此熱衷於宗派活動，以至於榮譽、秩序、忠誠、美德和服從都已經成為了過去的東西，那麼，在這種墮落的社會風氣之中，就只有等到那些誠實的人——如果幸運的話，還會剩下一些這樣的人——到處摸索並讓每個人都有了深刻的認識之後，這個民族僅存的希望還只在於使失去的品格得以恢復，使每個個體的品格得到昇華，只有這樣，這個民族才能得到拯救。」[2] P29~30 這就表明了忠德對現代社會、民族和國家的重要性。

愛國精神屬於中國民族精神的核心部分，強調增強人們的國家意識、團結意識，強調激發民族志氣，用奮鬥目標激勵人心，增強民族凝聚力。[3] P12 忠德對促進天下為公的愛國精神的形成、對維護和促進國家的團結和統一、對協調個人、集體和國家之間的關係都具有重要作用。

第一，有利於促進「天下為公」的愛國主義精神的形成。傳統儒家忠德被認為是「民之望也」，[4] P1020 同時，忠本身就具有「公」的內涵。《左傳·僖公九年》中說：「公家之利，知無不為，忠也。」[4] P328 儒家忠德強調「天下為公」的道德責任意識和行為，不論是王公大臣還是庶民百姓都應當忠於國家、忠於社稷、忠於集體，而不是僅僅強調忠於上級、忠於君主。《左傳·襄公二十五年》說：「君民者，豈以陵民？社稷是主。臣君者，豈為其口實？社稷是養。故君為社稷死則死之；為社稷亡，而亡之。若為己死，而為己亡，非其私暱，誰敢任之？」[4] P1098 也就是說，無論是君主還是臣民都應當以公為忠，而不是徇忠某個人的私忠。《左傳》說：「將死，不忘衛社稷」，[4] P1020 還說「臨患不忘國」。[4] P1205 這些都體現了天下為公的愛國精神。

孔子認為，君主是國家公利的代表，所以君主的命令必須是符合國家的普遍意志和民眾的利益，只有在這種情況下君主發出的命令才具有合法性、

合理性和權威性，廣大臣民才心甘情願地執行君主的命令。儒家的忠君本質是忠於國家，所以儒家忠君愛國精神是一種理性主義和道德理想主義，是「道統」意義上的公忠愛國，與愚忠和絕對服從君主的一家一姓的私忠是不同的。孔子說：「所謂大臣者，以道事君，不可則止。」[5] P117 大臣事君採取的是「以道事君」的原則。這個「道」也就是社會公意，是集體和國家的意志，具有普遍性，代表民眾的意志。言下之意，大臣事君也應當是出於以「天下為公」的公忠理念而出仕為官，他們是為公意公道做官，不是君王一家的家奴。所以，孔子反覆強調：「君子之於天下也，無適也，無莫也，義與之比。」[5] P37 君子對天下的事，沒有必要按照君主的意志這樣或那樣做，唯有按照道義和正義的標準行動才是公正合理的。

孟子認為君主如果用公共權力為自己謀私，人民就算是殺死這樣的君主，也不算是弒君，只不過是殺死一個「獨夫」而已。他也認為公共意志和國家精神才是權威的來源，才是忠德的行為標準，所以，君子要以天下為公，「居天下之廣居，立天下之正位，行天下之大道」。[6] P141 這個「行天下之大道」，就要以天下為公。在位的君王也應當如此。君主要做到因得不到天下為公的人才而感到擔憂，而不是整天想到去尋找那種對自己拍馬屁的人。他說：「堯以不得舜為己憂，舜以不得禹皋陶為己憂。」[6] P125 孟子還認為，為天下行忠是人的內在的本質，是「天爵」。他說：「仁義忠信，樂善不倦，此天爵也。」[6] P271 西漢賈誼提出的「國而忘家，公而忘私」、諸葛亮的「鞠躬盡瘁，死而後已」、范仲淹的「先天下之憂而憂，後天下之樂而樂」等等，這些無不體現出傳統儒家士人愛國情懷，他們的愛國精神激勵了一代又一代中國人。

明末清初的著名思想家顧炎武又分別提出，「國」與「天下」的區別。他認為「國」是王權體制中的一家一姓，是相對於政權而言。「天下」這是指現代意義上的國家，是代表人民的利益。所以，他說：「有亡國，有亡天下，亡國與亡天下奚辨？曰：異姓改號，謂之亡國；仁義充塞，而至於率獸食人，人將相食，謂之亡天下。」[7] P756 天下是所有人共有的，保天下是每個人的責任，顧炎武說：「保天下，匹夫之賤，與有責焉。」[7] P756 這些忠德觀點對促進人們形成愛國主義精神具有重要作用。

儒家這種「天下為公」的愛國主義精神傳統源遠流長，並隨著社會的發展而不斷滲透到社會的各個角落，使人們逐漸形成「天下為公」的愛國主義

精神。這種「天下為公」的愛國主義精神強調了個體對社會責任，為了國家的繁榮和發展，每個人都要盡自己的努力為國家的建設而奮鬥不息。

現代的天下為公的愛國精神，主要在於為社會主義現代化建設貢獻自己的才智，全心全意為人民服務。現代的「天下為公」的愛國主義精神，不是形式主義，而是「要自覺地把愛黨、愛祖國、愛社會主義與愛集體、愛崗位、愛本職工作結合起來，在工作中努力創造一流成績，紮紮實實地為人民謀利益。」[8] P6

第二，有利於促進人們維護國家團結和統一。我國是一個統一的多民族社會主義國家，任何分裂國家的思想和行為都是錯誤的。忠德對維護國家的團結和統一具有重要的意義和價值。古代的忠君觀點雖然有其歷史局限性，但是如果我們把忠君改成忠於國家，把忠於一人一家一姓轉換成忠於社會主義國家和社會主義制度，那麼忠德精神就具有時代意義。

維護國家統一和團結，在忠德發展史上早就出現。《春秋公羊傳・隱公元年》說：「春，王正月，元年者何？君之始年也。春者何？歲之始也。王者孰謂？謂文王也。曷為先言王而後言正月？王正月也。何言乎王正月？大一統也。」[9] P1 尊重天下統一與周天子，維護周代國家的統一，是先民們早就有的忠德觀點。《史記》也為構建天下一家、國家統一的忠誠愛國精神產生了巨大影響，為人們促進和維護國家的團結和統一作出了開拓性的貢獻。《史記・五帝本紀》是《史記》的首篇，開篇就寄託著作者統一始祖、統一道德、統一制度、統一國家的理想。作者認為黃帝是中華民族的共同祖先。儘管這種說法未必符合歷史的真相，但是這種忠於一個統一的原始祖先的歷史理想設計的價值遠遠大於歷史真相的實際作用。作者為我國各族人們塑造了一個共同的精神偶像，成為世界各地華人認祖歸宗的精神支柱和價值來源。

如果說司馬遷是從史學的角度確立了天下一家的忠德觀，那麼董仲舒是從理論上對天下一家、國家統一的忠德理論進行了深刻地論述。他認為，「一中者，謂之『忠』，持二中者謂之『患』。」他說：「五帝三王之治天下，不敢有君民之心，什一而稅，教以愛，使以忠，敬長老，親親而尊尊，不奪民時，使民不過歲三日，民家給人足，無怨望忿怒之患，強弱之難，無讒賊妒疾之人。民修德而美好，被髮銜哺而遊，不慕富貴，恥惡不犯。父不哭子，兄不哭弟，毒蟲不螫，猛獸不搏，抵蟲不觸。」[10] P102 五帝三王時代是國家統一、道德高尚、人民安居樂業的時代，這為國家統一、天下團結提供了理想

的藍圖。同時，董仲舒又從五行的角度對天下「名一歸於天」的忠德觀的合理性進行了解釋和論述。他說：「故下事上，如地事天也，可謂大忠矣。……忠臣之義，孝子之行，取之土；土者，五行最貴者也，其義不可以加矣。」[10] P316董仲舒認為，下事上、民忠於國是最大的忠誠。忠臣的道義、孝子的忠行，都源於可貴的「土德」。儘管董仲舒對愛國統一的忠德觀的論述帶著神秘主義色彩，也缺乏科學證據，帶有時代局限性，但這對維護國家的團結和統一卻具有重要意義。

總之，維護大一統的國家和民族團結的忠德觀是中華民族精神一個重要傳統。無論在過去、現在或將來，誰要是分裂祖國，誰要製造民族歧視，誰就是不忠之人，誰就是國家和民族的罪人。

在歷史上來看，任何一次分裂國家、製造混亂的政治運動，都被視為不忠。例如，唐代的安史之亂，長達八年之久，叛軍所到之處燒殺搶掠，無惡不作。從天寶十四年（公元 755 年）安史之亂爆發，到乾元三年（公元 760 年）這五年間，唐代的全國人口由 5288 萬迅速銳減到 1699 萬，可見這場戰爭給唐代社會帶來了巨大的破壞和損失。落入叛軍手中的杜甫，用詩歌的形式記下了這一歷史動亂情景。他寫下了「三吏」（《石壕吏》、《新安吏》、《潼關吏》）「三別」（《新婚別》、《垂老別》、《無家別》），藝術地記錄了這段使國家和人民遭受巨大損失的悲慘歷史。安史之亂也因此永遠被釘在歷史恥辱柱上。姑息這次叛亂發生的唐代皇帝具有不可推卸的責任，因而也受到人們的批評。當時就有一位叫郭從瑾的老人，當面就批評了唐玄宗，說他：「祿山包藏禍心，固非一日，亦有詣闕告其謀者，陛下往往誅之，使得逞其奸逆，致陛下播越。」[11] P6972~6973 這說明任何分裂和慫恿分裂國家的行為都是不允許的。

總之，製造分裂、製造內亂、出賣國家等行為都是與儒家忠德不相容的。儒家忠德主張忠於國家和民族團結，主張以民為貴、反對分裂和內亂。因此，儒家的這種忠德思想對促進人們維護國家團結和統一具有重要價值。

第三，有利於協調個人、集體和國家之間的關係。個人、集體和國家關係的協調發展有利於促進國家的穩定和團結，有利於促進社會進步，有利於人們生活水平的提高。

儒家認為：「以私害公，非忠也。」[4] P553「公家之利，知無不為也，忠也。」[4] P328「無私，忠也。」[4] P845 這些忠德思想強調的不是個人的利益，而

是強調「公」的重要性。當國家和社會出現危機時，這些人就會挺身而出，為國家效力。孔子說：「志士仁人，無求生以害仁，有殺身以成仁。」[5] P163 這裡的仁，自然也是一種忠，代表正義、公正和善意。「殺身成仁」也就是犧牲個人利益，以維護集體和國家利益。孟子說：「生亦我所欲也，義亦我所欲也；二者不可得兼，捨生而取義者也。」[6] P265 說的就是這個道理。當然，儒家講的「殺身成仁」不是強調無謂的犧牲，或者視自己的生命如草芥，而是在國家和集體利益面對威脅的緊要關頭以國家利益為重。荀子說：「義之所在，不傾於權，不顧其利，舉國而與之不為改視，重死持義而不橈，是士君子之勇也。」[12] P56 韓愈也說：「自古聖人賢士，皆非有求於聞用也。閔其時之不平，人之不乂，得其道，不敢獨善其身，而必以兼濟天下也。」[13] P469 一個忠義的人不是僅僅為了個人而活著，而是要為社會和國家出力。對於出仕為官的儒生來說更是如此。韓愈說：「君子居其位，則思死其官；未得位，則思修其辭以明其道。」[13] P469 當官的要忠於職守，不當官要修德明道，以仁救世。同時，又不枉道從事，作無謂的犧牲，而是「為其所當為，不為其不可為者也」。王夫之也說：「將貴其生，生非不可貴也；將捨其生，生非不可捨也。……生以載義，生可貴；義以立生，生可捨。」[14] P109 王夫之認為，生命是可貴的，但是當生命與國家和集體之大義發生衝突的時候，為了大義，則「生可捨」。

無論是韓愈、程頤還是王夫之，都表明了忠德不是為了個人利益精打細算，而是要為他人、社會和國家付出，也就是要做到「以公滅私」。[15] P361 在國家利益、集體利益與個人利益發生衝突時，儒家公忠認為，應當為了國家、集體，不應當顧及自己的個人利益。《忠經·百工章》說：「苟利社稷，則不顧其身」，[16] P12「不私而天下自公」。[16] P28 同時，在面對外在誘惑的時候，忠德之人不會為了自身的利益而出賣國家和集體利益，能夠做到「富貴不能淫，貧賤不能移，威武不能屈」。[6] P141

儒家這種忠德思想對協調個人、集體和國家之間的利益關係具有重要的意義和價值。古往今來，凡是在國家和集體利益處於危機的關頭，先進的中國人，總會不顧個人的身家性命，為了公義，挺身而出。文天祥的「人生自古誰無死，留取丹心照汗青」、李清照的「生當作人傑，死亦為鬼雄」、顧炎武的「天下興亡，匹夫有責」等，就是儒家忠德思想的真實寫照。

總之，儒家的忠德是以公義為重，強調在危機的時候，集體和國家的利

益高於個人的利益。一個人要實現自我價值，往往需要超越個人利益，走向集體和國家利益。

　　當前，我們在建設社會主義愛國主義精神時，應當創造性地繼承和發展傳統儒家忠德，做到古為今用，尤其是在全民族為實現中華民族偉大復興的中國夢的今天，我們更應如此。中國夢凝結著無數仁人志士的不懈努力，承載著全體中華兒女的共同嚮往，需要一代又一代中國人共同為之奮鬥。[17] P29 愛國主義精神對實現中華民族偉大復興的中國夢具有重要作用，儒家忠德又在當前愛國主義精神發展中具有重要作用，由此可知，儒家忠德在實現中華民族偉大復興的中國夢中同樣具有重要作用。當然，在實現中國夢的奮鬥過程中，我們不是要復興儒家忠德思想，更不是主張復興儒家忠德體制，而是要依據歷史唯物主義和辯證唯物主義的方法，汲取儒家忠德愛國主義的思想精華，剔除儒家「忠於君王一家一姓」、「愚忠」等的歷史糟粕。只有這樣，我們才能更好地繼承儒家忠德的愛國傳統，弘揚中國精神，實現中華民族的偉大復興。

參考文獻

〔1〕劉餘莉，《儒家倫理學：規則與美德的統一》〔M〕，北京：中國社會科學出版社，2011年。

〔2〕〔英〕塞繆爾・斯邁爾斯，《品格的力量》〔M〕，劉曙光、宋景堂、李柏光譯，北京：北京圖書館出版社，1999年。

〔3〕吳潛濤，〈愛國主義精神及其在公民道德建設體系中的地位〉〔J〕，《學校黨建與思想教育》，2004年第11期。

〔4〕楊伯峻，《春秋左傳注》（修訂本）〔M〕，北京：中華書局，2009年。

〔5〕楊伯峻，《論語譯注》〔M〕，北京：中華書局，1980年。

〔6〕楊伯峻，《孟子譯注》〔M〕，北京：中華書局，2005年。

〔7〕黃汝成，《日知錄集釋》〔M〕，上海：上海古籍出版社，2006年。

〔8〕胡錦濤，〈發揚偉大的愛國主義精神為建設有中國特色社會主義努力奮鬥——在五四運動八十週年紀念大會上的講話〉〔J〕，《求是》，1999年第10期。

〔9〕劉尚慈，《春秋公羊傳譯注》〔M〕，北京：中華書局，2010年。

〔10〕蘇輿，《春秋繁露義證》〔M〕，北京：中華書局，1992年。

〔11〕司馬光，《資治通鑒》〔M〕，北京：中華書局，1956年。

〔12〕王先謙，《荀子集解》〔M〕，北京：中華書局，1988年。

〔13〕劉真倫、岳珍，《韓愈文集彙校箋注》〔M〕，北京：中華書局，2010年。

〔14〕王夫之，《尚書引義》〔M〕，北京：中華書局，1962年。

〔15〕李民、王健，《尚書譯注》〔M〕，上海：上海古籍出版社，2004年。

〔16〕《忠經》〔M〕，武漢：崇文書局，2007年。

〔17〕本書編寫組，《思想道德修養與法律基礎》（2013年修訂版）〔M〕，北京：高等教育出版社，2013年。

原載《桂海論叢》2014年第2期

論廣西傳統道德文化資源
及其當代價值[*]

摘　要

　　廣西傳統道德文化資源包括中華民族道德文化資源的廣西本土化部分、少數民族道德文化資源和紅色革命道德文化資源。廣西傳統道德文化資源為廣西現代社會的發展提供了重要的精神支持、智力資源和價值導向。從高校道德教育上來說，廣西傳統道德文化資源有利於促進廣西高校思想政治理論課視野的拓展和理論提升。

關鍵詞：廣西；傳統道德文化資源；當代價值

＊ 本篇是合著，筆者為第一作者，第二作者是廣西民族大學法學院唐賢秋教授。

廣西民族地區經濟社會的巨大發展與廣西的道德文化資源的積極作用密切相關。推動廣西經濟社會不斷髮展的道德文化資源有哪些？它們在推動廣西社會不斷髮展進步過程中有哪些表現？本文試圖對此進行粗淺的探討。

一、廣西傳統道德文化資源的主要構成

廣西傳統道德文化資源主要由以下三部分構成：中華民族傳統道德文化的廣西本土化資源、廣西民族道德文化資源和廣西紅色道德文化資源。

（一）中華民族道德文化的廣西本土化資源

所謂中華民族道德文化的廣西本土化，是指中華民族道德文化在廣西的傳承與發展所呈現出的廣西特色。眾所周知，中華民族是一個具有悠久歷史文明的、由多個民族構成的大家庭，悠久的歷史文明沉澱著豐富多彩的道德文化資源。中華民族豐富的道德文化資源中，主要包括了儒家道德文化、道家道德文化與佛教道德文化等。廣西是中國南方古代文明的發祥地之一，中華民族傳統道德文化在廣西的傳承中無不打下了廣西的印記。

1、傳統儒家道德文化資源的廣西印記

儒家道德文化主要是以「仁」為核心、以「禮」和「中庸」為兩翼的價值認知和道德實踐體系。著名學者蔣慶先生說：「儒學不是純客觀研究對象，不是哲學史知識材料，更不是無生命的出土文獻；儒學是活生生的生命信仰，是充滿生命力的價值之源，更是中國人安身立命的精神家園。」[1]

儒家道德文化在廣西的傳承與發展，主要是依靠兩類人：一是客居廣西的文化名流和政治家。這些人把中原文化和其他民族的文化帶到廣西，促進了外來文化與廣西本地民俗文化的融合。依據鍾文典、劉碩良主編的《中國地域文化通覽‧廣西卷》所列的名單，歷史上有據可查的至少有 20 位旅桂的文化名人：史祿、劉熙、顏延之、元結、李渤、柳宗元、李商隱、蘇軾、黃庭堅、秦觀、范成大、王正功、周去非、王守仁、徐霞客、汪森、趙翼、謝啟崑、梁章鉅、康有為。[2] 這些文化名人，為廣西道德文化形成與發展做出了積極貢獻，在歷史上產生了重要影響。其中，柳宗元就是傑出代表，他因為參與王叔問領導的永貞革新運動，於元和十年（公元 815 年）三月被貶遷柳州刺史。在柳州刺史任上，他積極興辦州縣學校，修繕文廟，興建佛寺。還寫下《柳州上本府狀》、《井銘》、《柳州東亭記》、《桂州訾家州亭記》、《柳州山水近治可遊者記》等文章。柳宗元在柳州四年，柳州成為整個廣西學術

中心。《新唐書・柳宗元傳》高度讚譽了柳宗元的成績：「南方為進士者，走數千里，從宗元遊，經指授者，為文辭皆有法，世號柳柳州。」外來的文化名人，為廣西道德文化資源的形成所做出的貢獻由此可見一斑。

二是廣西本土的文化名人。他們主要有陳欽、士燮、牟子、曹鄴、曹唐、契嵩、蔣冕、謝浪琦、石濤、謝濟世、陳宏謀、馮敏昌、張鵬展、呂璜、鄭獻甫、龍啟端、唐景崧、王鵬運、況周儀、馬君武。[2] 19 這些人中，儘管有些人的學派歸屬存在爭議，但卻在促進傳統儒家道德文化在廣西的傳播中作出了重要貢獻。經學史上著名的「三陳」就是代表。「三陳」即陳欽、陳元、陳堅卿。陳欽，廣西蒼梧廣信人（今梧州市），與西漢末期劉歆齊名，他從賈護學習儒家經典，潛心研究《左氏春秋》，西漢建始年間（公元前 32 年～前 28 年），被西漢政府立為五經博士，著有《陳氏春秋》。在今古文經學辯論中，陳欽力挺古文經學，注重訓詁，反對繁瑣的章句推衍。其子陳元，「少傳父業」，「銳精覃思」，得父輩之真傳，主要有《春秋訓詁》和《左氏同異》傳世。他提倡在太學教育中設置《左氏春秋》，終使漢光武帝劉秀同意他的建議，設左氏學博士。其思想對東漢的王充影響甚大。陳堅卿，是陳元的兒子，陳欽的孫子，堅守祖父和父輩的經學家法，精通經學，善長文章。史學家稱之為「三陳」。漢代趙岐在《三輔決錄》中充分肯定了陳家父子三代的經學貢獻，譽之為「《左氏》遠在蒼梧」。

2、傳統佛教道德文化在廣西的傳播

佛教文化於大約公元一世紀左右傳入中國。傳播路線分為陸路和海陸。陸路由歐洲經過中亞、西亞和北非，越過帕米爾高原，途徑陽關和玉門關，通過河西走廊，跨過隴山山脈，進入中原。「海上絲綢之路」由中南半島，經北部灣沿海地區，以合浦為中心港口，沿北流江北上到達古代廣西河運中心港梧州，再溯桂江北上，經過靈渠和桂北，進入中原。合浦在西漢前期就已經是海上交通的主要樞紐和主要貿易口岸，到漢武帝時期已經成為海上絲綢之路的始發港。《漢書・地理志》有這樣的記載：「自日南障塞（越南中部——引者注）、徐聞、合浦，船行可五月，有都元國；又船行可四月，有邑盧沒國；又船行可二十餘日，有諶離國；步行可十餘日，有夫甘都盧國。自夫甘都盧國船行可二月餘，有黃支國，民俗略與珠崖相類，其州廣大，戶口多，多異物，自武帝以來皆獻見……平帝元始中，王莽輔政，欲耀威德，厚遺黃支王，令遣使獻生犀牛。自黃支船行八月，到皮宗；船行可二月，到日南、

象林界云。黃支之南有已程不國，漢之譯使自此返還矣。」這段文字是關於中國海上絲綢之路的最早記載，記載了當時海上貿易和外國使節來華的盛況。以合浦為中心的海上絲綢之路為佛教傳入內地提供了良好的經濟基礎和經濟環境。在合浦、梧州、興安等地漢墓中出土的一些胡僧俑，其特徵是高鼻、深目、濃鬚。這也說明佛教思想早就在廣西生根。如牟子的《理惑論》就是著名代表。

牟子，生卒年不詳，早年博覽經傳諸子，約於東漢中平六年（公元 188年）攜母避世交趾，26 歲左右在蒼梧娶妻，見世亂，無疑仕途，銳志推崇佛法。大約五十六歲左右著《理惑論》。該著模仿《佛經》和《道德經》而設計三十七個問題，採取一問一答的形式。這些問題也是當時佛學和儒學討論的熱點問題。主要的是佛陀觀、形神之辯、夷夏之辯、儒佛之辯。[3]

如其中關於對「非孝」問題的討論。有人批評「沙門剃頭，何其違聖人之語，不合孝子之道」，牟子批駁說：「昔齊人乘船渡江，其父墮水，其子攘臂捽頭顛倒，使水從口出，而父命得蘇。夫捽頭顛倒，不孝莫大，然以全父之身，若拱手修孝子之常，父命絕於水矣。」牟子認為，看一個人是否為孝子，主要看其是否能更有利於對孝產生更大的意義為原則。他說：「苟有大德，不拘於小。沙門捐家財，棄妻子，不聽音，不視色，可謂讓之至也。何謂違聖語不合孝乎？」又如其中關於「非禮」問題的討論。有人指責「沙門剃頭髮，披赤布，見人無跪起之禮儀，無盤旋之容止，何其違貌服之制，乖搢紳之飾也？」牟子說：「三皇之時，食肉衣皮，巢居穴處，以崇質樸。豈復須章黼之冠、曲裘之飾哉？然其人稱有德而敦厖，允信而無為，沙門之行有似之矣。」就是說，三皇五帝「食肉衣皮，巢居穴處」是一種德行，那麼，沙門「剃頭髮」、「披赤布」並非無德行。《理惑論》是儒佛矛盾激蕩時期試圖調和儒佛矛盾的產物。儘管這種調和是粗糙的，但它卻在中國佛教史上和文化史上第一次論述了中國傳統道德文化與印度佛教道德文化的相互碰撞、相互交融。它是我國最早的佛學經典，為佛學中國化及其傳播做出了卓越的貢獻。[2] 52

廣西作為佛教海上之路的必經之地，佛教的傳入無疑促進了廣西佛學的興起。據資料記載，唐朝之前廣西的佛教寺廟 6 所，到了唐代佛寺增加 45所，五代增加 8 所，以桂林、柳州、貴港、梧州、全州五地的佛僧寺院知名度最高。[2] 107 桂林的開元寺，唐代著名的鑒真和尚還在天寶九年（公元 750

年）留居一年，並在這裡開壇講法，普渡百姓。宋代寺廟達到 190 所，除了上述城市寺廟外，廣西的宜州和融州成了新的佛教中心。[2]136 這些佛地弘揚的教理為廣西道德文化的發展提供了豐富的資源。

3、傳統道教道德文化的廣西特色

道教作為中國土生土長的宗教，主要通過諸如驅鬼治病、超度亡靈等功能來提倡道德戒律。道教傳入廣西大約在東漢末期至南北朝時期。《三國志·孫破虜討逆傳》裴松之注引《江表傳》記載孫策：「昔南陽張津為交州刺史……嘗著絳帕頭，鼓琴燒香，讀邪俗道書，云以助化，卒為南夷所殺。」[4]「著絳帕頭，鼓琴燒香，讀邪俗道書」，這是道教的弘法儀式。晉成帝咸和（公元 326 年～334 年）初年，著名道士葛洪避亂嶺南，後聽說交阯出丹，就來嶺南。他曾在廣西北流勾漏洞煉丹修道，清代光緒年間編的《北流縣志》對此有記載，據說葛洪還曾到過貴港南山等地煉丹。[5]

道教的一些道德戒律被廣西人接受，並逐漸成為廣西本地的道德風俗。《隋書·地理志》記載說：嶺南人「好祀鬼神，尤多忌諱，家人有死，輒離其故宅。崇重道教，猶有張魯之風焉。」明代的道公教在廣西非常流行。道公是廣西壯族民間信仰道教的代言人。道公的法事叫做開道場。這些師公法事儀式主要涉及十個方面的內容：打醮（群眾性神會）、超度亡靈（分做齋、砍殤）、跳嶺頭（野祭祈安）、跳南堂（祈求還願）、調香火（族群宗法）、遊神（神誕紀慶）、趕鬼（特定地方）、符籙（符號施法）、演武（團體祝禱）、解穢（驅邪化難）、契約咒誓等，其中以超度亡靈為主。[2]139 清代廣西境內新建的道觀就有 76 所，其中平南縣最多，達到 17 座。[2]210 道教道德總體上表達了當地人們對逢凶化吉、禳災祈福、生活安康等的美好願望。這是宗教道德文化對人們精神生活介入的一種方式。

中國傳統道德文化的廣西本土化資源，為廣西本地的政治發展、經濟繁榮和社會穩定起到了重要作用，而且也為中國道德文化資源的豐富和繁榮，為世界其他各民族道德文化的發展和多元化做出了重要貢獻。

（二）廣西少數民族道德文化資源

廣西是中國人口最多的少數民族壯族主要集聚地，除壯族外，該地區還居住著漢族、瑤族、苗族、侗族、仫佬族、毛南族、回族、京族、彝族、水族和仡佬族等 11 個少數民族。各少數民族在歷史長河中產生了本民族的優秀道德。

在先秦時期廣西的居民被稱之為西甌和駱越，他們是現代壯族人的先民，居住在鬱江、右江一帶。在這個時期他們與中原有了交往。《尚書‧堯典》記載：「申命羲叔宅南交。」《墨子‧節用》說：「古者堯治天下，南撫交趾。」《大戴禮記‧少用篇》說：「虞舜以天德嗣堯……南撫交趾。」這裡的交趾就包括了廣西境內的嶺南地區。公元前 219 年秦始皇派遣 50 萬大軍進攻嶺南，並進入廣西境內，秦軍「三年不解甲馳弩」，他們開鑿靈渠，修建秦城，後融為當地居民。唐代安史之亂大量流民南遷，在宋元時期，壯族和侗族形成，彝族、苗族、瑤族和回族遷入，在明清時期仫佬族和毛南族形成，水族、京族和仡佬族遷入。至 2011 年末，廣西區境內的人口達 5199.46 萬，少數民族占全區人口的 38.5%。這些勤勞的廣西人民創造了廣西豐富多彩的道德文化資源。

壯族是廣西少數民族的代表，《傳揚詩》是壯族著名的倫理詩。該書宣揚了「以上補下，搭配公平」的道德理想，對封建社會等級的不合理性做了深刻地批判。對官場腐敗深惡痛絕，批判貪官「做官忘國事，掌印不為民，妻妾陪下棋，淫樂度光陰」的腐敗行為，主張「近鄰是兄弟，遠客是朋友」的無貴賤等級的道德理想。在道德品質上，壯族道德主張勤勞節約、誠實忠誠、團結和諧、相互扶持等。認為「勤勞無價寶」，「勞動是甘泉」。在家庭道德上，主張和睦團結，尊老愛幼，秉持「壯家好傳統，敬老和愛幼」的傳統。在夫妻道德上，主張相敬相愛，相濡以沫，認為「一家夫妻倆，相敬不爭吵。有事好商量，和睦是個寶」。在對待兄弟姐妹和妯娌之間，主張「兄弟妯娌見，要和睦相親」、「妯娌即姐妹，都是自家人」的良好道德風尚。[6] 壯族的民間傳說，如《達架與達倉》、《老三與土司》、《老頌》、《老登》、《九牛衣》等也宣揚了一種正義、仁愛和勇敢的道德品質。這些在廣西民族道德生活史上具有重要地位。此外，其它民族的道德如瑤族、苗族、侗族、仫佬族、毛南族、回族、京族、彝族、水族和仡佬族等也都具有豐富的道德內容。

廣西少數民族道德文化資源的主要內容包括政治道德、家庭道德、職業道德和社會道德。政治道德追求無壓迫、無等級和公平正義。如苗族「議榔」組織、瑤族的「石牌制」、「瑤老制」的設立就是這種道德理想的現實體現。在家庭道德方面，廣西各少數民族追求敬老愛幼、睦鄰友好和團結和諧。在職業道德方面強調吃苦耐勞、誠實守信和重義輕利。在社會道德方面追求人

人平等、禮尚往來、虔誠待客。

總之，這些少數民族的道德內容是廣西地區民族道德不可分割的組成部分。它們對引領當代社會風氣，淨化社會環境，提升人的道德品質具有重要的參考價值和借鑒意義，是中國特色社會主義道德體系建設不可或缺的重要道德資源。

（三）廣西紅色道德文化資源

紅色道德文化主要指導是革命道德文化。在中國共產黨的領導下，廣西的革命涌現了一批又一批出色的少數民族幹部和優秀戰士。自二十世紀二十年代，鄧小平、張雲逸、李明瑞等中共黨員在百色地區領導和發動震驚中外的「百色起義」，建立右江紅色革命根據地以來，為當地培養和造就了一大批的少數民族領導人，如韋拔群、陳洪濤和黃志洪等。[7] 從 1921 年到 1949 年廣西人民在中國共產黨的領導下為推翻國民黨反動派在廣西的血腥統治，反對民族壓迫和追求民族解放而創立了一種新形態的道德文化，即紅色道德文化。

紅色道德文化主要分為兩類：物質類的道德文化和非物質的道德文化。物質類的道德文化主要包括革命活動留下的遺址、遺物、紀念館、紀念堂、紀念碑等。非物質的道德文化類型主要包括在土地革命時期、抗日戰爭時期和解放戰爭實踐形成的「愛國主義、集體主義、艱苦奮鬥、頑強拼搏、堅持真理、不怕犧牲、團結奮鬥的精神」。[8]

廣西紅色道德文化資源是傳統廣西道德文化資源的繼承和超越，這種道德文化資源具有堅持真理、不怕犧牲、不屈不饒的特徵，是當代寶貴的道德文化資源。她對引領社會風尚，淨化社會風氣，培養人們追求民主、自由、平等、公平、正義的道德品質具有重要的價值和意義。著名倫理學學者王小錫教授指出：「科學的倫理道德就其功能來說，它不僅要求人們不斷地完善自身，而且要求人們珍惜和完善相互之間的生存關係，以理性生存樣式不斷創造和完善人類的生存條件和環境，推動社會的不斷進步。這種功能應用到生產領域，必然會因人的素質尤其是道德水平的提高，而形成一種不斷進取精神和人際間和諧協作的合力，並因此促使有形資產最大限度地發揮作用和產生效益，促進勞動生產率的提高。」[9] 這個論斷同樣適合廣西紅色道德文化資源對當代社會的貢獻。

二、廣西傳統道德文化資源的當代社會價值

廣西作為一個多民族地區，具有豐富的道德文化資源，這些豐富的道德文化資源，構成了多姿多彩的八桂道德文化。為廣西政治、經濟、文化和社會發展提供廣闊的理論資源和實踐指導。具體說來，主要具有以下兩點：

（一）從整體上來說，有利於促進各民族的融合和協調發展

廣西是壯、漢、瑤、仫佬等多民族居住地區，這些民族帶有各自民族婚喪嫁娶、生老病死等風俗習慣。如果各民族之間協調不好，就會影響彼此的團結和社會的穩定。廣西道德文化資源有利於促進各民族之間的發展。從道德哲學的角度上來說，這種發展是整體性的。從個體層面的衣、食、住、行到社會層面人與人之間的交往要保持仁、義、禮、智、信，再到國家層面，如擁護國家統一、各民族之間的平等對待和維護國家的領土的完整等都是如此。

《後漢書·南蠻西南夷列傳》中曾經從整體上，談到儒家道德文化對當地民族的影響時生動地說：「凡交趾所統，雖置郡縣，而語言各異，重譯乃通。人如禽獸，長幼無別。項髻徒跣，以布貫頭而著之。後頗徙中國罪人，使雜居期間，乃稍知言語，漸見禮化。」這是說，在中原道德文化進入之前，當地的居民還不懂得「長幼之間」的禮儀，後來遷徙的「中國罪人」，也就是中原遷徙流放而來的人中，「漸見禮化」。傳統儒家的「禮」，不僅僅是我們現在的禮節，傳統儒家講的「禮」包括了禮節、禮制和禮治等多個層面。《後漢書·南蠻西南夷列傳》談到的「漸見禮化」，意思是說當地的居民從總體上接受了儒家道德「禮」的規範。後來兩漢之交時任交趾太守的錫光和任延，也「教其耕稼，製為冠履，初設媒娉，始知姻娶，建立學校，導之禮義。」[10] 這也說明中原儒家道德文化資源與當地民俗的融合和影響。

三國東吳大臣薛綜曾經在交趾一帶生活了一段時間。他曾談到了傳統儒學道德文化對當地居民的影響：「山川長遠，習俗不齊，言語同異，重譯乃通。民如禽獸，長幼無別，椎結徒跣，貫頭左衽，長吏之設，雖有若無。自斯以來，頗徙中國罪人雜居其間，稍使學書，粗知言語，使驛往來，觀見禮化。及後錫光為交趾，任延為九真太守，乃教其耕梨，使之冠履；為設媒官，始知聘娶；建立學校，導之經義。由此已降，四百餘年，頗有似類。」[4]1251 這種影響，其實就是民族之間的道德資源的整合和民族間的融合。廣西各種道

德文化資源在漫長的歷史文化融合中，逐漸整合為廣西本地道德文化資源。這對促進廣西社會穩定和中華民族大家庭的共同發展是有益的，對維護國家的和平與統一是有積極作用的。當前廣西各個民族在改革開放的大潮流中，和諧共處，協調發展，共同為廣西地區和國家的社會各項事業發展做出的了積極貢獻，廣西道德文化資源也同樣起到了不可低估的作用。

（二）從地域上來說，有利於促進廣西地方經濟發展和社會穩定

道德是人的道德，道德規範是人與人之間的規範，這對穩定實際關係具有重要作用。依據現在的文獻資料可知，壯族是廣西本地自古以來的土居民族，漢族是秦漢時期以後由中原各地陸續遷入。在此之前，包括廣西在內的嶺南百越地區，漢族很少遷入。回族是宋元朝以後遷入，瑤族和苗族大概清朝以後遷入，其他民族大概在解放以後陸續遷入。廣西道德文化資源對穩定、凝結和團結廣西地區多民族之間和諧相處無疑是有利的。

廣西傳統儒家道德、佛教道德、道教道德、少數民族道德和紅色革命道德資源綜合多元發展，最總彙聚成「團結和諧、愛國奉獻、開放包容、創新爭先」的現代「廣西精神」。這種多元道德文化資源的發展對促進廣西經濟發展和社會穩定十分重要。

儘管道德作為一種文化資源，其對社會經濟發展的作用是隱形的，是一種「無形資本」，往往是通過「人」的勞動才能顯現出來。但是其作用是不可否定的。新時期以來，尤其是中國——東盟自由貿易區啟動以來，廣西經濟發展、社會繁榮取得了可喜的成績。2009 年，廣西生產總值（GDP）達到 7700.36 億元，按可比價計算，比上半年增長 13.9%，增速比上半年提高 1.1 個百分點，比全國高 5.2 個百分點，為 2002 年以來連續 8 年保持兩位數增長，增速位居全國第 5 位。[11] 廣西人們的生活水平不斷提高，住房條件明顯改善，社會保障體系逐步完善，教育水平普遍提升，社會治安長期穩定，各民族之間和睦共處。這些成績自然與黨中央的英明決策、其他兄弟省、市、區的支持和當地人民的辛勤勞動分不開的。但是，不可否定，這也與廣西社會的穩定和多民族和諧共處而形成的良好的社會道德環境分不開。這大概也是有的學者強調的道德也是一種資本的表現形式吧！[12]

三、廣西傳統道德文化資源的教學價值

從高校道德教育說，廣西傳統道德為文化資源有利於開拓《思想道德修

養與法律基礎》課理論視野和提升理論水平。

依據 2005 年中共中央宣傳部、教育部頒佈《關於進一步加強和改進高等學校思想政治理論課的意見》,《思想道德修養與法律基礎》(以下簡稱「基礎」課)作為思想政治理論課四門課程之一,2006 年秋起在全國普通高校新生中開設。「基礎」課以開展馬克思主義人生觀、價值觀、道德觀和法制觀教育為目的,引導大學生樹立遠大理想,陶冶高尚情操,錘鍊高尚品質。

廣西傳統道德文化資源為「基礎」課的教學提高了廣闊的道德文化資源,有利於提升「基礎」課的教學視野,拓展教學內容。例如,當教師在講到繼承和弘揚中華民族優良道德傳統這一節的時候,教師可以採用案例教學法。明代廣西的瓦氏夫人就是一位非常典型的案例。

瓦氏夫人,本名岑花,生於明弘治九年(公元 1496 年),廣西歸順直隸州(今廣西靖西縣)人,壯族土官岑璋之女。她聰明好學,博覽詩書,通曉兵法。成年後按照壯族同姓可婚的習俗,嫁給廣西田州(今田陽縣)土官岑猛為妻,改為「瓦氏」,人稱瓦氏夫人。明代倭寇對我國進行侵擾和破壞活動,所到之處掠奪居民財產,搶劫商船,焚燒房屋,嚴重威脅我國居民的人生財產安全。瓦氏夫人訓練壯族子弟 7500 多人,領導他們抗擊倭寇,三戰三勝。尤其在金山大戰中大捷,擊斃倭寇 4000 多人。因為戰功卓著被民眾稱為「寶鬢將軍」、「石柱將軍」,明代嘉靖皇帝還封其為「二品夫人」。《明史》記載說:「(嘉靖)三十四年,田州土官婦瓦氏以俍兵應調至蘇州剿倭,隸於總兵俞大猷麾下。以殺賊多,詔賞瓦氏及其孫男岑大壽、大祿銀幣,餘令軍門獎賞。」[13] 她 59 歲離世,葬於田陽縣田州鎮,被朝廷追封為「淑人」。瓦氏夫人作為壯族女民族英雄,她抗擊倭寇的愛國精神,是現代人學習的榜樣,尤其是高校道德教育的一個重要典範。

紅色道德的遺址如革命紀念館、紀念碑、紀念塔等是「基礎課」愛國主義教育示範地。紅色道德追求正義、民主和為人民服務的道德理念,無疑有利於提升學生的道德素養和愛國熱情,尤其是對於民族地區高校的「基礎」課教學更是如此。此外,廣西傳統道德文化資源對「基礎」課的教學方法、教學思路、教學設計、教學實踐也具有重要的參考價值。

一句話,廣西傳統道德文化資源,總體上對高校學生整體道德素質的提升和教師教學理論的拓展和理論拓展提供了廣闊的道德理論資源和道德實踐範式。

　　總之，廣西傳統道德文化資源是中國道德文化資源的重要組成部分。這些豐富的道德文化資源塑造了廣西人民開放、自信和創新性的性格和特徵。著名新儒家代表張君勱，1933 年在廣西行政會議上演講時，就很深刻地分析了廣西和廣西人的地位和特點，他說「廣西地位及其性質大約有五特點：一、廣西省在中原文化上為後起；二、廣西人富於自信心；三、廣西人有勇氣；四、廣西人誠樸，故易一心一德；五、廣西人能刻苦耐勞，故合於革新時代所需要之清教徒精神。」[14] 張君勱說廣西人具有「自信心」、「有勇氣」、「誠樸」和「能刻苦耐勞」的性格，正是廣西道德文化在人身上的體現。

參考文獻

〔1〕蔣慶，《儒學的時代價值‧自序》〔M〕，成都：四川人民出版社，2009年，第 2 頁。

〔2〕鍾文典、劉碩良，《中國地域文化通覽》（廣西卷）〔M〕，北京：中華書局，2013 年，第 19 頁。

〔3〕賴永海，《中國佛教通史》（第一卷）〔M〕，南京：江蘇人民出版社，2010 年，第 231～238 頁。

〔4〕陳壽，《三國志》〔M〕，北京：中華書局，1982 年，第 1110 頁。

〔5〕廣西壯族自治區地方志編纂委員會編，《廣西通志‧民族志》（上冊）〔M〕，南寧：廣西人民出版社，2009 年，第 206 頁。

〔6〕熊坤新，《民族倫理學》〔M〕，北京：中央民族大學出版社，1997 年，第 226～227 頁。

〔7〕鄧豔葵，〈壯族傳統倫理道德對當代壯族大學生思想道德的影響〉〔J〕，《廣西師範學院學報》（哲學社會科學版），2013 年第 2 期，第 75～79 頁。

〔8〕許曉明，〈論紅色道德文化遺產與廣西新興城市文化發展〉〔J〕，《廣西民族師範學院學報》，2012 年第 4 期，第 21～23 頁。

〔9〕王小錫，〈21 世紀經濟全球化趨勢下的倫理學使命〉〔J〕，《道德與文明》，1999 年第 3 期，第 22～23 頁。

〔10〕范曄，《後漢書》（第十冊）〔M〕，北京：中華書局，1965 年，第 2836 頁。

〔11〕徐遠征，《經濟連續 8 年保持兩位數增長——廣西 2009～2010 年發展回顧與展望》〔C〕，古小松，泛北部灣合作發展報告（2010），北京：社會科學文獻出版社，2010 年，第 249 頁。

〔12〕王小錫、華桂宏、郭建新,《道德資本論》〔M〕,北京：人民出版社,
2005 年,第 6 頁。

〔13〕張廷玉等,《明史》(第 27 冊)〔M〕,北京：中華書局,1974 年,第
8253 頁。

〔14〕張君勱,《民族復興之學術基礎》〔M〕,北京：中國人民大學出版社,
2006 年,第 253～254 頁。

原載《高教論壇》2014 年第 7 期

倫理學視野中的「鄉土中國」
──以費孝通的《鄉土中國》爲中心

摘　要

　　「鄉土中國」是對中國農業文明社會性質的形象概括。它與「官僚中國」形成中國二元文化格局。費孝通先生提出「鄉土中國」有其深刻的內涵。「差序格局」和「禮治秩序」是「鄉土中國」最主要的特徵。傳統倫理價值統攝的鄉土中國其主要的道德調節原則是橫暴力原則、同意權力原則、長老權力原則、時勢權力原則。以傳統倫理價值爲精神內核的鄉土中國，是認識傳統社會和建設新農村的窗口。

關鍵詞：鄉土中國；禮治秩序；道德調節原則

一、「鄉土中國」的內涵

1947 年費孝通先生出版《鄉土中國》。這是中國人類學和社會學本土理論的開創性的著作，影響深遠。劉志琴研究員認為，《鄉土中國》是前現代中國的國情咨詢報告。[1] 就《鄉土中國》的倫理學意義來說，的確，它對我們重新認識「鄉土」有重要的借鑒意義。

《鄉土中國》批判了一些人認為中國農村「愚、貧、弱、私」的觀點。其實，這種觀點一直影響到現在的城市人。在城市人眼中鄉下人是「愚蠢」的。費孝通描述說是因為鄉下人在城裏「在馬路上聽見背後汽車連續地按喇叭，慌了手腳，東避也不是，西躲又不是，司機拉住閘門，在玻璃窗裏，探出半個頭，向那土老頭，啐一口：『笨蛋！』——如果這是愚，真冤枉了他們。」鄉下人這種行為，只不過是他們缺少躲開汽車的經驗，但不能說是「笨蛋」。但是同樣的也有城裏人到鄉下去鬧了笑話的情況。費孝通說：「我曾經帶了學生下鄉，田里長著包穀，有一位小姐，冒充內行，說：『今年的麥子長得這麼高。』旁邊的鄉下朋友，雖然沒有啐她一口，但是微微一笑，也不妨譯作『笨蛋』」。[2]

費孝通先生看到了人們對「鄉土中國」誤讀和誤解：一方面是在現代化的進程中，我們拋開了鄉土社會，進行的是城市建設為主導的思路；一方面一些鄉村建設的理論家和實踐家（如晏陽初）開出的治理鄉村社會的藥方又不現實。費孝通先生開出的藥方是穩定農村，以農業為主，發展鄉鎮副業，在鄉鎮辦企業。費先生的治理中國農村貧窮的這種「處方」是基於他對中國鄉土社會的深刻理解。

「鄉土中國」是對中國農業文明社會性質的形象概括。它與「官僚中國」形成中國二元文化格局。這兩種文化格局在中國歷史上是隨著社會的發展而處於或和或離的狀態，即在一定的社會歷史條件下處於統一狀態，在一定的歷史條件下處於分離的狀態。如果不瞭解「鄉土中國」就無法完整地把握中國傳統文化何以綿延幾千年的真正原因。

中國的文明是農業文明，這與西方的海洋文明從文化發生學的角度來說，具有不同的特質。傳統的農業文明的起源於農村，原本農村的文明是有原創性的，但是隨著西方工業文明的進入，農村固有的文明和價值系統在西方強勢的工業文明的衝擊下逐漸成了「愚昧」、「落後」「封建」的代名詞了。

「鄉土中國」是對傳統中國抽象的概括。「鄉」指古典中國社會中的村落、集市、小鎮、或者是以祠堂為中心的村莊等人的群居住區。「土」指以土地為核心的自然資源包括耕地、河流、山林、牧場等可供人們生存能提供物質資料的自然環境。自改革開放以來「鄉土中國」主要指中國的農村，形成了與「城市」相對的概念。社會倫理學意義上的「鄉土中國」是指保留了中國傳統文化和禮俗的社會。它是熟人的社會，與「現代都市」形成的市民社會形成對照。有時候「鄉土中國」代表了人們心靈中的「意象」，或者是一種心靈嚮往的道德境界，最為典型的形象描繪是陶淵明筆下的「桃花源」。桃花源「土地平曠，屋舍儼然，有良田、美池、桑竹之屬。阡陌交通，雞犬相聞。其中往來種作，男女衣著，悉如外人；黃髮垂髫，並怡然自樂。」（《陶淵明集・桃花源記》）陶淵明是在「文化意象」中為我們描繪了鄉土中國的和諧、怡然和自由。費孝通先生的《鄉土中國》從社會倫理學的角度闡述了一個美麗但不愚昧的「鄉土中國」。

二、「鄉土中國」的道德調節原則

中國綿延數千年的文化是以倫理為核心的，離開中國的倫理去談中國的傳統文化，無疑是捨本求末，緣木求魚。鄉土社會是中國傳統文化尤其是以儒家文化為主體的社會物質載體。「在鄉土社會中，傳統的重要性比現代社會更甚。那是因為在鄉土社會裏傳統的效力更大。」[3]這在中國宋代以後一千多的農村社會表現得更為明顯。這種努力與宋明理學家躬行踐履推行儒學形而上學和生活化是分不開的。其中朱熹、王陽明是最典型的代表。

那麼，「鄉土中國」的道德特徵究竟是什麼呢？在傳統價值為主導的意識形態語境下它的道德調節方式又是什麼呢？

從儒家倫理學來看鄉土中國，中國的鄉土社會具有「差序格局」和「禮治秩序」兩大顯著的特徵。

「差序格局」是以「自我」為中心的社會倫理網絡，是儒家倫理「推己及人」倫理原則的派生模式。「己」或者「自我」是差序格局的價值中心。「差序格局」具有相對和伸縮性，有很大的彈性倫理空間。它和「禮治秩序」構成了鄉土中國「立體空間」或者說是「三維空間」，而不是單面或平面的機械的社會格局。

什麼是「禮治秩序」呢？鄉土社會的「禮治秩序」就是：「禮是社會公認

的合式的行為規範。合於禮的就是說這些行為是做得對的，對是合式的意思。如果單從行為規範一點來說，本與法律無異，法律也是一種行為規範。禮和法不同的地方是維持規範的力量。法律是靠國家的權力來推行的。『國家』是指政治權利，在現代國家沒有形成前，部落也是政治權利。而禮卻不需要這有形的權力機構來維持。維持禮這種規範的是傳統。」[4] 這就是鄉土社會「禮治秩序」的主要特點。離開「禮」的價值體系和價值判斷，鄉土社會就失去「鄉土」的特質，就可能變成現代意義上的社會主義農村。

鄉土社會是「禮」的天下。禮維護的是君臣、父子、夫婦、兄弟、朋友等倫理秩序。「夫禮者所以定親疏，決嫌疑，別同異，明是非也。」「道德仁義，非禮不成，教訓正俗，非禮不備。分爭辨訟，非禮不決。君臣上下父子兄弟，非禮不定。宦學事師，非禮不親。班朝治軍，涖官行法，非禮威嚴不行。禱祠祭祀，供給鬼神，非禮不誠不莊。」（《禮記·曲禮上》）在鄉土社會中「禮」無處不在無時不有，滲透到傳統社會的每一個角落。

在儒家倫理中，禮往往是仁的外在體現。朱熹在注釋《論語·子罕》「文王既沒，文不在茲乎」這句話時說：「道之顯者謂之文，蓋禮樂制度之為謂。」（朱熹《論語集注·子罕》）在傳統的禮治秩序社會中「禮」是調節人與人之間的社會規範，但是它不僅僅是一種道德規範，而且是一種具有法律效力的法律條文。具體說來，在《鄉土中國》中，主要概括了鄉土社會中四種主要以「禮」為基礎的社會道德規範原則。

（一）橫暴力原則

費孝通先生認為，權力「是一種休戰狀態的平衡」。[5] 在權力和暴力征服的地區維持的是一種表面的臣服，而不是心服。孔子說：「道之以政，齊之以刑，民免而無恥。道之以德，齊之以禮，有恥且格。」（《論語·為政》）統治階級依靠自身的政治勢力和軍事力量加強了自己統治，但是被統治者表面的服從並不等於心理的降服。統治階級要加強自己的統治，就一定要在思想或者是精神層面做出最大的努力，這也就是「禮治」統治秩序的必要。能馬上得天下，安能馬上治天下？陸賈對劉邦的這番話也就包含了這個意思。西方著名馬克主義倫理學家安東尼·葛蘭西（Antonio Gramsci）的「知識——道德集團理論」也是這種思想的現代表述。他認為，統治階級維持和鞏固自己的統治除了警察、軍隊、法院、監獄等國家機器之外，更重要的是要加強精神文化的領導，而且統治者更多的也是依靠被統治者接受統治者的精神文化才

能穩定統治的秩序。

橫暴力原則就是利用「禮」的精神力量進行統治。戴震說的，「以禮殺人」就是指的這種情況。這種用禮為後盾形成的權力「是維持這種關係所必要的手段，它是壓迫的性質，是上下之別。」[6]這種橫暴力原則帶有血腥味，缺乏人性。但是，這是維護社會穩定最強硬的原則。在鄉土社會中誰要是違反了這種原則，輕則趕出公族和流放，重則被判處死刑，從肉體上消滅個體的存在。例如明代著名的政治家海瑞，他年僅 5 歲的女兒因為接受了一個小男孩的禮物，海瑞認為他的女兒違反了「男女授受不親」的禮教原則，活活的將女兒餓死。這是典型的橫暴力原則產生的效力。

（二）同意權力原則

同意權力原則是指在鄉土中國中大家為了維護個人的利益，做鄉土社會大家都認同的工作，具體說就是為了維護仁義禮智的道德規範和個體的利益，個體做社會認同的工作。比如說「耕讀傳家」是鄉土社會一個古老的傳統，但是有的人就是不願意「耕讀」而要去占山為王，或者去做流氓，這是鄉土社會所不認同的。中國傳統社會尤其是封建社會後半期士農工商四大職業中，最讓人看不起的是商人。在廣大農村中，如果有人想去經商就需要很大的勇氣，否則就被社會認定為「另類」而被拋棄。那種「書中自有黃金屋，書中自有顏如玉」的價值理念永遠是被鄉土社會認為是合情合理的。「萬般皆下品，惟有讀書高」是被鄉土社會認同的經典命題。

因為鄉土社會是「熟人社會」，「別人不好好地安於其位做他的所分的工作，就會影響自己的生活。」[7]中國封建社會對鄉土社會的控制，各個朝代都有不同的措施。秦朝實行連坐制，宋代王安石變法實行保甲制度，某個人違反了國家法律，就有可能連坐相鄰或者親族。像明代較為典型的例子是方孝孺被滅「十族」。在鄉土社會，一家人或同族人往往有利害關係相連，同意權力的原則是調節鄉土社會利益連帶的重要道德原則。

（三）長老權力原則

長老權力又稱為教化的權力，或者說是爸爸式的。這種權力發生在社會代際繼替的過程中。長老權力在鄉土中國的親子關係中表現得最為明顯，但是並不僅僅限於親子關係。在鄉土社會中，它是文化性的、倫理性的，與專制政治的強制暴政相區別。長老權力原則基礎是以血緣倫理秩序為基礎，是

一種尊尊親親的倫理模式的實踐調節方式。鄉土中國的「差序格局」的形成也是靠這種長老權力原則來保證的。長老權力原則含有豐富的倫理意蘊。但是其本質是一種教化的過程。

在以仁義為核心的鄉土社會道德語境中，個體在這種種原則的指導下就會慢慢脫離自然狀態，變成被社會倫理認可的社會人，形成道德主體。這種原則是社會文化和倫理得以綿延的保證。但是這種綿延在某種程度上是以打磨自然人的天性為代價的。「一個小孩在一小時中所受到的干涉，一定會超過成年人一年中所受到社會指謫（責）的次數。在最專制的君王手下做老百姓，也不會比一個孩子在最疼他的父母手下過日子為難過。」[8]

但是，這種教化原則一方面是為了社會，一方面是為了倫理秩序的綿延。當然，也不排除利用這種教化原則進行人壓抑人的例外。但是，本質上這不是一種政治統治的秩序，而是一種鄉土社會的倫理秩序。仁義孝悌忠信是其背後的倫理精神和價值信念。

（四）時勢權力原則

時勢權力發生在激烈的社會變遷過程中，這種權力原則和橫暴力原則不同，因為它並不是建立在剝削關係之上的；和同意權力原則不同，因為它並不是由社會所授權的，和長老權力原則更不同，因為它並不是依據傳統。它是由於時勢造成的。

這種權力原則是在社會轉型過程中，由於舊的倫理秩序的破壞，新的倫理秩序還沒有出現或者不占主流地位的道德語境中發生。一般是發生在朝代更替或社會政局不穩定的情況下。大的方面來講，前者指重大的社會巨變。例如秦亡之後的楚漢戰爭之際、魏晉南北朝政權的分裂時期、五代十國時期、明末清初之際等等；後者多數情況下指在國家政體保持不變的情況下君主或諸侯為了繼承帝位或王位而發生的重大的社會變化。例如魏晉的「正始年間」司馬氏和曹魏之間的政治鬥爭造成的社會黑暗時期、西晉長達十六之久的「八王之亂」時期、唐代「安史之亂」時期等等。在這樣的社會變故場域中，造成了社會原有的倫理秩序失序，出現名與實、位與權、言與行等秩序的分離。時勢權力原則是鄉土社會倫理秩序失序情況下重要的調節原則。等到社會政治穩定了，新的名與實、位與權、言與行等的秩序形成之後，這種時勢權力原則的威力才慢慢隱退。

當然，鄉土社會這四種道德規範在社會實踐層面是綜合的，立體的，不

是單面的。它們共同形成鄉土社會道德規範的「合力」來維護鄉土社會的穩定。當然，現在看來，這四種道德規範有其合理性，也有其弊端。我們應當辯證地分析。但是這對認識傳統鄉土社會有重要的意義，因為道德規範的背後是社會價值。

三、對「鄉土中國」的反思

劉志琴研究員認為，「《鄉土中國》一書最重要的是提出『禮治秩序』及『差序格局』概念，這是對前現代中國農村生存環境和農民生活狀態最深刻、簡約的提煉。」[9] 這個評價是中肯的。

在費孝通先生的《鄉土中國》中，「鄉土中國」不是文化意象中的鄉土，不是純自然實體中的鄉土，而是社會倫理秩序的實體，即是傳統倫理支配下的體現出來的社會實體。其背後的倫理價值體系是以儒家倫理為主體的傳統社會意識形態。或者，換一個說法我們可以說鄉土中國是中國傳統文化的實踐試驗區。它與中國傳統主流意識形態糾纏在一起。我們如果用一個公式來表示的話那就是「鄉土中國＝傳統倫理價值體系＋鄉土社會」。中國傳統社會是農業社會，離開鄉土就無所謂農業。因此理解「鄉土中國」是理解中國傳統倫理的鑰匙。

現代意義上講的「鄉土」常常是落後、愚昧的代名詞。那是因為我們從經濟學或者從功利的立場來看。自然，對鄉土的認知不僅僅是停留在解釋層面，而是在改造層面。馬克思說：「哲學家們只是用不同的方式解釋世界，問題在於改變世界。」[10] 在當代的和諧社會建設的實踐中，我們認為一方面要繼承鄉土社會中優良的道德傳統，例如保持熟人社會人人之間的和諧和禮讓；一方面要改變鄉土社會中的經濟落後面貌，尤其是要改變中國廣大西部農村地區落後面貌，要解構城鄉二元結構布局，建構城鄉一體化。

總之，「反觀《鄉土中國》這樣一部不可多得的富集中國社會特性的鄉村調查報告，在中國學術史上具有承前啟後之功，很值得深入學習和研究。」[11] 筆者認為，認識「鄉土中國」是認識中國傳統社會的窗口，不正確理解鄉土中國，就無法正確理解現代中國。

參考文獻

〔1〕劉志琴，〈《鄉土中國》的現代意義〉〔J〕，《河北學刊》，2006 年第 4期，第 5～12 頁。

〔2〕費孝通，《鄉土中國》〔M〕，上海：上海世紀出版集團，上海人民出版社，2007 年，第 12 頁。

〔3〕費孝通，《鄉土中國》〔M〕，上海：上海世紀出版集團，上海人民出版社，2007 年，第 48 頁。

〔4〕費孝通，《鄉土中國》〔M〕，上海：上海世紀出版集團，上海人民出版社，2007 年，第 48 頁。

〔5〕費孝通，《鄉土中國》〔M〕，上海：上海世紀出版集團，上海人民出版社，2007 年，第 56 頁。

〔6〕費孝通，《鄉土中國》〔M〕，上海：上海世紀出版集團，上海人民出版社，2007 年，第 56 頁。

〔7〕費孝通，《鄉土中國》〔M〕，上海：上海世紀出版集團，上海人民出版社，2007 年，第 49 頁。

〔8〕費孝通，《鄉土中國》〔M〕，上海：上海世紀出版集團，上海人民出版社，2007 年，第 62 頁。

〔9〕劉志琴，〈《鄉土中國》的現代意義〉〔J〕，《河北學刊》，2006 年第 4 期，第 5～12 頁。

〔10〕《馬克思恩格斯選集》（第 1 卷）〔M〕，北京：人民出版社，1995 年，第 57 頁。

〔11〕劉志琴，〈《鄉土中國》的現代意義〉〔J〕，《河北學刊》，2006 年第 4 期，第 5～12 頁。

〔12〕錢穆，《中國文化史導論》〔M〕，北京：商務印書館，1994 年。

〔13〕朱熹，《四書章句集注》〔M〕，北京：中華書局，1983 年。

〔14〕徐新建，〈「鄉土中國」的文化困境——關於「鄉土傳統」的百年論說〉〔J〕，《中南民族大學學報》（社會科學版），2006 年第 4 期。

原載《理論月刊》2011 年第 12 期

論閱讀傳統倫理學經典的方法
——以「存天理，滅人欲」爲例

摘　要

　　傳統不是一具由現代讀者任意宰割的僵屍，它是活著的現在。只有認真閱讀經典才能真正把握經典所蘊涵的能夠爲現代人所汲取的精神價值。「存天理，滅人欲」是現代人批評得最多，也是誤讀得最多的傳統儒學道德原則之一。要想真正把握經典的內涵，主要有兩種方法：一是對傳統經典要持一種同情的瞭解；二是對經典要採取一種平等對話的方式。閱讀經典的固然需要批判和理性的審視，但是這不是最終目的，閱讀經典的目的是爲了服務當下的社會實踐。

關鍵詞：閱讀經典；同情瞭解；平等對話

一

　　現代很多人讀經典，往往好批評古人，尤其是喜歡拿古人的一句話來說是非，而對全文往往是不讀的，甚至有的人根本就沒有讀懂，卻往往喜歡做出以偏概全的結論。傳統經典絕對不是一具僵屍，任後人揮舞著某某主義的大旗任意宰割的。正如著名學者余英時先生所說：「他們往往『尊西人如若帝天，視西籍如神聖』，憑著平時所得的一點西方觀點，對中國古籍橫加『批判』，他們不是讀書，而是像高高在上的法官，把中國書籍當作囚犯一樣來審問、逼供。」[1]然而，無論我們怎樣「審問」「逼供」中國古籍，但是我們卻無法擺脫其影響。

　　美國著名學者希爾斯教授指出：「現代生活的大部分仍處在與那些從過去繼承而來的法規相一致、持久的制度之中；那些用來評判世界的信仰也是世代相傳的遺產的一部分。」[2]傳統文化是活著的現在，它是一種秩序的保證，是建設當代社會主義文明的重要源泉。因此，不通讀其書，就不可能瞭解其人，然而，卻狂妄自大，妄加批評。筆者認為這是學風浮躁的表現。這種狂妄自大的批評，最為典型的是對宋明理學的批評。徐復觀先生說：「兩百年來流行的無條件地排斥宋明理學的情形，經過我這幾年不斷地留心觀察，發現這並不是根據任何可以稱為學術上的研究的結論；而只是壞的習慣，相習成風；便於有意或無意中，必以推倒在歷史上僅有的、可以站得起來的知識分子為快。……宋明兩代的歷史事實，正證明這兩代的理學家，雖各有其缺點，但皆不失為君子。」[3]最典型的是對宋明理學家主張的「存天理，滅人欲」的解釋和批判。

二

　　「存天理，滅人欲」，這句話出自朱熹在解釋《孟子・梁惠王下》中的一段：王曰：「寡人有疾，寡人好色。」對曰：「昔者大王好色，愛厥妃。……當是時也，內無怨女，外無曠夫。王如好色，與百姓同之，於王何有？」這是《孟子・梁惠王下》中的話，朱熹的解釋是：「愚謂此篇自首章至此，大意皆同。蓋鐘鼓、苑囿、遊觀之樂，與夫好勇、好貨、好色之心，皆天理之所有而人情之所不能無者。然天理人欲，同行異情。循理而公於天下者，聖賢之所以盡其性也；縱慾而私於一己者，眾人之所以滅其天也。二者之間，不能以發，而其是非得失之歸，相去遠矣。故孟子因時君之問，而剖析於幾微

之際，皆所以遏人欲而存天理。其法似疏而實密，其事似易而實難。學者以身體之，則有以識其非曲學阿世之言，而知所以克己復禮之端矣。」(《孟子集注·梁惠王下》) 在這裡朱熹提出了「遏人欲而存天理」，也就是「存天理，滅人欲。」

「存天理，滅人欲」，這是宋明理學的核心觀點之一。有的人認為正是因為理學家提出了這個觀點，就認為宋明理學害死了很多男男女女。這種看法是幼稚的。

首先，中國自古以來儒家都主張「仁愛」，通過修身養性來實現社會的「老吾老以及人之老。幼吾幼以及人之幼」的「大同」理想。講「殺伐」不是儒家的主流觀點。理學家提出「存天理，滅人欲」，自然不是為了去害人。像二程、朱子、王陽明等這樣的謹慎博學的大儒提出某個觀點往往是經過深刻思考的，不會輕易說出口的，更何況像《四書章句集注》這樣的傑作，朱熹到死前還在修改，其用力之深不是一般人能做得到的。如果說，宋儒的一句話就能害死很多人，那是不負責的說法。

其次，宋儒提出「存天理，滅人欲」，其目的是為了整頓當時的社會秩序。理學家從來就不反對正常的欲望。許多論者將其定性為禁欲主義，這是一種較大的誤解。「滅人欲」「滅」的是人過多的私欲，而不是正常的人欲。不然，理學家何以重視「灑掃應對，以至盡性致命」？何以講「涵養需用敬，進學在致知」？朱熹還明確說：「飲食者，天理也；要求美味，人欲也。」(《朱子語類》卷十三) 而且還說：「飢便食，渴便飲，只得順他。窮口服之欲便不是。」(《朱子語類》卷九十六) 這些論述根本就看不出有禁欲主義的色彩。所以，如果不認真閱讀文獻是很容易產生誤讀的。

最後，真正害人的是封建統治者利用了「存天理，滅人欲」，又將儒學思想加以改造，變成了國家專制政策。統治者利用了儒家思想，這才是最關鍵的。但是，不能說統治者利用了某個思想家的思想，我們就說這個思想家是統治者的幫兇。「儒學」和「儒術」是有很大區別的。思想和政治制度是完全不同的概念。希特勒利用了也改造了尼采的思想，進行法西斯統治，對猶太人進行慘絕人寰的大屠殺。我們能不能說尼采是法西斯的幫兇？我們能不能說因為尼采的思想而導致了第二次世界大戰的爆發？馬克思說，「批判的武器不能代替武器的批判，物質的力量只能用物質力量來推毀。」同理，思想的問題只能用思想來解決。魯迅先生說，恫嚇和謾罵絕不是戰鬥。現代很多人，

平時讀書不求甚解，抓住一句可能連自己都沒有理解透的「存天理，滅人欲」，就妄加批判。這種學風是不可取的。當然，我們不是在復古，不是說「存天理，滅人欲」是永恒的真理，而是以對這句話的而理解為例，來說明閱讀傳統倫理學經典及古籍應當具有的態度。

三

對理解古人和閱讀傳統倫理學經典，筆者有兩點不成熟的看法。

第一，我很贊同唐代史學家杜佑和當代著名史學家陳寅恪先生的觀點，就是對經典和古人要有同情的理解。也就是說先理解，先對古人的觀點進行歷史還原，在理解的基礎上再分析。

杜佑在《通典‧職官‧王侯總敘》中提出了一個著名的史學研究方法，這個方法也適合我們對經典的理解。這個方法是說研究歷史不可以「將後事以酌前旨」。「將後事以酌前旨」，就是不能依據後來的歷史事實的發展來評論前人當時的思想與看法，而是要回到當時的歷史語境中來審視歷史事件的是非得失。當代學者陳寅恪和徐復觀等繼承了這種方法，他們強調在分析歷史事件和闡釋傳統經典時要有一種同情的理解，不能把自己當成是評判歷史和經典的「審判者」。

陳寅恪先生在馮友蘭著的《中國哲學史》中的《審查報告一》裏說：「對於古人之學，應具瞭解之同情，方可下筆。蓋古人著書立說，皆有所為而發；故其所處之環境，所受之背景，非完全明瞭，則其學說不易評論。……所謂真瞭解者，必神遊冥想，與立說之古人，處於同一境界，而對於其持論所以不得不如是之苦心孤詣，表一種之同情，始能批評前其學說之是非得失，而無隔閡膚廓之論。」[4] 思想史的問題，不能僅僅用「對」與「錯」的思維方式來解決。再說思想史上的對與錯，如果不還原歷史語境，我們根本就無法理解和分析，更不用說區別對與錯了。思想史的問題更多是「有理」與「無理」或者是「應該」與「不應該」的區別。不能只抓住片言隻語就大言不慚。有的甚至還採取極「左」的做法，看到古人的某句話就說某某代表封建統治者，某某又為封建統治做論證了。這是「文革」思維，是不利於學習經典的，也不利於自身發展。

讀經典、做學問與做人是一樣的，不能只看到別人的缺點，而看不到別人的優點。這不是上乘的讀書方法，也不是一個真正喜歡讀書人的品格。不

理解古人和經典就無法從古人和經典那裡學到東西。徐復觀先生說：「一個人在學術上的價值，不僅應由他研究的成果來決定；同時也要由他對學問的誠意及其品格之如何而加以決定。學問是為人而存在；但就治學的個人來說，有時也應感到人是問學問而存在。」[5]對中國古籍和古代重要的影響深遠的道德原則，我們不能用「文革」思維方式，只是一味地解構、打倒和批判，但是從來就不「建構」或者「重構」。歷史還原法是要對古人和經典的時代背景、經濟狀況、個人經歷或者成書經過等等要有透徹的瞭解，這樣我們才能做出公正的評價。否則，妄加評論，不怕今人笑，只怕後人哂。

第二，對經典和古人要持一種平等互動對話態度。我們不能一味地採用生物「進化論」思維，認為現代人就一定比古人聰明，好像古人和經典是一具僵屍，任由現代人來宰割。例如：明代的朱元璋看到孟子的一句話：「民為貴，社稷次之，君為輕」，就龍顏大怒，恨不得將孟子食肉寢皮，命令文臣刪除《孟子》中自己不喜歡的話，搞出了一個《孟子節義》本，結果怎麼樣？《孟子》沒打倒，結果朱元璋自己給後人留下了一個永遠不會遺忘的笑話。不僅如此，因為朱元璋開創了明代統治者刪除經典的先例，所以，有明一代近三百年時間裏，有很多經典文本被刪改了，給後人閱讀經典造成了很大的傷害。

這是不理性的表現。現在很多人，喜歡拿西方的思想當作解剖刀，把中國的經典當作標本來解剖，結果經典被解剖得支離破碎，面目全非，而解剖者所得的僅僅是一鱗半爪。所謂「中體西用」是不合理的，「西體中用」也是不合適的。我們應當持有一種謙虛和尊重的態度來閱讀經典，理解古人。

當然，貶損經典不對，而仰視經典也不可取。總之，我們的目的不是為了批判經典，而且經典也不可能輕易被批判得倒的。譬如，「文化大革命」瘋狂地批判，一部《論語》就把孔子說成政治騙子、大惡霸。該書的《前言》批判孔子說：「孔老二（孔子）是我國春秋末期腐朽沒落的奴隸主階級的代言人，他逆歷史潮流而動，堅持倒退，反對前進，堅持復辟，反對變革，是一個臭名昭著的復辟狂、政治騙子、大惡霸。《論語》是他的徒子徒孫們根據他的一生反革命言行編撰的，其中記載了他復辟奴隸制的反動綱領」，「《論語》是毒害人民的大毒草。」「《論語》黑話連篇，毒汁四濺，荒謬絕倫，反動透頂，完全是糟粕，哪裏有什麼『合理因素』？」[6]這樣的「極左」批評，我們現在看來，真的會覺得很不理性。我想現代的讀書人應該不要再犯這樣的毛

病了。徐復觀先生指出：「今日中國哲學家的主要任務，是要扣緊《論語》，把握住孔子思想的性格，用現代語言把它講出來，以顯現孔子的本來面相，不讓浮淺不學之徒，把自己的思想行動，套進《論語》中去，抱著《論語》來糟蹋《論語》。」[7]

　　當然，閱讀經典需要批判和理性的審視，但是這不是最終目的。閱讀經典的目的是為了服務我國社會主義現代化建設，是為了社會更快更好的發展，或者是為了學術事業的進步，不是純粹為了批判而批判。歷史的教訓要吸取，前進的腳步不能停。真正會讀書的人，往往能在認真閱讀經典中發現「新大陸」，得出真知。

參考文獻

〔1〕余英時，《關於讀書的學問》，《法制日報》，2011 年 6 月 8 日。

〔2〕〔美〕希爾斯，《論傳統》，傅鏗、呂樂譯，上海：上海人民出版社，1991 年，第 2 頁。

〔3〕徐復觀，《中國人性論史·序》，上海：華東師範大學出版社，2005 年，第 5～6 頁。

〔4〕馮友蘭，《中國哲學史》，上海：華東師範大學出版社，2000 年，第 432 頁。

〔5〕徐復觀，《中國人性論史·序》，上海：華東師範大學出版社，2005 年，第 5 頁。

〔6〕北京大學哲學系 1970 級工農兵學員，《〈論語〉批註·前言》，北京：中華書局，1974 年，第 5 頁。

〔7〕徐復觀，《中國思想史論集續篇》，上海：上海書店出版社，2004 年，第 283 頁。

原載《倫理學與德育研究》2011 年卷，吉林人民出版社，2011 年版

論高校倫理學教學面臨的困境及其對策

摘　要

　　倫理學教學是高等教育極為重要的部分。目前我國倫理學教育面臨著優秀教師嚴重不足、倫理學理論不夠完善、極端功利主義和極端個人主義對教育的干擾等方面的困境。這就需要在制度上培養優秀教師、不斷研究和開發倫理學教育理論和倫理學教育方法，堅持以人為本、以學生為本的立體式的教育理念來解決高校倫理學教學的困境。

關鍵詞：倫理學教學；教學困境；教學對策

一、引言

倫理學教學是高校教育不可分割的部分。據筆者初略估計，全國 700 多所本科院校，開設《倫理學》的院校多達 100 多所。如果包括高職高專在內，其數量就更多了。同時，應該看到，很多的院校雖然並沒有以《倫理學》命名，其實其課程的內容卻包括了倫理學所要研究的問題。如果依據中宣部、教育部的規定全國所有本專科院校都必須開設與倫理學內容十分密切的《思想道德修養與法律基礎》課，那麼從廣義的倫理學教學來說，全國各種類型和各種層次的高校都開設了倫理學課程。因此，從這個角度上來說，倫理學的教學顯得尤為重要和迫切。但是，就目前倫理學的狀況來看，儘管倫理學教學在培養學生的人生觀、價值觀、倫理觀、道德觀等方面取得了可喜的成績，但是卻依然存在急需亟待解決的問題。

二、倫理學教學面臨的困境

高校是倫理學教學十分重要的場所，但是目前我國高校倫理學教學面臨著諸多的困境。主要的表現如下：

1、優秀教師嚴重缺乏。高校優秀倫理學教師嚴重缺乏是倫理學教育面臨的一個極為重要問題。一些高校的倫理學教學處於邊緣化狀態，認為只要是高校教師，誰都可以講授《倫理學》課。或者凡是不能講授專業課的教師，基本上是安排講授倫理學課或者是與之相關的《思想道德修養與法律基礎》課。倫理學作為一門哲學理論課和實踐課，需要教師既要接受過嚴格的哲學倫理學訓練，又要有較強的實踐經驗和人生體驗，同時還要具備豐富的課堂藝術。不然，教師除了枯燥無味的課堂灌輸和形式說教之外，就很難在理論上說服人，也很難讓學生心服口服的接受。其結果是教師講得頭頭是道，口如懸河，自鳴得意，學生內心反而產生逆反心理。如果這樣的話，那麼本來是人生智慧的倫理學教學就會變成了學生的「睡覺課」、「休閒課」、「自習課」。

事實上，高校的倫理學教師應當是對哲學倫理學訓練有素的，同時又有一定的人生體驗和有實踐經驗的人。高校優秀倫理學教師的缺乏，是目前倫理學面臨的一個重要的問題。

2、倫理學理論面對的挑戰。我國倫理學教材十分豐富。目前普遍使用的教材是中國人民大學羅國傑教授主編的《倫理學》。這本教材出版於 1989

年，是非常系統的馬克思主義倫理教材，至今已經再版了 20 多次，發行量 10 多萬冊。其影響之大由此可見一斑。此外，還有魏英敏教授主編的《新倫理學教程》、唐凱麟教授編著的研究生推薦使用教材《倫理學》、章海山教授編的《倫理學引論》、李春秋教授編的《新編倫理學教程》、還有涉及道德問題的高校思想政治理論課之一的《思想道德修養與法律基礎》，等等。特別是 2012 年出版的馬克思主義理論研究和建設工程重點教材《倫理學》，汲取了當前倫理學研究的新成果，總結了倫理學研究的新觀點，為當前倫理學教學提供了非常及時的教材。可以說，在倫理學教學實踐中，我國優秀的教材還是比較豐富的。

但是，隨著我國社會深入發展，新的事件不斷出現，如網絡問題、食品安全問題、環境問題、代孕克隆問題等等，需要倫理學作出相應的闡釋和價值指導。針對新出現的事物，倫理學研究還不夠深入和全面，很多問題有待進一步研究。一些新事物新現象的出現，對於處於求知階段的青年學生來說具有很大的吸引力。但是，青年學生又往往缺乏理性的系統分析，對一些事物還存在一些偏激的看法，有的甚至走上極端。因此，作為使人成為人的倫理學在理論上首先要有新的突破，要及時解決高教倫理學教學在理論上遇見的各種挑戰。

3、極端功利主義和極端利己主義對教學秩序的干擾。如果說教師問題和倫理學理論問題是高校倫理學教學內在的問題，那麼極端功利主義和極端利己主義對倫理學教學秩序和教學成果的挑戰則是倫理學教學的外部問題。

改革開放以來，我國社會的各項事業都取得了舉世矚目的成就。就總體經濟實體來說，我國已經超過日本和德國，成為世界上第二大經濟實體，僅次於美國，而且中國經濟正在持續發展。但是，在經濟發展的同時，也遭遇到了極端功利主義和極端利己主義的挑戰。那種「人不為己，天誅地滅」、「寧願坐在寶馬車裏哭，不願坐在單車上面笑」、「不求天長地久，只求一朝擁有」、「權利不用、過期作廢」等極端功利主義和極端利己主義思想影響了一部分人的價值觀、人生觀和道德觀。這種觀點，又影響了到青年學生。一些人，尤其是對財富、權利和名利的過度渲染，讓一些學生很難抵禦和把持自身對金錢、名利的誘惑，甚至在金錢物欲的誘惑面前出現新的「讀書無用論」的「反知識主義」的心態。結果是有的學生為了發財去殺人搶銀行、有的女生為了物質享受寧願淪為「小姐」和「二奶」。這嚴重地干擾了學校的倫理學教

學環境和教學秩序。

大學教育的目的是培養人格完善的專業人才，但大學不僅僅是職業培訓場所。有的高校在功利主義驅動下，僅僅奉行唯「專業主義」教育理念。這樣就造成了所謂的「隧道效應」，如學經濟學的學生，只重視經濟學史，學文學的只重視文學史，而忽視其它方面的學習，結果把學生培養成了「單面的人」，最終淪為「失業的知識群體」。從而進一步加深了其「讀書無用論」的觀念。這種惡性循環，最根本的原因是極端利己主義和極端功利主義對人的影響。這種思想對倫理學教育無疑造成了嚴重的挑戰和干擾。

總之，當前高校的倫理學教學面臨著優秀教師嚴重缺乏、倫理學理論不完善和極端功利主義和利己主義的挑戰等問題，這需要學校、教育主管部門、教師、家長和學生共同面對和解決。

三、解決倫理學教學困境的對策

現代倫理學教育不應當是現代高等教育唯「專業主義」自我異化的犧牲品，而應該是高等教育不可分離的組成部分，甚至是核心部分。我國現代的大學不能異化成職業培訓中心，而應當培養德業雙修的人。在德與業中，德是第一位的。立業先立人，立人先立德。培養德才兼備的人，才是高校教育的追求目標，而要改變高校倫理學教育或者是德育教育的困境，應當採取以下對策：

1、在制度上，形成合理的倫理學教師培養機制和考覈辦法。倫理學本身既是哲學的分支，具有很強的理論性，同時，它又是實踐性很強的學科。這就要求從事倫理學教學的教師既要具備深厚的哲學功底，又要具有豐富的實踐經驗和實踐能力。因此，這對倫理學教師提出了較高的要求。如果倫理學教師只有較為深厚的哲學理論和倫理學理論而缺乏實踐經驗，那麼在教學實踐過程中，很容易流於教育形式主義和教條主義甚至是本本主義。如果教師僅僅是具有豐富的實踐經驗和生活體驗，而缺乏深厚的哲學功底和倫理學理論，那麼在教學實踐中就會很容易流於經驗形式主義和表面主義，對很多的道德事件和道德問題就無法做出令人信服的解釋。這必然影響教學的效果。因此，要解決上述困境，就必然要在制度上要求教師具備深厚的哲學倫理學功底，在實踐上鼓勵和支持實踐經驗豐富的教師擔任倫理學教師。

第一，在制度上要保證教師有時間有機會外出進修或訪學，尤其是鼓勵

倫理學教師到名校去拜師求經。這樣就保證了教師有機會接觸較多理論深厚的學者，保證了教師對哲學理論的學習環境，為教師進一步學習倫理學理論提供了可能的學習環境和制度保證。

第二，在實踐上，要鼓勵教師參加社會實踐，更要鼓勵教師帶領學生參加社會實踐。譬如參加某個敬老院的義務勞動或者參加愛國主義教育實踐基地。要求在一定程度上，教師和學生走出教室和學校，參與多樣的社會活動和實踐活動。也就是說在制度上要保證教師和學生既能學習「有字」的書本知識，又要保證在他們實踐上認識生活的「無字」之書。避免出現道德知識的「胖子」、道德行動的「矮子」這種現象。在倫理學教學和科研人才上，教育主管部門和學校應當設立一定的條件和要求，必須考慮教師的哲學倫理學理論的深度，也要考慮教師的實踐能力，不能隨便找個教師來講授倫理學課程。因為，倫理學教學不是培養趙括式的學生，更不是培養莽夫，而是培養德才兼備的人。

2、在理論上，適應時代發展，加強倫理學教學理論研究。倫理學是發展的科學，需要在理論上具備前瞻性。當今世界科技文化等各個領域都突飛猛進，有研究者認為知識每三年就更新一次。新出現的事物和現象層出不窮，這對倫理學教學提出了新的挑戰。如同性戀道德、代孕現象、網絡交易倫理等等問題。因此作為實踐性很強的倫理學教學，在理論上就要深入研究和突破。

首先，在教學理論上，要做到與時俱進。這要求教師在編寫教材時，要及時汲取新的科研成果和實踐材料，增加新的教學內容。其次，在教學方法上，要突破舊的填鴨式的、滿堂灌式的以教師為主導的教學模式，增加新的教學方式。如師生互動式、學生主導的教學模式。最後，在教學考覈中，除了試卷測試之外，還可以採用平時實踐考覈、考查等方式。

總之，研究開發新的倫理學教學理論和方法，是為了更好的達到教學效果，避免學生出現高分低能，其目的是使學生成為德才兼備的人才。

3、在教學理念上，要堅持以人為本，培養德才兼備的立體型符合人才為目標。當今世界是和平發展的世界，也是價值多元和個性多樣化的時代。每個人都是一個自為、自足的世界。我選擇，我負責，成為現代大學生普遍的現象。同時，現代人的生活是立體式的，每個人幾乎每天都穿梭在家庭、單位、人際交往的環境中，這就要求倫理學教學在理念上堅持以人為本，培養

德才兼備立體式的復合型的人才為目標，拒斥培養單面向度的人。那種專業的「天才」，道德的「矮人」，在目前法制完善、道德多元的時代裏很可能處處碰壁。

社會是人與人、人與自我、人與「他者」共享的社會。人與人之間的關係不是冷冰冰的法律關係，也不是險惡虛假的權力關係，而是溫情脈脈的人倫關係。[1](P22) 人倫關係是最為基本的人際關係。因此，倫理學在教學上必然要堅持以人為本，而不是以專業為本，或者是以經濟為本的理念。

目前，很多高校為了追求經濟效益和就業率，大肆宣揚專業主義和功利主義理念，認為只要學生能找到好工作，能夠完成上級教育主管部門下達的就業指標，倫理學教學能砍則砍，能省就省。這種忽視以人為本、以學生為本的教育理念是典型的功利主義教育理念。這不僅與當前社會實踐和時代語境是脫節的，而且與國家教育指導方針是相違背的。這無論對國家教育的長期發展，還是對學校的發展或是對學生的發展都是有害的。

因此，倫理學教學必須堅持以學生為本，堅持一切為了學生，為了一切學生的教學理念。

四、結語

我國當前的倫理學教育既取得了重要的成績，許多的高校已經意識到了倫理學教學的重要性，但是也面臨著優秀教師嚴重不足、倫理學教學理論面臨嚴重的挑戰、極端功利主義和極端利己主義對倫理學教育造成了嚴重的干擾等問題。要想改變這種困境，需要全體教育工作者和教育從業人員不斷努力。需要國家在制度上保證倫理學教學，需要廣大倫理學教育專家、學者和教師不斷研究和開發新的教育理論和教育模式，以適應和應對目前倫理學教學面臨的挑戰。同時，需要廣大倫理學教育主辦方和教育工作者，堅持以人為本的教育理念。總之，百年大計，教育為本，教育大計，立德為先。倫理學教育效果不是短期的行為就能見效的，而是一個長期的過程，需要全體教育者和受教育者共同努力。

參考文獻

〔1〕蔣慶，《儒學的時代價值》〔M〕，成都：四川人民出版社，2009年。

〔2〕羅國傑，《倫理學》〔M〕，北京：人民出版社，1989年。

〔3〕魏英敏，《新倫理學教程》（第二版）〔M〕，北京：北京大學出版社，

2003 年。

〔4〕唐凱麟，《倫理學》〔M〕，北京：高等教育出版社，2001 年。

〔5〕江暢，〈德性論與倫理學〉〔J〕，《道德與文明》，2010 年第 4 期。

〔6〕崔秋鎖，〈倫理學發展面臨的挑戰、困境和出路〉〔J〕，《道德與文明》，2009 年第 2 期。

原載《延安職業技術學院學報》2013 年第 3 期

「中國道路」視野下的學術自信
——以中國儒學研究爲中心[*]

摘　要

　　儒學作爲中國傳統文化的主流形態自近代以來被邊緣化。在多年被邊緣化的儒學研究中，人們對儒學的認知和研究存在諸多的問題：一是常常以西方理論爲解剖刀，把中國儒學經典視爲屍體，任意解剖，導致中國儒學的研究支離破碎。二是諸多研究者沒有讀懂中國儒學經典，人云亦云，鸚鵡學舌，缺乏學術創新。產生這些問題的原因很多，大致說來主要有：一是現代西方教育模式的採用，抹殺了傳統儒學教育的傳統。二是研究者急功近利，唯利是圖，違背了儒學德業雙修的精神。三是極左主義和「文革」思維的影響，使一些人對儒學產生一種天然的擯棄和厭惡。如何走出中國儒學研究的這些困境，這些是個亟待解決的課題。歸納起來主要有：一在方法上，應當繼承儒學研究傳統，重視經學、訓詁學的價值，同時合理吸收西方有益的研究成果和方法。二在價值立場上，應當以中國闡釋中國，擺脫中國哲學（儒學）西方化或者是在中國的西方哲學的模式，走中國道路的學術自信之路。三在學術態度上，應當走進儒家經典來研究儒學，對儒學充滿同情和敬意。

關鍵詞：中國道路；儒學研究；學術自信

＊本文是合著，筆者爲第二作者，第一作者是貴州理工學院歐陽德君博士。

　　從 1840 年的鴉片戰爭到 1949 年新中國成立，中國時常處於被動挨打的局面。這在 109 年被動挨打局面裏，從某種程度上來說，扭曲了部分中國人被殖民化的心理。這種被殖民化的畸形的心理始終認為，西方強於中國，甚至覺得西方的月亮比中國圓。這種被殖民化的畸形心理，影響到學術研究領域，形成被殖民化的學術畸形心態。直到現在一些人還始終認為，西方的一切強於中國，不論是政治制度、社會秩序，還是學術理念或是學術方法，都比中國發達。這種被殖民化的學術心態如果不能被徹底剷除或糾正，那麼中國的學術永遠就無法走出西方的學術影子，就不可能讓中國的學術走上世界，參與全球範圍內的多元學術對話和交流。由此可見，中國的學術需要走符合中國學術特有的路徑，也就是說要用「中國道路」的視野來審視中國學術，樹立中國學術自信心。本文擬就以中國儒學的研究為中心，來闡述「中國道路」視野下的中國學術自信如何可能。

一、中國儒學研究存在的問題

　　儒學是中國傳統文化的核心，無論是在意識形態領域，還是在人們的日常生活、日常交往中。馬一浮先生曾經說過，中國的一切學問統攝於「六藝」。他說：「六藝者，即是《詩》《書》《禮》《樂》《易》《春秋》也。此是孔子之教，吾國二千餘年來普遍承認一切學術之原皆出於此，其餘都是六藝之支流。故六藝可以該攝諸學，諸學不能該攝六藝。」[1] P8 我們先不去評價馬先生的這個論斷是否合理，但是可以肯定地說，這充分肯定了中國傳統文化儒學的主體地位。只不過在傳統社會，「君君、臣臣、父父、子子」在顯性的政治文化層面特別容易讓人感知和體會到，但在隱性的日常生活中人們往往受儒家文化的影響而不知。

　　不過，儒學這種主體文化地位，在 20 世紀的中國卻轟然倒塌。從 1905 年清政府廢除科舉考試到 1911 年辛亥革命，從五四新文化運動的「打倒孔家店」到「文化大革命」徹底破「四舊」，孔子作為「反動的地主」、「公賊」、「惡霸」的醜陋的公眾形象基本被樹立起來。我們常常不假思索地把這些落後挨打的原因歸咎於傳統文化的落後，而儒學首當其衝。可以說，儒學成了近現代中國被動挨打的「替罪羊」，一切失敗的、落後的、苦難的原因都是儒學製造的「惡果」。一邊打擊儒學，否定儒學，又一味地不加選擇地學習西方，甚至認為只要是西方的理論就是好的理論，這種學術上的被殖民化的心態至今

流毒甚深，影響深遠。具體說來有以下幾點：

（一）以西方理論為解剖刀，以中國儒學經典為屍體，任意解剖，導致中國儒學的研究支離破碎

近代以來我們一方面在否定以儒學為主體的中國文化，一方面又在不斷地向西方學習。洋務運動中，我們覺得技術不如西方，於是向西方學習技術。甲午中日戰爭慘敗之後，我們覺得自己的政治制度落後，於是向西方學習政治制度，聲勢浩大的維新變法運動開始了。維新變法失敗之後，我們發現自己的文化不如西方，於是進行了五四新文化運動，全面徹底地向西方自由、民主文化學習。最為慘烈的是「文化大革命」運動，讓最後一點殘留在中國農村的傳統儒家文化也蕩然無存。這一系列的運動，使得作為主體的儒學傳統文化從意識形態、政治制度和人們日常生活的文化層面上徹底被剷除，剩下就是極端功利主義、極端利己主義和露骨的崇洋媚外。直到 20 世紀 70 年代末，中國實行改革開放，對傳統文化開始反思，人們理性的反思了自己的傳統。結果發現，我們在傳承傳統文化的鎖鏈上「斷層」、「斷裂」了。最近三十年興起的「國學熱」，其實不過是當代中國人進行「文化自救」和「道德自救」的一種勇氣。

但是，在學術研究上，我們還不敢正視傳統的價值。許多學者把西方奉若神明。他們把西方的理論當做解剖刀，把中國儒學經典視為僵屍，西方的理論需要哪一塊，就從儒學的「僵屍」切下那一塊，放在西方理論的「放大鏡」、「顯微鏡」或者是西方理論的「框架」、「範式」、「模塊」下來進行「研究」。這正如余英時先生指出的那樣：「他們往往『尊西人如若帝天，視西籍如神聖』，憑著平時所得的一點西方觀點，對中國古籍橫加『批判』，他們不是讀書，而是像高高在上的法官，把中國書籍當作囚犯一樣來審問、逼供。」[2] 這種研究儒學的方法，只能是西方理論的中國版，而不是真正研究中國儒學的方法。因此，中國儒學的研究就很難有新的突破。也正是這樣，所以「如今研究中國哲學（自然包括對儒學的研究，引者注）的人一代比一代差了，只要拿今日中國哲學界最突出的學者與馮友蘭比一比就知道，沒有一個人在氣象、格局、規模上能與馮先生相提並論，更不要提王國維、熊十力、牟宗三、錢穆等老一輩學者了。」[3] P1

從學科體系來說，今天的儒學學科研究沒有自己的定位。在申報課題中，儒學往往歸於中國哲學，在大學教學體系中，儒學研究一般歸於哲學系

或哲學院，但是沒有儒學學科。這種學科體系的設計是受西方影響。方朝暉教授指出：「今日中國的學科體系是完全模仿西方建立的，這一體系不能給國學或者傳統經學一個獨立的位置，而是將傳統的經學或國學『五馬分屍』，打散之後分佈到文、史、哲等學科中，由此也必然導致治學方式的重大轉變。」〔3〕P1-2這種重大轉變，其實是在西方學科理論支配下進行儒學研究的，但是失去的卻是中國儒學真正的「價值內核」和「合理內核」。這種學術格局和學科布局下的儒學研究呈現的直接後果就是：西方理論橫掃中國儒學界，中國自己本身的儒學研究的價值被「遮蔽」或被「邊緣化」。很多研究者，不加分析的利用西方理論來肢解中國儒學，有的甚至以這種方法來標榜自己學問的研究是「前沿研究」而沾沾自喜。其結果就是：今天我們只能看到一些明星式學者，而看不到「大儒」「大師」。〔3〕P11

學問是天下之公器，其目的是為了認識世界和改造世界，而不是為了引用某個西方理論而炮製了一篇論文就算是學術研究。我們研究的目的不是為了做西方的「學術鸚鵡」，而應當挺立儒學自身的價值，是為社會發展服務的。因此，我們應當在「中國道路」下走儒學研究的路徑，應當傳承和發展中國固有的儒學傳統。也就是說「儒家傳統的獨立性不應由於現代性的到來，以及現代學科體系的建立而被取代。」〔3〕P21如果不走出西方話語霸權的陰霾，不擺脫西方學術理論陰魂附體的學術怪圈，不走「中國道路」視野下的學術自信之路，不敢直面中國現實和正視中國傳統儒學的價值，要想在新時代下傳承和發展儒學，那是難以想像的。

（二）現代許多研究者事實上並沒有讀懂中國儒學經典，人云亦云，鸚鵡學舌，缺乏學術創新

20 世紀廢科舉、五四新文化運動、採用西方學制和「文革」等幾次聲勢浩大的廢黜科舉、批判儒學和反傳統運動，使得 80 年代中國的儒學教育、儒學文化的傳承與研究幾乎後繼無人。不過，幸運地是在香港和臺灣，還保存了儒學文化傳承和儒學文化研究的火種。在儒學研究上，很多的研究者喜歡人云亦云，缺乏創新，尤其是缺乏閱讀儒家經典的勇氣和耐心。

舉個最簡單的例子，如果我們在中國知網或萬方數據庫中，下載幾十篇主題相似或相同的論文，我們就可以發現，其論述的內容基本是相同的，有的甚至是雷同的。如果以核心期刊的論文為標準，只要該篇論文相對地說具有一定的創新性，那麼，其後發表的相似性的論文，在應用這個文獻時也是

一樣。如果前文引用是錯誤的，那麼後面的論文引用照樣是錯誤的。這種情況不是個別的，而是相當普遍。因此，有的學者指出，中國的論文儘管很多，但是百分之九十的是在製造「文字垃圾」。這個觀點同樣適合儒學研究的狀況。這種現象說明的問題是：現代很多的研究者是不去閱讀儒家經典，或者說閱讀了儒家經典但是沒有讀懂，就急功近利開始撰寫所謂的論文。這種對儒家經典的漠視，對儒學研究來說是一種致命的傷害。這種研究的捷徑是由於許多研究者「急功近利、情緒浮躁、貪圖虛名、沒有學術規範、學者人格境界低下和缺乏胸襟氣度」[3] P1 造成的。在學術研究上，這種萬人鸚鵡學舌式的研究狀況是違背學術研究最根本的創新原則的。與我國提倡的「百花齊放、百家爭鳴」的學術理念相去甚遠。這樣的儒學研究就很難有新的突破和發明。

儒學作為一種道德學說，她不僅僅是一種「知識」路徑上的研究，更重要是一種實踐的學說。在傳統社會，人們研習儒家經典，是從小就開始的，有的甚至對經典背得滾瓜爛熟。這樣從小研習儒學不僅是用於學術研究，更重要的在日常生活、思維方式和人際交往中，潛默移化受到儒學的影響。這體現了儒學「修己以安百姓」和「安身立命」之道。而處在現代社會中的研究者，在研究儒學的時候，我們可以不像傳統社會的學習者那樣對某部經典背得滾瓜爛熟，但是起碼我們要熟悉儒家經典、諸子百家。至少在理論上我們要有非常清楚的認識。說文如其人、知人論世、揣摩演習、學以致用等對現代一些研究者如果是一種高姿態的要求，那麼對儒家經典透徹的瞭解則應當是一名研究者必須擁有的知識儲備、理論儲備和思維儲備，否則，談儒學研究就是一種對讀者和世人的嘲諷。

因此，作為現代研究者，必然地要認真閱讀儒家經典。否則，就很難進入儒家經典的學習。正如徐復觀先生指出的那樣：「今日中國哲學家的主要任務，是要扣緊《論語》，把握住孔子思想的性格，用現代語言把它講出來，以顯現孔子的本來面相，不讓浮淺不學之徒，把自己的思想行動，套進《論語》中去，抱著《論語》來糟蹋《論語》。」[4] P283 現代的研究者不能「抱著《論語》來糟蹋《論語》」，換句話說，不能抱著儒學來糟蹋儒學。我們要有一種對中國文化和中國儒學理論創新的文化自信和儒學自信，直接面對儒家經典，從理論上真正把握儒學精髓，這樣才能對儒學研究有所創新。萬萬不能人云亦云，鸚鵡學舌，缺乏學術創新。

二、中國儒學研究存在的問題產生的原因

儒學研究存在的上述問題不是天然存在的，它有著深層次的原因，具體說來有以下幾點。

（一）現代西方教育模式的採用，抹殺了傳統儒學教育的傳統

西方學科分類方法傳入中國是在 20 世紀早期。1905 年晚清政府在國內外強大的輿論壓力下，廢除一千三百多年的科舉制度。自此，學校教育與政府人才選拔考試相分離。科舉制度的廢除對於新式教育的發展無疑具有重要的作用。客觀地說，自隋代實行的科舉制度，對於隋代以來的各個朝代在人才選拔上具有極為重要的意義。它實現了由隋代以前「以名取士」、「以族取士」到「以文取人」、「以才取人」的人才選拔格局的轉變，避免出現貴族世襲制和門閥士族統治的局面。本質上說，科舉制度是一種人才選拔制度。但是它與現代以培養德業雙修的學校教育事實上是兩種不同的教育途徑。尤其是到了明清兩代實行八股取士，科舉制度的弊端日益明顯。因此，1905 年科舉制度的廢除，對於現代教育的發展具有重要的價值。但是也從另外一個方面說，對於儒學教學卻是致命的一擊。

1912 年中華民國的建立，南京臨時政府設立教育部，採用現代西方教育體制，蔡元培當時擔任中華民國第一任教育總長，他認為「忠君與共和政體不合，尊孔與信教自由相違」，主張實行世界觀教育、美感教育、公民道德教育、軍國民教育和實利主義教育「五育」並行。在 1912 年 9 月至 1913 年 8 月間，中華民國教育部相繼頒佈了小學、中學、師範學校、實業學校和大學等一系列教育規定，對各類層次學校的辦學宗旨、教學課程設置、學生入學條件、教職員工聘用、學校經費開支、學校設備購置和學校組織管理等，都作出了具體系統的規定。1922 年，黎元洪又以中華民國大總統的名義頒佈《學制系統改革案》，即著名的壬戌學制，也稱 1922 年學制。該學制的指導思想是：適應社會進化之需要；發揮平民教育之精神；謀個性之發展；注意國民經濟力；注意生活教育；使教育易於普及；多留地方伸縮餘地。它仿傚美國教育模式，制定新式學校的學制規定：小學 6 年；初中 3 年，高中 3 年，大學 4～6 年。壬戌學制奠定了中國現代教育的基礎，是中國近現代教育史上的一個轉折點。同時，它也全面推翻了我國傳統儒學教育模式。

這種向西方一邊倒的教育模式，對儒學教育是一種致命的打擊。所以到

了 20 世紀 80 年代，我們在反思傳統文化的時候，發現傳統儒學教育基本上處於斷裂狀態，儒學作為一個教育整體已經一去不復返了。這樣就造成了儒學研究者青黃不接、後繼無人的狀態。

當然，我們這樣說的目的，不是主張復古主義，也不是主張恢復傳統的儒學教育體制。事實上，恢復傳統儒學教育的體制，縣設縣學，州設州學，中央設立國子監已經不可能。同時，完全排除西方教育體制，也變得不切實際，畢竟中國現代教育受西方影響一百多年了。從某種程度上來說，這一百多年所接受的西方教育在某種程度上也造成了中國教育的現代傳統。完全接收西方不可能，完全恢復傳統儒學教育也是不可能，但是我們可以按照中國傳統儒學教育理論和實踐，結合西方教育和傳統儒學教育的經驗，走一條中國特色的現代儒學教育之路，這不能不說應當是一種有益的嘗試。這種嘗試，儘管需要理論勇氣、制度和政策的保證和經費支持，但是這的確是一種有益的教育實驗和探索，它對緩解當前儒學教育的瓶頸和局限，不能不說是一種有益有效的教育探索。

（二）學術研究者急功近利，唯利是圖，違背了儒學德業雙修的精神

中國市場經濟建設是不可逆轉的潮流。三十多年的市場經濟建設，讓市場經濟不僅僅變成了一種資源支配的方式，而且也變成了人們日常生活、日常交往和日常思維的一種方式，也變成了一部分人趨之若鶩的一種價值追求。這種以「市場」和「交換」為主體元素的價值追求，使得一些研究者在市場經濟面前奉行極端功利主義和極端利己主義。這在儒學研究上就導致了「學術腐敗」和「學術克隆」現象無法遏制的繁殖。這不僅不能給儒學研究帶來福音，相反，帶來的卻是儒學研究的窒息和戕害。

有的研究者為了評職稱、拿課題，不斷在炮製、複製，甚至剽竊他人的學術成果。這些人的想法是，只要是能夠用鉛字發表，只要是能用版面費買通的，不論這種論文是否有價值，是否是值得研究的選題，有的甚至是偽命題。但是只要是成品的論文，給出的發表價格合適，那麼他們肯定就能會發表。作者要的是錢和名，出版社或者雜誌社要的是經濟效益和員工的福利，因此，表面上看中國的儒學研究成果「碩果累累」，顯得百花齊放，百家爭鳴。其實，真正有價值的成果卻鳳毛麟角。這些儒學「學術泡沫」的產生，其根本的原因還是極端功利主義和極端利己主義在裝神弄鬼，混攪學術的視聽。

儒學是安身立命之學，是孝悌之學，具有整體性和開放性，是「歷史性與前瞻性的兼具與統一，特殊性與一般性的兼具統一，理論性與實踐性的兼具統一」。[5]P3 研究者在研習儒學不僅僅只是知識論上的學習，而且要在實踐層面上做到德業雙修。極端功利主義和極端利己主義導致儒學由一種「進德修業之學」演變成一種與其自身傳統完全相悖的「知識之學」。[3]P19 一個著作等身的儒學研究者，可能是儒學研究上的翹楚，但是在日常生活、價值追求和個性修養上，他可能就是一個地道的「文化痞子」和「學術騙子」。這樣的儒學研究者就從整體上違背了儒學精神。當然，處於現代多元價值觀視野下的研究者，他（她）可能是學術上的天才，但可能是道德上的敗壞者。這種精神追求和日常生活價值的分離，我們姑且不做道德上的評價，但是作為一名真正的「大儒」或者作為引領儒學研究執牛耳式的人物，無論如何在儒學研究領域中是說不過去的。徐復觀先生曾經說過，「一個人在學術上的價值，不僅應由他研究的成果來決定；同時也要由他對學問的誠意及其品格之如何而加以決定。學問是為人而存在；但就治學的個人來說，有時也應感到人是問學問而存在。」[6]P5 因此，只有剷除唯利是圖、極端利己主義和極端功利主義的學術心態和學術研究的內在驅動力，追求「人為學問而存在」的學術價值理念，才能真正引領儒學的發展，使儒學研究走上一條具有中國特色的康莊大道。

（三）極左主義和「文革」思維的影響，使一些人對儒學產生天然的擯棄和厭惡

極左主義和「文革」的流毒影響深遠，導致一些人在面對儒家經典和儒家傳統時，產生一種天然的厭惡，認為儒家就是落後的代名詞，只有西方的民主和自由才是真正引領時代潮流的。這種思想的產生，是由於近現代歷史上中國在面對西方科技和軍事勢力的強勢攻擊之下，迫使晚清政府簽訂一系列喪權辱國不平等條約，使得中國逐漸變成半殖民地半封建國家，這讓一些人失去對中國文化的自信。在這種現實面前，他們只能把這種被動挨打的局面，歸咎於作為主流意識形態的儒家文化。由於這種狹隘的非理性的認知，導致了一系列畸形的文化心理和文化行為的產生。晚清「買辦階層」和「媚洋奴才」的出現，20世紀前期的全盤西化分子的產生，20世紀30、40年代以汪精衛為首的漢奸理論的出現就是明證，這些都是對傳統儒學和社會現實認識不夠清晰、不夠自信的表現。

　　極左主義和「文革」思維，這種過於簡單的階級論和出身論、血統論，把整個儒學的教育、儒學研究拖入了死胡同。例如，「文化大革命」瘋狂地批判《論語》和孔子就是明證。他們把孔子說成政治騙子、大惡霸。《〈論語〉批註》的《前言》說：「孔老二（孔子）是我國春秋末期腐朽沒落的奴隸主階級的代言人，他逆歷史潮流而動，堅持倒退，反對前進，堅持復辟，反對變革，是一個臭名昭著的復辟狂、政治騙子、大惡霸。《論語》是他的徒子徒孫們根據他的一生反革命言行編撰的，其中記載了他復辟奴隸制的反動綱領」，「《論語》是毒害人民的大毒草。」《論語》黑話連篇，毒汁四濺，荒謬絕倫，反動透頂，完全是糟粕，哪裏有什麼『合理因素』？」。[7]P4-5 這種簡單粗暴的階級論和極左的意識形態論，自然就不能對儒學進行理性的分析和評價。

　　直到 21 世紀，還有個別學者認為，儒學是過時的、無用的、毫無價值的。這種非理性和極端的評價，自然就很難對儒家經典作深入的研究和探討。還有，現代我國初等和中等教育，沒有儒學教育位置和專門儒學課程，也在某種程度上加深人們對儒學的陌生感和隔離感。

　　但是，作為存在了幾千年的儒學傳統，她和其他文化一樣參與了文化進化和現代化的建設，她依舊是活著的現代，對現代社會各方面具有重要的價值，因此，我們應當擯棄極左思想和「文革」思維，要理性地對待儒學和儒學的傳統。

三、如何走出中國儒學研究的困境

　　美國著名學者希爾斯教授認為：「現代生活的大部分仍處在與那些從過去繼承而來的法規相一致、持久的制度之中；那些用來評判世界的信仰也是世代相傳的遺產的一部分。」[8]P2 傳統是活著的現在，「是秩序的保證，是文明質量的保證。」[8]P25 因此，儒學作為中國傳統主流文化形態，她在現代社會中自然具有重要的地位和價值。這種價值不能因為一些學者的偏激和非理性的認知和非理性「批判」而被「遮蔽」或「淹沒」。那麼如何走出中國儒學研究的困境呢？筆者認為可以從以下幾個方面來解決。

（一）在方法上，繼承儒學研究傳統，重視經學、訓詁學的價值，同時合理吸收西方有益的研究成果和方法

　　儒學研究方法多種多樣。以現代學科的分類來說，可以從政治學、經濟

學、心理學、倫理學、社會學等多種角度來分析和研究。排除現代學科去研究儒學，已經不可能。但是，問題的關鍵是，西方學科走的是一條「知識主義」路徑，追求的是對某個問題的邏輯結構、概念的清晰度，強調的是邏輯論證，通過論點、論據和論證的手法來說明一個問題的來龍去脈。這種「知識主義」路徑，使研究的問題具有不以人的意志為轉移的「客觀性」。這樣的論證可以得出比較客觀的結論，這是西方學科研究重要的特徵。但是，這種研究忽略了一個根本的存在價值：那就是人的價值和人的實踐性的因素。這種方法，對於儒學研究有時候往往顯得很不適應。

比如，如果從西方知識論的角度來研究《論語》，無論如何，我們看到的《論語》文本是零碎的、隻言片語的、不成體系的。這也就是黑格爾所說的，孔子的思想是貧乏的。但是，《論語》果真是貧乏的嗎？黑格爾這樣評價孔子，運用的是西方知識論的邏輯方法，但是他沒有看到以孔子為代表的中國儒學對生命和人性的價值和人的道德的歌頌。儒家的價值是理論和實踐的統一，是知識論和實踐性的統一。修身和踐履儒家道德信念是儒家終身追求的目的，儒學本身有自己的生活邏輯和內在價值。因此，在某種程度上儒學的一些經典，不需要用西方那樣的邏輯論證的方式，因為儒家認為生命的本身就是一個邏輯過程。

在儒家研究中，人們面對儒家經典，尤其是作為儒學遺傳文化基因的十三經，幾千年來不斷有人為之做注、傳和疏解，其目的也是為了揭示出儒家精神的真諦和對生活實踐的價值，從而為了普天下的眾生獲得生命的意義。因此，我們要想走出儒家的研究困境，就不僅僅依賴於西方學科的現代邏輯論證，還應當回到儒家的經典傳統，不僅要閱讀儒家的經典，而且要閱讀解釋經典的記、傳、疏等解釋儒家經典的經典解釋文本，即要回到儒家經傳解釋傳統中去。這樣，我們才能真正把握儒家的精髓，才不至於像黑格爾那樣做出對中國儒家文化不切實際的評價。

總之，不拒絕合理吸收現代科學的方法、回歸儒家經典和繼承儒家的修身養性的傳統，這不失為一種研究儒學行之有效的嘗試。這也正如方朝暉教授指出的那樣：「未來的儒學可以借用現代人文社會科學的成果和方法，但是從整體上必須與現代學科體系劃清界限，而不能將自身消融在文、史、哲等現代學科之中。」[3] P21~22

（二）在價值立場上，以中國闡釋中國，擺脫中國哲學西方化或者 是在中國的西方哲學化模式，走中國道路的學術自信之路

在儒學研究中，首先在價值立場上，我們應當以中國闡釋中國，擺脫中國哲學西方化或者是在中國的西方哲學的模式，走中國道路的學術自信、自救和復興之路。回到儒學、回到儒學傳統的本身去繼承、傳承和發展儒學，這是儒學研究的基本前提。否則，儒學的研究就失去根本和文化資源的基礎，變成無家可歸的「遊魂」，最終就會落入西方學術視野的怪圈，迷失自我，失去存在的家園和精神價值。

反思 20 世紀以來儒學研究走過的路，我們可以說走的是一條自掘墳墓、自毀前程的歧路。尤其是前輩儒學大師馮友蘭、牟宗三、唐君毅等人，可能沒有意識到他們所開創的中國哲學道路非但不能接續儒家傳統，而且實際上使儒學或國學傳統走上了一條與其初衷完全相悖的道路上去。[3] P18 馮友蘭先生曾經說過，「哲學本一西洋名詞。今欲講中國哲學史，其主要工作之一，即就中國歷史上各種學問中，將其可以西洋所謂哲學名之者，選出而敘述之。」[9] P1 馮友蘭先生這樣論述中國哲學的看法自然也包括了中國儒學研究在內。這樣的中國哲學，不僅不是中國哲學，相反的卻成了在中國的西方哲學。這樣就把整個完整的中國哲學（中國儒學）肢解掉了。按「西洋所謂哲學名之者，選出而敘述」的中國哲學史，只能是西洋哲學的產兒，而非原本意義上的中國哲學和中國哲學史。[10] P3 用西方哲學的「坯子」來組裝中國哲學，不僅使得中國哲學（中國儒學）甚至連中國思想和中國學術生機蓬勃的生命力也終結了。這樣的話，中國哲學（中國儒學）的研究就永遠走不出西方的影子，永遠是西方哲學的應聲蟲，失去的將是中國哲學（中國儒學）的文化自信和文化自覺。

因此，我們應當在吸收西方學術的優點上，以中國闡釋中國，「自己講」，「講自己」。中國哲學（自然包括中國儒學研究）不能著貓畫虎式地「照著」西方所謂哲學講，也不能秉承衣鉢式地「接著」西方所謂哲學講，而應該是只能創新式地「自己講」。[10] P6 只有這樣，才能把握中國哲學（中國儒學）研究的根，不失掉自己的民族性、文化性和「中國性」。

（三）在學術態度上，應當走進儒家經典來研究儒學，對儒學充滿 同情和敬意

要想走出儒學研究的困境，秉承儒學傳統的精神，發展新的儒學形態，

就應當對儒家經典有充分的瞭解和透徹的把握，要走進儒家經典，又要跳出儒家經典，做到「我注六經」、「六經注我」、「六經注六經」，不能先入為主地帶著「有色眼鏡」去過濾儒家經典。具體說來主要是兩點：對儒家經典充滿同情和敬意。

第一，對儒家經典，要具備同情的理解。唐代著名史學家杜佑在《通典·職官·王侯總敘》中提出了一個史學研究著名的研究方法：即歷史不能「將後事以酌前旨」。不能「將後事以酌前旨」就是不能以後來發生的事實去假設和推測當時發生的問題，也就是說我們應當避免使用「如果」、「假如」或者「假設」等這樣帶有歷史臆想的詞彙去閱讀歷史、假設歷史、論證歷史問題。這種方法，同樣適應研究儒家經典。我們應當對儒家經典充滿同情的瞭解，盡可能還原到當時的歷史語境中去分析問題。

通常情況，一些研究者往往是大腦中先存有某個觀點，然後為了「製作」論文的需要，去儒家經典中尋找與這個觀點相同或相似的文獻，然後組裝成文。這樣「製作」出來的論文就很容易對儒家經典文獻產生「誤讀」和「錯讀」。朱熹說讀書「當虛心看，不可先自立說去撐拄，便喎斜了。不讀書者，固不足論；讀書者，病又如此」。[11] P179 我們應當要從閱讀文本去尋找問題和發現問題，不應當書還沒看就「先自立說」。只有對經典有了深度的理解，我們才能真正瞭解儒學。這正如陳寅恪先生在馮友蘭《中國哲學史》的《審查報告一》中所說的那樣：「對於古人之學，應具瞭解之同情，方可下筆。蓋古人著書立說，皆有所為而發；故其所處之環境，所受之背景，非完全明瞭，則其學說不易評論。……所謂真瞭解者，必神遊冥想，與立說之古人，處於同一境界，而對於其持論所以不得不如是之苦心孤詣，表一種之同情，始能批評前其學說之是非得失，而無隔閡膚廓之論。」[9] P432

當然，對儒家經典文獻同情地瞭解自然包含了閱讀儒家經典時的靜心、專一、耐心和虛心的態度。也就是朱熹所說的，「讀書者當將此身葬在此書中，行住坐臥，念念在此，誓以必曉徹為期。看外面有甚事，我也不管，只恁一心在書上，方謂之善讀書。」[11] P2805 沒有一種同情的瞭解，一種「身葬」書海的決心、勇氣和專心，就不能真正把握儒家經典的精神。浮躁、急功近利、浮光掠影、貪圖虛名，盲目追求所謂的「學術成果」，對經典片言零碎的閱讀，像項羽那樣學劍「不足學」，學書「不肯竟學」，這終究是研究儒學的大忌，顯得荒謬絕倫。因此，現代的研究者必須對儒家經典有同情的瞭解，

這樣才能從整體上把握儒家，才能傳承和發展儒學。

第二，對儒家經典要充滿敬意。儒學史上對儒家經典傳統的闡釋，有幾千年的歷史。這在幾年的歷史中，積累了前人智慧的成果。我們今天能為有幸看到流傳下來的儒家經典文獻而應該感到幸運和欣慰。一個單獨的閱讀者個體的生命體驗再深刻，生活經驗再豐富，也不可能比得上有幾千年歷史的儒家傳統經驗。因此，對傳統儒家經典充滿敬意，是我們虛心閱讀經典的一個重要的方法。

我們不能以現代的人生活經驗去肢解和曲解儒家經典，不能採用簡單的「同乎百姓日用者為同德，異乎百姓日用者為異端」的簡單思維模式去看待儒家經典。不能像明代的朱元璋那樣，看到《孟子》中的「民為貴，社稷次之，君為輕」這句對自己不利的話就大肆刪節經典。這不僅不能促進儒學研究的進步，反而會戕害儒家經典的生命，斷送儒學研究的前途。這是不可取的。不僅如此，更不能採用行政命令和政治手段來對待儒家經典，那種「屋其屋，火其書」的做法是不理性的。從秦始皇的「焚書坑儒」到清代的「文字獄」到 20 世紀的「文化革命」對儒家經典戕害的行為，我們應當引以為戒。

當然，對儒家經典充滿敬意，不是仰視經典，或者視經典為絕對的正確，認為經典是「聖人之言，即聖人之心；聖人之心，即天下之理」，[11] P2913 對經典不敢懷疑，不敢提出質疑，這也不是對經典充滿敬意的方法。

總之，對儒家經典的敬意，既要擺脫左傾主義的冒進，又要擺脫右傾主義的投機；既要擺脫權威主義的淫威，又要防止復古主義的戕害；既不厚古薄今，也不厚今薄古；既不崇洋媚外，也不唯我獨尊。而是要實事求是走一條「中國道路」的學術自信和文化自信之路，這樣我們就能在儒學研究中創造自己應有的學術成果，為中華文化的復興做出自己有益的嘗試和努力。

參考文獻

〔1〕馬一浮，《馬一浮全集》（第一冊）〔M〕，杭州：浙江古籍出版社，2013年。

〔2〕余英時，〈關於讀書的學問〉〔N〕，《法制日報》，2011 年第 6 卷第 8期。

〔3〕方朝暉，《學統的迷失與再造：儒學與當代中國學統研究》〔M〕，西安：陝西師範大學出版社總社有限公司，2010 年。

〔4〕徐復觀,《中國思想史論集續篇》〔M〕,上海:上海書店出版社 2004年。

〔5〕成中英,《成中英文集》(第二卷)〔M〕,武漢:湖北人民出版社,2006年。

〔6〕徐復觀,《中國人性論史‧序》〔M〕,上海:華東師範大學出版社,2005年。

〔7〕北京大學哲學系 1970 級工農兵學員,《論語》批註〔M〕,北京:中華書局,1974 年。

〔8〕希爾斯,《論傳統》〔M〕,傅鏗、呂樂譯,上海:上海人民出版社,1991年。

〔9〕馮友蘭,《中國哲學史》(上冊)〔M〕,上海:華東師範大學出版社,2000 年。

〔10〕張立文,《中國哲學史新編》〔M〕,北京:中國人民大學出版社,2007年。

〔11〕黎靖德,《朱子語類》〔M〕,北京:中華書局,1986 年。

原載《齊魯學刊》2014 年第 5 期

論我國當前道德失範現象的
原因及其對策思考

摘　要

　　當前我國道德失範現象的原因有很多，歸納起來主要有：一是傳統優秀倫理資源的喪失，二是西方消極思想的侵害，三是過分追求物質利益。要消除道德失範現象，從客觀上來說，我國要不斷加強社會主義公民道德建設，必須堅持經濟發展和道德教育同步進行；從主觀上來說，應當努力學習優秀傳統文化道德知識，堅持為他人為社會服務的理念。我國只有走中國特色社會主義道路，才能避免道德失範現象，人民才能生活在安寧、祥和和富足之中。

關鍵詞：道德；道德失範；道德建設

改革開放三十年多來，我國經濟建設取得了舉世矚目的成就，人們的生活水平普遍提高了。西方社會也越來越重視「中國模式」。中國民族正在以越來越自信的姿態屹立於世界民族之林。但是，隨著我國改革開放和市場經濟建設的深入和發展，也出現了一些社會道德失範現象：如貪污腐敗、誠信的缺失、享樂主義和極端利己主義的滋生等，而且這些現象在一部分人中還很盛行。溫家寶總理說：「近年來相繼發生『毒奶粉』、『瘦肉精』、『地溝油』、『彩色饅頭』等事件，這些惡性食品安全事件足以表明，誠信的缺失、道德的滑坡已經到了何等嚴重的地步。」[1] 這些道德失範現象的出現，不是偶然的，而是有其重要的原因。

一、道德失範現象的原因

（一）傳統優秀倫理資源尤其是儒家倫理資源的缺失

儒家倫理是我國古代倫理思想的主流，曾經在漫長的傳統社會中占主流地位，隨著封建制度的推翻和五四新文化運動的興起，傳統儒家倫理的影響逐漸式微。

五四運動全面反對傳統文化，服膺西方文化。「『五四』中人把中國傳統與西方文化對立起來，誤認為西方的民主、科學是人類文明的最高典範，有普遍性、有必然性，於是以之作為標準來改造自己，以求中國文化自行『涅槃』。」[2](P104) 五四運動迷戀西方的「科學」和「民主」，但是，現在我們已經看到西方的「科學」和「民主」不是萬能的。科學不可能解決一切問題，而「民主只不過是個機制，它無法自我完善，真正要提升社會素質，還須要另尋動力。」[2](P36)「四書五經」曾經是傳統社會的官方文獻，而現在被很多人視為落後的代名詞。傳統優秀倫理資源的喪失為現代人的道德失范增加了砝碼。

現在，人們已經習慣了講民主、自由、正義和人權。近些年來興起的國學熱，其實只是局部的，表面的。讀古書，喜歡儒家經典只是在少數知識分子中流行，尤其是在學習和研究傳統古代文化的知識群體中流行，而在這個圈子之外，很多的人是不喜歡古代經典的，甚至認為古代的經典就是封建糟粕。所以，對當前的國學熱，我們不能盲目樂觀，在國學「熱」的現象之後，要有「冷」的思考。

但是，無論我們怎樣拒絕傳統的東西，傳統總是在日常人倫中或隱或現，

讓人時時能感到它的存在。任何社會道德的發展都不可能徹底拋棄傳統，完全從道德沙漠中建立新的道德秩序是不可能的。美國著名學者希爾斯教授指出：「現代生活的大部分仍處在與那些從過去繼承而來的法規相一致、持久的制度之中；那些用來評判世界的信仰也是世代相傳的遺產的一部分。」[3](P2)傳統是活著的現在，「是秩序的保證，是文明質量的保證。」[3](P25)傳統儒家倫理為社會有效的運行起到了理性保障作用。儒家那種以仁為核心，以義和禮為基礎的價值體系為我國傳統社會的發展和人們的安身立命起到了無法估量的作用。儒家在為封建專制扭曲人性的制度中為人性的健全起到了重要的精神安頓作用。《論語·顏淵》中的「己所不欲，勿施於人」的普世道德規範，《周易》中的「自強不息」「厚德載物」的倫理精神，張載的「為天地立心，為生民立命，為往聖繼絕學，為萬世太平」的浩然之氣等等，都是值得人們世代傳承的優秀倫理資源。

可惜中國傳統倫理在經過五四新文化運動和「文化大革命」的「洗禮」之後，儒家倫理價值體系幾乎喪失殆盡。失去傳統道德規範的束縛，人們就往往容易墜入情慾的泥潭，完全憑藉自己的欲望為所欲為。失去傳統精神家園，社會普遍的道德失範就成為可能。所以，五四之後，人們「傍徨」，出現「夢醒了之後無路可走」的精神寂寞和孤獨。一個道德價值缺失的社會，每個人彼此之間的不信任，人們在第一時間裏往往第一直覺就是懷疑陌生人的道德人格，這些現象都是很可怕的。

傳統是任何社會都不可能徹底拋棄的，放棄傳統就等於放棄未來。所以，傳統合理的倫理文化資源是我國道德建設的寶庫。放棄傳統合理的道德文化資源，我們就有可能成為精神遊魂，淪為利益和情慾驅動下極端自私的物質動物。人只有在理性倫理規範的約束下才能實現主體效用的最大化。傳統倫理為我們提供了憂質的倫理資源。

在某種意義上講，我國現在市場經濟建設所取得的成就是分享了傳統的「道德遺產」。如果不重視這份「道德遺產」在市場經濟建設中的作用，就會妨礙可持續發展。有人認為，傳統思想尤其是儒家倫理思想是農耕社會的產物，與現在的市場經濟不相適應了。這是一種誤解。傳統儒家思想是與現代市場經濟、全球化和民主社會相容的。因此，我們現在要超越「五四」思維，要以理性和辯證的眼光來對待傳統文化，重視道德建設。正如霍韜晦教授指出的那樣：「『五四』把民族和文化分開，更誤認為保持民族，就要打倒自己

的文化，現在知道錯了，犯下了彌天大罪，當然要悔過。」[2](P37)

（二）西方消極思想的侵害

自從 1840 年以來，中國人在西方倫理價值觀的照耀下一路狂奔猛進。在文化層面，隻手打到「孔家店」，呼喚「德先生」和「賽先生」，視古代文化如洪水猛獸。在政治層面，也在嘗試學習西方，先有洋務運動，後有維新運動，再有辛亥革命和五四運動。但是，這些都沒有改變中國的面貌。如果說五四反傳統為了與舊世界決裂而建立新世界，結果是把中國傳統文化的「嬰兒」和「污水」一起端掉的話，那麼引進西方文化又是把「嬰兒」和「污水」一起端了進來。不可否認，西方有豐富的合理倫理思想，這些是值得我們學習和借鑒的。但是，自近代以來，西方的消極和腐朽的思想也在一些人頭腦中紮根了。而且，有些人對西方好的有價值的優秀的東西沒有學到，卻對消極的東西津津樂道，如極端自由主義、拜金主義、性變態等等。

錢穆先生認為，「文明偏在外，屬於物質方面。文化偏在內，屬精神方面。故文明可以向外傳播與接受，文化則必須由其群體內部精神累計而產生。」[4]（《弁言》）因此，近代以來由於清政府在軍事上多次被西方列強打敗，故當時許多人對中國固有的文化產生了自卑情結，認為西方就代表先進和進步。因此，服膺西方的一切，甚至產生極端的「西方的月亮比中國圓」的心理。尤其是 20 世紀初期，在引進西方文化時不加選擇，有的是西方棄之不用的東西，當時的人則認為是至寶。於是西方各種思想就蜂擁而至。引進的各種思想中自然有西方優秀的文化資源，但是，腐朽的、劣質的文化資源也一起被引進了。

西方文化中那種抽象的個人主義和絕對的自由主義儘管在反對封建神學禁欲主義中起到了思想解放的作用，但是這些不一定適合中國社會現實。西方拜金主義、享樂主義和自私自利觀念自然就更加不適合中國了。這些觀念會侵害一些人的思想，使人走向違法犯罪的道路。拜金主義、享樂主義、極端個人主義、極端利己主義等頹廢思想在當前我國社會主義現代化建設中出現應當要堅決反對。

人性往往有趨利避害的傾向，只要能滿足自我需求，人往往在道德規範失效的情景下，很容易滑上損人利己的軌道。現代社會一些人私下奉行極端享樂主義、拜金主義等觀念，結果走上了違法犯罪道路，胡長清、成克傑和

文強等人就是明證。他們犯罪與他們的道德缺失是分不開的。假奶粉事件、開車撞人殺人滅口事件、毒豆芽事件等就是拜金主義和極端個人主義的產生的惡果。如果每個人都有一點起碼的正義的良知，那麼，許多讓人不可思議的邪惡事件就不會發生。

只有堅持黨的基本原則，加強愛國主義和思想政治道德和法制教育，才有可能讓人們用一雙智慧的雙眼來辨認西方的消極思想，堅定自己的意志，也只有這樣，我們的社會才能是一個道德的社會，一個安全的社會。

（三）過分追求物質利益為道德失範現象煽風點火

隨著市場經濟建設的深入，以物質利益為導向的價值觀越來越深入人心，「一切向錢看」為成了許多人的座右銘和行動指南。很多人只看重物質利益，如房子、車子、位子、票子等等。利益成了人們的優勢話語和內驅力，為人們所信奉。事實上，追求正當的物質利益並沒有錯。但是，如果過分追求物質利益，就會使人失去道德底線，淪為物質的奴隸。社會主義倫理精神從來不是衛道士，不是反對正當的物質利益。一個僅僅看重物質利益而又自私的人，往往造成人際關係的緊張。如果一個人的周圍布滿了自私自利的人，那這個人就可能生活得不幸福。

常常有人喜歡引用《管子‧牧民》中的一句話：「倉廩實則知禮節，衣食足則知榮辱。」人們認為擁有了一定的物質基礎才能建設好道德，這並沒有錯。利益和道德問題是倫理學的基本問題。而且馬克思主義也認為，物質基礎決定上層建築，人們首先要滿足衣食住行，然後才能從事精神生產。但是，這並不是說，一定要等到經濟富有的時候才講道德，不富有的時候就可以不講道德。而且，這裡也並沒有暗含這樣一個邏輯：只有物質富有了才能講道德。這自然是不合理的。一個人，無論是富有或是貧窮都應當過一種道德的生活。貧窮不是不講道德的理由。周敦頤講「尋孔顏樂處，所樂何事？」本來，貧窮不是值得樂的，「孔顏樂處」的價值在於：一個人在貧窮的時候不幹壞事，而是保持一種道德自律，這才是為人所樂道的。有人說，人在貧窮的時候是有權利偷一塊麵包的，這是不合理的。貧窮不是違法犯罪，不是做不道德事情的理由。也就是說，貧窮沒有道德特權。自然，富有也沒有道德特權。

一個人只有堅持社會主義道德原則，堅持社會正義，不做危害國家、社會和他人的事情，遵守道德和法律規範，團結大家、相愛互助，才能避免墮

落。溫家寶總理說：「一個國家，如果沒有國民素質的提高和道德的力量，絕對不可能成為一個真正強大的國家、一個受人尊敬的國家。」[1]

二、治理道德失範現象的對策思考

2001 年中共中央頒發《公民道德建設實施綱要》提出：堅持黨的基本路線、基本綱領，重在建設、以人為本，在全民族牢固樹立建設有中國特色社會主義的共同理想和正確的世界觀、人生觀、價值觀，在全社會大力倡導「愛國守法、明禮誠信、團結友善、勤儉自強、敬業奉獻」的基本道德規範，努力提高公民道德素質，促進人的全面發展，培養一代又一代有理想、有道德、有文化、有紀律的社會主義公民。要堅持以為人民服務為核心，以集體主義為原則，以愛祖國、愛人民、愛勞動、愛科學、愛社會主義為基本要求，以社會公德、職業道德、家庭美德為著力點。但是，要建設好社會主義道德不是一蹴而就的事情。道德建設需要一個過程，不是一兩天就可以速成的。治理道德失範現象的對策，筆者從道德的角度來看主要有以下兩點思考。

（一）從客觀上來說，必須堅持經濟發展和道德教育同步進行

貧窮是一種病。沒有物質財富，社會秩序的運行將失去根基，更無法保證現代化的實現。人類的幸福生活應當建立在一定的物質基礎之上。現代社會如車子、房子、教育、醫療費用等等壓得很多人踹不過氣來，所以經濟發展對人們來說的確很重要。董仲舒提出，「正其誼（義）不謀其利，名其道不計其功」（《漢書・董仲舒傳》），多少有點不適應現代社會的實際，也顯得有幾分矯情和虛偽。至於朱熹說的「遏人欲而存天理」（朱熹《孟子集注・梁惠王下》），就顯得更為迂腐和不食人間煙火了。當然視錢如命，把人生的一切目的都化成對金錢的追求，貪得無厭，那就成守財奴了。寧願坐在寶馬車裏哭，不願意坐在自行車上笑，一切為了金錢，那是缺德的人。取之有道，用之有度，才是合理的。因此，在堅持經濟發展的同時，必須堅持道德教育。道德是人存在的方式，是顯現在實踐含蘊中的意識形態，是人的自我實現，是人成為人的內在規定性，是一種智慧，也是人的第二天性。因此，經濟發展應當與道德教育同步進行，這樣才有可能消除道德失範現象。道德教育不是自我犧牲，而是自我實現；道德教育不是壓制人，而是發展人，成全人。

（二）從主觀上來說，應當努力學習優秀傳統文化道德知識，堅持為他人為社會服務的理念

知識就是力量，知識能改變性格命運，塑造人格。知識可以照亮人生，沒有知識，人就很難真正認識自己。人生不是一場等待醒來的夢，一個沒有知識的人，一旦失去自己的價值判斷就很容易遊戲人生。遊戲人生是對生命的戕害。

現代的中國社會，過去的那種為了溫飽而奮鬥的生活已經不是多數人的命運，現在的人應當在有限的生命時間中要追求自己高質量的生活，追求更好地為他人為社會服務，以便更好地實現自我價值。追求精神的愉悅、肉體的健康、社會的和諧等等，都是我們期待的。但是，如果一味地追求自己物質欲望就很容易迷失自己，使自己陷入生命的沉淪。整天陷入不滿足的狀態的人，生活的質量如何提高？幸福生活如何實現？

筆者認為多讀讀儒家、道家和佛學等傳統優秀的經典，可以很好地安頓多數人飢餓而浮躁的心靈。儒家的道德價值系統是維繫中國人精神的重要紐帶，也是中國人安身立命和經世致用的重要理論系統之一。如果說儒學參與了中國古典政治的博弈，這是成立的，但是，如果說儒學就是封建專制主義的統治思想，那是對儒學為主體的中國傳統文化的誤讀。所以，徐復觀先生認為，與其說儒學參與了中國古代專制政府，不如說他為中國專制政府壓制下廣大人民提供了一種精神上的安慰，為廣大人們的安身立命和經世致用提供了價值標的。

孟子的「富貴不能淫，貧賤不能移，威武不能屈」（《孟子‧滕文公下》），讓我們看到了人格正直的偉大力量；范仲淹的「先天下之憂而憂，後天下之樂而樂」，讓我們在利他的倫理精神中得到人性的昇華；文天祥的「人生自古誰無死？留取丹心照汗青」，用詩歌的形式宣告剛毅正大的道德力量是不可戰勝的，激勵了一代又一代為國家和民族的進步而前仆後繼的志士仁人；顧炎武提出的「保國者，其君其臣肉食者謀之；保天下者，匹夫之賤與有責焉耳矣」（《日知錄‧正始》卷十三），「生無一錐土，常有四海心」（《顧亭林詩文集‧秋雨》），告訴我們人不能僅僅為自己，人常常需要超越自己走向他人，人人有責任有義務為國家和民族的發展貢獻自己的青春和才華……，這一切的一切說明努力學習傳統優秀道德文化知識，堅持為他人為社會服務重要的意義和價值。

生命的意義不在於你得到多少而在於你付出多少，正如法國著名倫理學家居友所說，人常常需要超出自己走向他人，一個正常的成熟的人都有著多餘自己的痛苦所需要的眼淚，也都有著多餘自己的幸福所證實的更多的歡樂。人不能過於悲觀也不能過於樂觀，因為過分的悲觀可能是一種為生活的不幸所嚴重傷害了的道德情感的不健康的過度刺激的症候；相反，盲目的樂觀卻常常表明著對一切道德情感的一種無動於衷和麻木不仁。[5](P162)

當然，要消除社會道德失範現象還應當堅強法制教育、完善社會各項措施、懲治貪污腐敗等等。要想消除社會道德失範現象不是某個方面做得很好就能徹底成功的，而是要和諧地綜合地運用各種政治、經濟、社會、道德等因素才能產生效果。

總之，我國的道德建設需要一代又一代社會主義建設者努力奮鬥，只有這樣才能防止道德失範現象；只有這樣才能建設具有中國作風和中國氣派的社會主義倫理精神文化；也只有這樣社會主義倫理文化才能為我國政治、經濟和文化建設提供智力資源，才能使我國人民生活在安寧、祥和和富足之中。

參考文獻

〔1〕溫家寶，〈講真話 察實情——同國務院參事和中央文史研究館員座談時的講話〉〔N〕，《光明日報》，2011 年 4 月 18 日，第 3 版。

〔2〕霍韜晦，《從反傳統到回歸傳統》〔M〕，北京：中國人民大學出版社，2010 年。

〔3〕〔美〕E‧希爾斯，《論傳統》〔M〕，傅鏗、呂樂譯，上海：上海人民出版社，1991 年。

〔4〕錢穆，《中國文化史導論》〔M〕，北京：商務印書館，1994 年。

〔5〕萬俊人，《現代西方倫理學史》（上卷）〔M〕，北京：北京大學出版社，1990 年。

原載《重慶文理學院學報（社會科學版）》2011 年第 6 期

對當前離婚現象多維視野的檢討
——從道義到功利之愛的倫理審視

摘　要

　　近年來離婚問題越來越引起人們的關注。目前我國離婚人數不斷增多，增幅越來越高，範圍越來越廣。引起離婚率提升的原因有很多：從經濟的角度來說，主要是由極端功利主義、極端利己主義、拜金主義和縱慾主義對婚姻的戕害所引起的；從倫理道德的角度來說，婚姻主體缺乏婚姻責任意識是導致離婚率攀升的根本原因。要想遏制不斷攀升的離婚率，首先，從個體層面上說，夫妻雙方在事業上應相互支持、工作上相互理解、生活上相互照顧、感情上相互關愛，雙方共同承擔各自的責任和義務。其次，加強各自的道德修養，要不斷提高各自的業務能力和生活質量，不斷增強幸福感。最後，不斷完善國家《婚姻法》，適當增加離婚的難度。

關鍵詞：離婚率；離婚現狀；離婚原因；遏制離婚

　　現代婚姻，是指成年男女兩性以愛情為基礎，按照社會法律制度而確定的夫妻關係。婚姻是個歷史範疇，不同的時代，表現的形式不同。歷史上曾經出現過各種各樣的婚姻形式，如血婚、普那路亞婚制、偶婚制、走婚、冥婚、一妻多夫制、一夫多妻制、單偶制專偶制、一夫一妻制等等。婚姻是構建家庭的重要前提，是現代社會穩定的重要標誌之一。但是，隨著我國經濟的發展，改革的深入，一些人對婚姻的認識趨於極端化、功利化，有的甚至叫囂「寧願坐在寶馬車裏哭，不願坐在自行車後笑」，喧囂「有錢就愛，無錢不愛」，「不在乎天長地久，只在乎一朝擁有」。在這種極端功利主義的驅使下，中國目前的離婚率日益增長，這不能不引起人們的反思。那麼，當前離婚現象的狀況如何？離婚率飆升的原因是什麼？又如何遏制日益增長的離婚率？這就是本文需要討論的問題。

一、中國離婚現象的現狀

　　穩定的婚姻是社會發展和人自身發展的重要條件之一。妻子和丈夫是婚姻必備的因素，兩者處於同等重要的地位，缺一不可。《說文解字》說：「妻，婦與夫齊者也。」《白虎通義》說：「妻者，齊也，與夫齊體。自天子下至庶人，其義一也。」（《白虎通義·嫁娶·右論妻妾》卷十）這都說明了夫妻關係的重要性。因此，在婚姻生活中，夫妻必然居於同等重要的地位。所以，《孔子家語》強調：「妻也者，親之主也。」（《孔子家語·大婚解第四》卷一）但是，一些人因為受到各種各樣非正義觀念的影響，盲目追求自我利益的最大化，在發展自我的同時，無視他人的價值，將別人的存在視為自己進步的階梯，將自己的快樂和幸福建立在別人的痛苦之上。我們從當前中國的離婚現象就可以得到相關的證明。目前我國離婚現象的主要表現有以下兩個方面：

（一）離婚人數不斷增多，增度越來越快

　　我國的離婚人數越來越多，從民政部每年的民政事業統計數據可以清楚地看到，離婚的絕對數量在大幅度增加：2002 年我國離婚總量為 117.7 萬對，2003 年為 133.1 萬對，2004 年為 166.5 萬對，2005 年為 178.5 萬對，2006 年已經達到 191.3 萬對。與 1978 年的離婚總量 28.5 萬對相比，27 年後的離婚絕對值增長了 162.8 萬對。2005 年結婚對數為 823.1 萬對，與離婚對數相比，離結率為 21.69%，與總人口相比，粗離婚率為 2.73‰。[1] P23~27 計算離婚率

的方法是，一定時期內（一般為一年度）某地區離婚人數除以總人數，通常是用千分率來表示，用公示表示即為：離婚率＝（年內離婚人數÷年度平均總人口）×1000‰。2013 年 6 月 19 日民政部發佈《2012 年社會服務發展統計公報》顯示：2012 年依法辦理離婚手續的有 310.4 萬對，增長 8.0%，粗離婚率為 2.3‰，比 2011 年增加了 0.2 個千分點。數據還顯示，該年依法辦理結婚登記 1323.6 萬對，粗結婚率為 9.8‰，比上年上昇了 0.1 個千分點。由此可見，我國的離婚率這些年一直在上昇，離婚人數也在不斷增多，速度也在不斷加快。

（二）離婚涉及面廣

離婚涉及面廣，主要指離婚的年齡結構廣、職業分佈面廣、涉及地區廣和涉及民族多。

年齡結構廣。改革開放 30 多年來，我國離婚率涉及人口年齡結構廣。以前 30～40 歲是離婚的主體，現在看來，離婚人群不僅有 80 多歲的耄耋老者，也有新婚燕爾的 90 後夫妻。具體說來離婚的年齡結構層次包括老夫少妻、老妻少夫、夫妻年齡相當的。從離婚當事人的年齡來說，包括 50 後、60 後、70後、80 後和 90 後的夫妻。

涉及職業面廣。新時期以來，離婚夫妻涉及的職業也非常廣泛，有公務員、企業與事業單位職工、醫生、教師、律師、農民、個體經營戶和無業者等等。

涉及的地區廣。我國新時期以來的離婚率涉及的地區廣，從東部到西部，從沿海到內地，從北方到南方，從城市到鄉村都有。其中北京、上海、廣州和深圳等一線城市是離婚的高發區域。

離婚涉及面的民族多。依據相關數據顯示，離婚涉及的民族眾多，漢族、壯族、維吾爾族等民族都有離婚的。除了前文顯示的數據之外，我們這裡以新疆自治區為例來說明。據第五次人口普查資料，2000 年新疆各個主要的少數民族人口的婚姻狀況表現出與 1990 年的情況有所不同的特點。新疆幾個主要少數民族人口中，除了哈薩克族人口中離婚率（0.78%）略低於全國平均水平（0.9%）之外，其他民族人口離婚率都明顯高於全國人口平均水平。其中，維吾爾族人口離婚率仍然是最高，達 4.2%，比全國平均水平高 3.67 倍，其次是烏孜別克族和柯爾克孜族，分別是 3.96%和 3.05%，比全國平均水平高 3.4倍和 2.39 倍，其他民族基本上在 1%～2.5%之間。[2] P54~59 由此可見，新時期

以來，我國離婚涉及範圍非常廣泛。

二、中國離婚率飆升的原因

新時期以來，我國離婚率飆升的原因多種多樣，學術界對此有各種不同的看法。筆者認為，我國離婚率的飆升有經濟的原因、倫理道德的因素和法律制度方面的因素。

（一）從經濟學的角度來說，是由極端功利主義、極端利己主義、拜金主義和縱慾主義對婚姻的戕害所引起的

極端功利主義和極端利己主義往往追求自我利益最大化，忽視和無視他人、社會、集體和國家的利益。在婚姻關係中，持這種觀點的人，往往以自我為中心，認為他人是為自我服務和效力的工具。在現代生活中，一些女性常常把一句口頭禪掛在嘴邊：「嫁漢嫁漢，穿衣吃飯」。也就是說，在這些女性的眼中，丈夫只不過是養活自己的工具，至於自己對家庭要盡多大的責任，這是可以忽略的。對男性來說，持這種觀念的人認為，妻子不過是自己娶回家裏的長期免費保姆，是照顧自己生活的「丫鬟」，而自己到底應該怎樣關心妻子則可以忽略不計。此外，在戀愛過程中，戀愛當事人，不論是男性還是女性，有的是一種原始的本能衝動，也許男性看重的是女方的美貌，女性看重的是男性的財富和權勢。同時，也可能是因為兩人彼此內心的空虛引起的「愛情」。因此，戀愛過程相互之間是各有所需的，所以進入婚姻之後，彼此的目的都暴露無遺。如果此時夫妻之間沒有堅強的愛情做後盾，婚姻就很可能滑入離婚的邊緣。

我們可以從近年來各個城市的徵婚廣告中看出這種傾向。通常男性的徵婚廣告是：某某，男，××學歷，××學位，年齡××，身高××，職業××，有房有車有門面，身體建康，欲覓未婚女性，無婚史，年齡××到××，共結秦晉之好。女方的徵婚廣告是：某某，女，年齡××，欲覓××年齡到××年齡的男性為伴，要求男性身體健康，有房有車有固定工作。這樣的徵婚廣告基本上是一種功利主義的徵婚方式，是物質主義婚姻的表達。徵婚人顯示的是自己的身體狀況和財物狀況，而往往忽視應該對戀愛方秉持一種責任和關愛，因為在婚姻中最重要的不是物質，而是愛情。

拜金主義，是把金錢視為具有魔力或者法力無邊的神予以崇拜的觀念和思想體系。認為金錢貨幣不僅萬能，而且是衡量一切善惡是非的價值標準。[3]

[P31] 在戀愛中，當事人看重的不是這個人，而是這個人之外的東西，如金錢、房子、車子或其它財富。這種看重婚姻之外的東西，一旦對方失去金錢、房子、車子或其它財富，婚姻就很容易破裂。這就是為什麼在現代商業交易中一旦男方或女方生意失敗，或者失去財富來源，妻子或者丈夫就各自勞燕分飛，正應了那句「夫妻本是同林鳥，大難臨頭各自飛」的古語。

縱慾主義，是指無限制地放縱自己的欲望、盡情享樂而不計後果的思想觀念和行為體系。[3][P31] 這種人體現在戀愛婚姻中，就是彼此消費自己的身體，認為「今朝有酒今朝醉，明日無酒喝涼水」，甚至認為，「不在乎天長地久，只在乎今朝擁有」。這種醉生夢死、紙醉金迷的戀愛動機、戀愛行為自然是不可能長久的，以這種動機締結的婚姻也是很難天長地久的。

婚姻必須以愛情為基礎，「沒有靈魂的家庭生活，是家庭生活的幻覺。」[4][P368] 僅僅以性欲或肉欲為目的的愛情，那不是愛情，而是人類原始本能的衝動，絕對不是現代文明愛情觀的體現。德國著名哲學家黑格爾說：「愛情裏確實有一種高尚的品質，因為它不只停留在性欲上，而是顯示出一種本身豐富的高尚優美的心靈，要求以生動活潑、勇敢和犧牲的精神和另一個人達到統一。」[5][P332] 真正的婚姻是相互各自承擔自己的責任，婚姻不僅是當事人的權利，而且是一種義務，是權利和義務的統一。但是，一些夫妻只看到自己的權利而忽視了自己的義務，丈夫不願承擔丈夫的責任，妻子不願承擔妻子的責任，這樣的婚姻很難長久維持。

總之，在婚姻中，有的當事人奉行極端功利主義、極端利己主義、拜金主義或縱慾主義觀念，這是導致婚姻破裂的重要原因。

（二）從倫理道德的角度來說，婚姻主體缺乏婚姻責任意識是導致離婚率攀升的一個根本原因

倫理道德的目的是解放人、發展人和成就人的，是使人不斷從自我走向他人。但是在現代社會中，婚姻當事人看到的是自我的權利，往往忽視了自己對婚姻應當承擔的責任。

妻子只關心丈夫一個月交多少錢回家，缺少對丈夫工作壓力的理解和情感的關心，認為只要丈夫每月按定額把錢交到家裏，就萬事大吉，否則就會大吵大鬧，甚至懷疑丈夫有外遇。這樣時間一長，婚姻就難免不出問題。丈夫有時候只看重妻子的美貌，一旦妻子年老體衰，他就往往忽視自己作為丈夫的責任，而千方百計尋找家庭外的刺激，如找「小三」、養「二奶」等。這

種忽視各自責任的婚姻，離婚是一種必然的結局。

　　隨著改革開放的深入發展，人們的生活節奏越來越快，很多夫妻因為工作或是經濟的問題，往往發生家庭糾紛。如果夫妻雙方缺乏容忍度、責任感和對家庭的義務感，那麼離婚結局遲早會到來。

　　此外，從法律制度的角度來說，離婚程序的簡化也是一個不可忽視的重要原因。目前離婚的法律程序比較簡單。只要離婚雙方離婚協議書、戶口和身份證齊全，那麼幾分鐘之內就可以辦好離婚手續。當然，除了上述因素外，人們還可以從個體的覺醒、自我意識的發覺、人的自我價值的肯定等方面提出自己的看法。

　　但是，總體上說，不論是個體的原因、社會的原因還是經濟方面的原因，離婚率越來越高已經是不爭的事實。這些不能不引起人們的反思。我們姑且不去考量或權衡離婚率的增加是利或是弊、是善或是惡。但是，有一點應當明白，婚姻不是兒戲，結婚須謹慎，離婚應小心。

三、如何遏制日益膨脹的離婚率

　　總體上說，輕率的離婚無論對男方還是女方，都是一種傷害。除非「離婚無非是宣佈某一婚姻是已經死亡的婚姻，它的存在僅僅是一種假象和騙局」。[4] P348 也就是說，這段婚姻的確是沒有愛情了，婚姻當事人彼此感覺婚姻的存在已經是一種折磨和煎熬，而且離婚對雙方都是「雙贏」的，否則最好不要輕言離婚。當然，離婚不管是出於何種理由，都會對婚姻當事人造成不良影響，嚴重的還會危害社會。對於社會來說，家庭是社會的細胞，只有家庭穩定，社會才會穩定。

　　那麼，面對新時期以來不斷攀升的離婚率，我們應當採取怎樣的遏制措施？筆者認為有以下幾點可以參考。

（一）在個體層面上，夫妻雙方應在事業上相互支持、工作上相互理解、生活上相互照顧、感情上相互關愛，夫妻雙方共同承擔各自的責任和義務

　　要想穩定婚姻，夫妻之間在事業上相互支持和幫助是應該的。古代人說，成家立業。一個人想要事業上和工作上有出色的表現，妻子或者丈夫的支持是十分必要的。所以，從這個角度來，成家是事業或者工作出色的一個重要條件。當然，我們這樣說，並不否認有的人選擇單身，也能在事業或工作中

做出出色的成績。一個人建立一個健康幸福的家庭對其事業和工作的發展不僅不是障礙，相反，家庭是一個人在事業上和工作上極為重要的後盾。通常人們說，一個成功的男人背後必然有位成功的女人，同樣，一個成功的女人背後必然有位成功的男人。這個背後的人，通常是指妻子或者丈夫。當然，不排除有所謂「知心」的異性朋友存在，但這畢竟是少數。

我們認為，夫妻之間不論是在家庭生活上，還是在工作或者是在情感上，相互幫助、相互支持、相互理解，這對雙方的發展都是有利的。比如，在家庭生活中，有的夫妻強調夫妻共同上班，家務勞動共同承擔；有的強調男主外、女主內；也有的強調女主外、男主內等等。這些對家庭的穩定無疑是有幫助的。但是，如果丈夫認為娶妻回家本質上就等於雇傭了一個長期保姆，不顧及妻子的感受和心情。或者妻子認為，丈夫就是自己的衣食來源，自己的一切都應當由丈夫來照顧和料理，自己不想或者是不願承擔義務和責任。這些極端的觀念和行為都不利於婚姻家庭的穩定和發展。

在婚姻家庭中，只有堅持男女平等、一夫一妻、和睦相處和勤儉持家的原則，夫妻之間彼此相互理解、相互體貼、相互敬重、相互關愛、相互信任、相互勉勵、相互幫助、相互體諒、相互安慰，婚姻家庭才能穩定。

（二）加強各自的道德修養，雙方不斷提高各自的業務能力和家庭生活質量，要不斷增強幸福感

道德修養是一個人社會化最基本的途徑之一。一個人缺乏道德修養，不僅不能在家庭生活中處理好家庭成員之間的關係，在社會關係中也很難與各行各業的人和睦相處。婚姻關係本質上是一種社會關係，道德修養在婚姻關係中處於十分重要的地位。如果一個人與另一個人締結婚姻的動機不是出於愛情，而是出於經濟目的、權勢目的或者是肉體色欲的目的，那麼這種婚姻就很難長久。

婚姻主體雙方只有不斷加強自己的道德修養，同甘共苦，相沫以濡才能把婚姻堅持到底。也只有通過雙方的共同努力得來的幸福，彼此才會懂得珍惜。婚姻生活是由一連串的瑣碎的家庭事務構成，如夫妻各自的發展、子女的教育、老人贍養問題、計劃生育問題等等。現在一些家庭，尤其是80後、90後的婚姻家庭，夫妻雙方都是獨生子女，彼此在結婚前都是家庭裏的「小皇帝」、「小公主」。以前這些「小皇帝」、「小公主」是衣來伸手，飯來張口，締結婚姻後家庭的柴米油鹽、吃喝住行、朋友之間的人情交往、親戚之間的

迎來送往等等，都需要婚姻當事人親自處理。但是，如果彼此之間依賴對方，那麼被依賴的一方遲早也會對婚姻產生疲勞。因此，長久的婚姻是需要經營的，是需要付出努力的。畢竟婚姻是由兩個不同家庭背景下成長的人締結而成的。

現代一些人受到功利主義、極端利己主義的影響，他們渴望愛情，渴望婚姻，但是往往又懼怕愛情和婚姻。本質上，這種懼怕，不是別人給的，而是自己給的。更多的人內心是不願意為對方付出，生怕自己嫁錯了或者娶錯了，讓自己吃虧、受苦。如果一個人願意為家庭付出，願意為對方付出，那麼婚姻就沒有想像的那麼可怕。不僅不可怕，相反，婚姻還很幸福。因此，培養一種吃苦耐勞、理解寬容、敢於承擔的婚姻道德十分重要。

（三）不斷完善國家《婚姻法》，適當增加離婚的難度

我國現行的《婚姻法》規定的離婚程序十分簡易，只要雙方持有離婚協議書、戶口本和身份證，到民政局婚姻登記處登記離婚，幾分鐘就可以辦理好離婚手續。當然，這種簡易的離婚程序，對那些的確感覺婚姻的存在是一種煎熬的夫妻雙方來說是一種解脫。但是，很多夫妻離婚往往是出於衝動，夫妻吵架導致離婚的占絕大多數。很多人離婚後冷靜下來一想，其實彼此還依戀對方，往往後悔不已。當然，雙方在相互商量之後，是可以復婚的。但是，一段婚姻沒必要去經歷離婚復婚的程序，與其這樣，離婚的時候就應該想清楚。再說，離婚復婚後的婚姻，無論怎樣圓滿，總還是因為有過離婚的記錄，這不能不說是一種遺憾。

我們認為，應該適當增加離婚的難度。假如國家法律規定，離婚前夫妻雙方應該先到街道辦事處婚姻調解處或者是到鄉（鎮）人民政府婚姻調解處調解。由婚姻調解處出示調解證明。等三個月或者半年之後，夫妻雙方如果感覺婚姻真的無法維持了，再到民政局婚姻調解處調解，出示調解證明。再等三個月或者半年，夫妻雙方若真感覺婚姻存在已經沒有必要，然後到民政局登記離婚。這時辦理離婚手續，除了夫妻雙方提供離婚協議書、戶口本和身份證之外，還應當再加兩份婚姻調解證明材料，才允許辦理離婚登記手續。這樣離婚的時間至少可以推遲半年或者一年。用半年或者是一年的時間來思考是維持婚姻還是離婚，對於任何一個正常的成年人都是可以考慮清楚的。經過深思熟慮後選擇離婚，至少可以做到不後悔、不遺憾。當然，自古至今，婚姻就是一個複雜的實體。我們這樣分析，只是我們對離婚程序問題的一種

假設，也許實際的離婚問題比這要複雜得多。但是，無論怎樣，離婚總不是每個人喜歡經歷的事。

總之，為了家庭的穩定，社會的穩定和個體生活的穩定以及心理情緒的穩定，我們提倡結婚須謹慎，離婚應小心，相識相愛不容易，婚姻更不易，且活且珍惜。

參考文獻

〔1〕轉引自夏吟蘭，〈對離婚率上昇的成本分析〉〔J〕，《甘肅社會科學》，2008 年第 1 期。

〔2〕艾尼瓦爾·聶吉木，〈新疆維吾爾族人口離婚率變動趨勢淺析〉〔J〕，《新疆社會科學》，2005 年第 4 期。

〔3〕朱貽庭，《倫理學大辭典》（修訂本）〔M〕，上海：上海辭書出版，2011 年。

〔4〕《馬克思恩格斯全集》（第一卷）〔M〕，北京：人民出版社，1995 年。

〔5〕黑格爾，《美學》（第二卷）〔M〕，北京：商務印書館，1979 年。

〔6〕羅國傑，《倫理學》〔M〕，北京：人民出版社，1989 年。

〔7〕《倫理學》編寫組，《倫理學》〔M〕，北京：高等教育出版社、人民出版社，2012 年。

〔8〕王澤應，《倫理學》〔M〕，北京：北京師範大學出版社，2012 年。

原載《求知導刊》2014 年第 5 期

論大學畢業生就業難的癥結及其對策*

摘　要

　　大學畢業生就業難不僅是中國當前面臨的一個重要社會問題，也是全球高校面臨的難題。大學專業教育存在的缺陷、大學生自身的知識結構不夠完善、社會就業的關係本位和就業歧視的存在是大學畢業生就業難的主要癥結。要想實現大學畢業生順利就業，就應當實現學校個性化教育、全面提高和綜合發展大生學自身素質和能力，大學生應當轉變就業觀念，樹立開放的多元性、前瞻性的就業思維理念，同時，國家應當完善各項法律法規，剷除社會關係本位和潛規則的存在，建立公平、公正、合理的社會就業機制和就業環境。

關鍵詞：大學生；畢業；就業

＊本文爲合著，筆者爲第二作者，第一作者是貴州理工學院歐陽德君博士。

2013 年是中國歷史上最難的就業年，全國有近 700 萬名大學畢業生。全國大報小報、各種電視媒體網絡對此事件的報導，風聲水起，洶潮澎湃。「就業難」就像瘟疫一樣躥入中國的大街小巷，天南海北，甚至導致一些人產生新的「讀書無用論」，放棄千辛萬苦得來的大學入學的機會。原本這些莘莘學子是象牙塔裏的姣姣者，可是為什麼一畢業就變成失業的「知識群體」？這些彷徨的「知識分子」就業難的癥結究竟何在？我們如何破解大學畢業生就業難的「斯芬克斯之謎」？以筆者近來的觀察和思考，就此問題提出自己的愚見，以便拋磚引玉。

一、大學畢業生就業難的癥結

首先我們要說明的是，本文所說的大學教育與高等教育，不作嚴格的區別，為了行文和論述的需要，有時候使用「大學教育」，有時候使用「高等教育」一詞，但都是指在校的全日制大學生，這裡不包括聲勢浩大的高等教育自學考試的在籍學生或畢業生。從這個角度來說，大學生就業難具有多方面的問題，有大學本身專業教育的問題，有大學生自身的問題，也有社會問題。

（一）大學專業教育存在缺陷

我國自 1977 年恢復高考制度以來，高等教育經歷了長足的發展，各類學科也相當齊備。尤其是世紀之交，中國大學全方位的擴招，使我國的高等教育，由原來的精英教育變成大眾教育。這不僅提高了受教育個體認識世界和改造世界的認識水平和認識能力，而且提高了我國人口的整體文化、科學素質。這對我國社會主義現代化事業的發展，起到了無法估量的作用。從這個角度來說，大學的發展和擴招是順應了歷史發展潮流，其勢不可擋。誰想關閉大學的擴展之門，誰就是中國高等教育的歷史罪人。不過，我們在發展高等教育的同時，卻忽視了一個十分重要的因素，那就是大學專業教育的個性化、特色化和全面化的問題。

我國今日大學的學科體制是完全模仿西方而建立的，學科類別按照「學科門類」、「學科大類（即一級學科）」、「專業」（即二級學科）三個層次來設置的。2011 年教育部頒佈《授予博士、碩士學位和培養研究生的的學科、專業目錄》，把我國的學科門類分為：哲學、經濟學、法學、教育學、文學、歷史學、理學、工學、農學、醫學、軍事學、管理學和藝術學 13 大門類，通常每個學科大門類下設置若干一級學科，如文學門類下設有中國語言文學、外

國語言文學、新聞傳播學等 3 個一級學科。高校本科招生設計的專業，通常是按一級學科招生，如哲學。但也有按照二級學科來招生的，如哲學一級學科下設馬克思主義哲學、中國哲學、倫理學、美學、宗教學等 8 個二級學科，而中國人民大學就有招收倫理學本科生和宗教學本科生的計劃。研究生招生一般都按照二級學科專業來招生。從學科的設計來說，相對是比較合理的，具有多樣性。

但是，我國的高等教育專業的課程設計往往缺乏個性化、特色化和全面化。全國各大學設計的課程幾乎是千篇一律，從「985」、「211」重點大學到一般的高等專科學校，同樣的專業其課程設計基本上是一樣的。以漢語言文學為例。漢語言文學專業可以說是中國高等教育的特色專業，只要是中國的高等教育學校，基本上設有漢語言文學或漢語言文學教育專業。但是在課程設計上，全國的漢語言文學專業學習的課程基本上是相同的。像古代漢語、現代漢語、文學理論、中國文學史及原著選讀、外國文學史及原著選讀、中國文學批評史等這樣的專業核心課程是一樣，這無可厚非。但是漢語言文學專業要學習的不僅僅是這些。它除了專業核心課程之外，還應當設計相當多的通識課程，這些通識課程的設計是為學生自我發展的需要而設計的。學生可以根據自己發展和職業規劃的需要來選擇自己需要的通識課程。這樣經過四年或三年的大學學習，就會形成自己的就業優勢。能比較理想的找到自己想乾和能幹的工作。可是，現在很多的漢語言文學的本科畢業生，一不會說，二不會寫，個別的甚至還心高氣傲，好高騖遠，缺乏個性修養和道德素養。這樣的畢業生在就業市場上就很難找到滿意的工作。

因為大學專業學的課程是一樣的，缺乏自己的特色，而就業市場往往是靈活的、個性化的。這樣大學批量培養出來的畢業生，是同一個標準和水平，這與就業市場和工作崗位的個性化、專業化格格不入。這樣就造成了企業急需要人，但卻招不到合適的人，而大學畢業生急需要就業，但是卻找不到合適的工作的矛盾。產生了招聘和就業格格不入的怪圈，出現的結果是：企業招聘難，學生就業難。

從這個角度上來說，大學專業教育存在缺陷無形中成了大學生就業難的一個重要障礙。

（二）大學生自身的知識結構不夠完善

大學畢業生就業難的另外一個癥結就是大學畢業生自身能力的欠缺。21

世紀的大學生，是在「鼠標」下長大的，這與 20 世紀 80 年代剛剛結束「文革」，恢復高考後考上大學的那一代人，對大學的感受和認識是完全不同的。80 年代大學生，如癡如醉地獲取知識的現象在當前大學校園裏已經很少覓見了，除非是部分學生為了考研究生或者忙於出國。

當前大學普遍流行功利主義教育理念，不僅高校教育市場化、產業化，學生在選擇專業時往往不是考慮能夠學到多少知識，而是首先考慮到學該專業的就業前景。前幾年聽說新聞學專業就業前景很好，於是大家一陣風似地去學新聞學，後又聽說法學專業就業形勢非常樂觀，大家又是一陣風似地去學法學，再後來聽說計算專業機就業形勢供不應求，大家又是一陣風似地去學。結果目前的就業數據顯示，新聞學、法學、計算機這樣曾經炙手可熱的專業，現在變得門前冷落車馬稀。

受功利主義和圖書市場上一些鼓勵投機發財和描述一夜暴富心理的影響，現在很多大學生在報考專業時，首先考慮的是這個專業的就業前景，而不考慮自己是不是真的在大學四年或三年能學好這個專業，或者將來能不能適應這個專業的工作。在大學期間，學生普遍存在「專業主義」傾向，凡是和自己的專業相關的就積極學習，不相關的就消極懈怠，隨意曠課、缺課、遲到、早退等。如學漢語言文學，學生只對《中國文學史》或者《文學理論》感興趣，學哲學的只對《中國哲學史》和《西方哲學史》感興趣，其它的不願意學習。同時，現在的中國大學基本上是採取學分制，出於混學分的考慮，很多大學生對學校開設的通識課和公共必修課視而不見，聽而不聞。就算是去上課，也是心不在焉。玩手機、看短信、上網、聊 QQ，或者乾脆坐在教室後面趴著睡覺。在一些學生看來，學校開設的通識課是為專業課服務的。在這種重專業輕通識課或公共課的心態下，通識課或者公共必修課，就成了學好專業課的工具和手段。結果，學生畢業，專業也沒學好，做人的道德修養也沒提高，既不懂專業，也不懂做人做事。也就是「德商」、「情商」和「智商」都沒有很大的提高。這就造成了大學畢業生知識結構的不完善。這種不完善的知識結構給大學畢業生就業帶來的不僅僅是一時的困惑，這種影響有的甚至是終生的。

其實，對市場經濟視域下的大學生來說，專業學習和通識課、公共必修課的學習是相輔相成的，兩者都很重要。因為對大學畢業生來說，在就業市場上，有的工作崗位需要的專業性較強，有的可能就不需要很強的專業，但

需要很強的人際溝通能力。試問，當局長的有局長專業嗎？當鎮長的有鎮長專業嗎？因此局限於「專業主義」的教育，對大學生來說危害不少。專業教育和通識教育、公共課教育平衡協調發展，對學生來說是終生受益的。這正如臺灣著名學者黃俊傑教授所說：「我們可以將通識教育作為一個文化創新運動，閱讀偉大而深刻心靈所留下來的記錄，也就是古今中外偉大的經典著作，這是通識教育的一條坦途；甚至是自然科學課程，如果老師在教學之餘，讓學生重讀中文翻譯的愛因斯坦相對論，並一起討論，對老師及學生都是終身受用不盡。」[1] P84 所以，大學生為了將來能順利就業，就應該完善自己的知識結構，全面發展，而不應當陷入自己狹隘的專業主義的陷阱之中不能自拔。

（三）社會就業關係本位的存在

所謂關係本位，就是在就業市場中，某些人利用手中的權利或者影響力無視就業市場的公平、公正、公開原則，暗地或者變相暗地為自己的子女或者親屬實現就業利益的最大化，而將本來符合條件的就業者排斥在就業崗位之外的一種思想觀點和行為。這種思想和行為破壞了就業市場，人為地干擾了人力資源的環境。

就業市場的關係本位，可以分為權利關係、金錢關係、地緣關係、學緣關係、和血緣關係本位。當然，這種分類也只是理論上的，在實際招聘中，可能還要複雜得多，往往是多種關係本位的參與。如有的領導是人社局局長，如果他的子女參加公務員考試，儘管按照公務員迴避原則，該局局長會迴避有親屬參加的考試。他儘管迴避了，但是他可能也會利用手中的權力和自己的影響力，暗地裏向相關人員打「招呼」，請相關人員暗地裏「照顧」。這就至少包含權利關係本位和血緣關係本位。如果這個局長打招呼的人就是他的同學或者老鄉，這就涉及學緣和地緣關係。

我國關係本位思想具有漫長的歷史，對於正處於當前社會主義轉型時期的中國就業市場來說，就業中的關係本位還依然存在。如一些招聘單位設計的「蘿蔔招聘」、隱形招聘、內部招聘等等就是明證。這種關係本位的存在，為那些從農村考入大學的畢業生和沒有良好的社會關係的大學畢業生來說，就增加了就業難度。

總之，關係本位的存在破壞了公平公正公開的就業市場，影響了正常招聘程序。但是，關係本位的存在是個比較複雜的問題，需要進一步完善國家

法律法規和提高招聘人員的思想道德文化素質，才會進一步完善中國的就業市場。

（四）大學畢業生就業歧視的存在

就業歧視政策的存在也為大學畢業生就業增加了難度。就業歧視多種多樣，主要包括性別歧視、學歷歧視、身體歧視和地域歧視等。

性別歧視，主要指在就業市場中，很多招聘單位往往重視男性輕視女性求職者，而在一些特別適合女性工作的崗位，往往「美女」就比「醜女」好就業。這種性別歧視與應聘者的知識結構、專業水平和思維能力及人際關係溝通能力等無關。就目前的中國就業市場來看，同等條件下的男性大學畢業生往往比女性大學畢業生好就業。這種就業歧視，也嚴重困惑了大學畢業生的就業心理。所以，有的女大學畢業生，宣揚「學得好不如嫁得好」，有的甚至一畢業就逃離或者盡量避開就業市場，選擇「畢婚」。

學歷歧視是指一些招聘單位，只看重點大學的畢業生尤其是「985」、「211」大學的畢業生，而一般大學的畢業生往往就被忽視。有的就業還學歷追查「三代」，要求本科、碩士和博士都是「985」或「211」大學畢業的，否則就很難成功就業。中國有句古話：「英雄不問出處」。只要是本科、碩士和博士畢業生，不論以前他讀書如何，但是只要是現在的應聘者達到了招聘單位規定的學歷和學位要求，就應該給應聘者一個公平的就業機會，而不是拒之門外。這種學歷歧視，給很多合格的大學畢業生帶來了求職的巨大障礙，嚴重的甚至還會影響求職者的身心健康，形成自卑心理。

地域歧視在就業市場中也是存在的，如有的單位要求本地戶口，非本地戶口不要。尤其是在一線大城市如北京、上海、廣州等的招聘更看重這些。有的招聘單位優先考慮北京、上海高校的畢業生，西部或者落後地區高校畢業生同等條件下往往不被看好。

總之，就業市場歧視性條件的存在，為大學畢業生就業無形中增加了難度。如果不打破這種先天性設計的招聘條件的不合理性，就很難實現公平就業。

二、如何破解大學畢業生就業難的「斯芬克斯之謎」

大學畢業生是「失業的知識群體」，這些「失業的知識群體」不僅僅是中國大學擴招後獨有的問題，而且是一個世界性的問題。美國、法國、德國等

大學畢業生照樣存在失業現象。但是，中國作為一個人力資源豐富的大國，國家培養一名大學畢業生花費了巨大的社會成本和資本成本，如果大學畢業生不能實現正常的就業，這不僅為就業個體和家庭的生活帶來經濟困境和社會輿論壓力，而且會造成國家和社會人力資源的極大浪費。這無論對大學畢業生個體，還是對社會和國家來說都是一個巨大的損失和巨大的人才資源的浪費。因此，如何破解大學畢業生就業難的「斯芬克斯之謎」，就成為大家亟待解決的問題。筆者嘗試從以下幾個方面來解決這個問題，儘管是管窺陋見，但希望能拋磚引玉，引它山之石。

（一）學校個性化教育和培養

學校個性化教育和培養是解決大學畢業生就業難的首要條件。當然，標準化的教學大綱和教學要求，培養學生德、智、體、美等全面發展的教育宗旨是必須遵守的，不能放棄和任意篡改和歪曲。我們應當在這個原則下，實行多樣化、個性化和特色教育模式，全國同樣的專業應開設不一樣的課程。缺乏個性的教育，培養出來的學生就往往是同一個標準，這如同同一工廠生產出同一標準化的產品一樣，這就很難在就業市場上具有競爭力。如同世界上沒有一片相同的樹葉一樣，世界上也沒有完全一模一樣的人和一模一樣的招聘崗位。不同的崗位肯定有不同的要求和特色，因此，招聘的崗位也是千差萬別的，這就需要不同特色的大學畢業生去適應不同的就業崗位，因此學校教育的個性化培養就很重要。

對於大學來說，堅持通識教育和專業教育相結合的教育模式是培養個性化行之有效的方法，應當拒絕「專業主義」或者「唯專業主義」的影響。尤其是在全球化背景下更應當破除唯功利化、唯標準化和唯考證化為目的的教育模式。舉個例子，就全國目前大學教育來說，英語教育佔有十分重要的角色。全中國的大學生，清晨的第一件事就是讀英語，從大一直到大四，無數個美妙的清晨就浪費在讀英語方面，學生的主要目的是為了考一個英語四、六級證書。其實，大學四年美好的清晨不僅僅是要讀英語，還有很多的書可以讀的。閱讀傳統文化經典就是一個很好的出路。傳統文化博大精深，通過晨讀完全可以提高學生多方面的發展。但是目前中國的大學校園裏，就算是中文系、哲學系和歷史系的學生都很難養成閱讀傳統文化經典的習慣。「英語」施虐中國所有大學校園，這無形中就造成了中國傳統文化和本土文化的缺失，使得大學畢業生成了「無根」的一代。著名學者黃俊傑教授嚴肅地指出：

「『全球化』助長了以英語為主的西方霸權文化在世界各地的影響力，其對非西方國家的大學教育的直接衝擊，就是造成這些國家的本土文化認同的薄弱或流失，使學生成為文化上失根的蘭花或飄泊的浮萍。」[1] P6

　　大學教育中的考試和頒發文憑不是目的，而是手段，大學教育應當全方面的培養學生，使得學生既具有很強的專業知識，又具有極強的創造性思維，同時具有很高的道德、法律修養和人際溝通與協調能力。也就是說大學教育應當培養的是學生「德商」、「智商」、「情商」等全面發展的學生，而不是標準化、單一化、統一化的單向度的人。只有這樣才能使畢業生在就業市場上具備競爭力和在工作崗位具備發展的潛力。這樣的畢業生才是合格的畢業生，這樣培養出來的大學生才是優秀的大學生，這樣的高等教育才是憂質的高等教育。

（二）大學生自身素質全面提升和綜合發展，轉變就業觀念，樹立開放性、多元性和前瞻性的就業思維理念

　　21 世紀是知識經濟時代，大學教育由原來的精英教育轉變成了大眾教育，因此，大學生不能再持有那種象牙塔裏的傲慢和偏見，艱苦的工作、忙碌的工作要敢去應聘，不要幻想一畢業就能擔任公司的主管或者總經理助理。大學一畢業就擔任公司或單位的領導或核心人物，不僅不可能，而且對單位和就業者本人來說都是有害的，因為沒有一定的一線經驗是不可能當好領導的。因此，大學生要在大學期間全面提高自己，不斷發展自己，打好基礎。不僅應當具備豐富的理論知識和專業知識，還應當具備豐富的實踐經驗。

　　筆者認為，大學生在校期間，最好不要整天泡在學校裏，應該採取周一到周五在校學習，周六和周日應該到校外參加社會實踐，學會生存和發展自我。參加社會實踐對大學生來說非常重要，如師範類的學生可以參加家教實踐，法學的學生可以到律師事務所實踐。而且這樣實踐不是一天兩天，而是在整個大學期間都堅持下去。有的學生缺乏這種實踐，畢業時找工作甚至還要父母帶著去。這不是現代大學生應該有的舉動。因此，全面提高大學生自身的素質和能力，綜合發展自己，全面提高自己，這是增加自己就業機會的前提條件。

　　同時，大學畢業生應該轉變就業觀點，要懂得先生存再發展，最好不要幻想一步到位。全球化時代的大學畢業生就業，基本上是很難「從一而終」

的，也就是說很難在同一地點同一單位從事同一工做到退休，因此這要求大學畢業生要有一種創造性的思維，要能適應工作性質和工作崗位及工作環境的變化。具備很強的適應能力，這也是大學畢業生應該具備的素質和能力。

更重要的一點是，大學畢業生不要一味地追求「有編制」的工作，也就是說「體制內」的工作。比如，有的學生為了考進公務員隊伍，畢業之後不先就業，而是在大學旁邊租間房子看書考公務員或考研。如今的「考試族」、「校漂族」、「北漂族」、「蟻族」等就是這樣形成的。這種大學畢業不先就業，而是繼續學習參加考試，如果家裏經濟條件能夠承擔尚可，如果家裏經濟條件承擔不起，這就給父母和自己套上無形的壓力。萬一考公務員或考研失敗，那就沒有退路可走。

因此，大學畢業生應當先選擇就業，先生存穩定下來，然後再謀發展。不能僅僅局限於一份所謂的「有編」工作，而將自己的大好青春作無謂的浪費。

（三）去社會關係化和潛規則化，完善各項法律法規，建立公平、公正、合理的社會就業機制和就業環境

現在社會，每個人都是一個單獨的個體，人人生而平等，就業機會和就業選擇也自然應當是平等的。關係本位和「潛規則」的存在破壞了公平的就業市場。我們應該要不斷完善國家法律法規，建立公平、公正、合理和正義的就業機制和就業環境，千方百計杜絕和消除關係本位和潛規則對就業市場的干擾。對於那種以權力干預、金錢賄賂和美色誘惑去干擾和攪亂就業環境的，國家應該加大懲處的力度和強度。如果沒有健全的法律體系和社會監管體系，這樣的關係本位和潛規則現象就很難杜絕和消除。

我國是社會主義國家，每個公民都應當享受就業和機會平等的權利。但是因為關係本位和潛規則的存在，讓求職者失去了公平競爭的機會，這就是不正義和不道德的。

本質上說，我國大學畢業生所佔人口的比例相對於美國來說不是多了，而是少了。但是儘管這樣，我們感覺現在的大學畢業生似乎滿街都是。其實不然，大學生基本上集中在特大中城市，而在縣城、鄉鎮和農村就業的大學畢業生的比例遠遠不夠。我國還應當完善各種法律法規，採取各種鼓勵措施鼓勵大學生去西部和廣大縣城、鄉鎮和農村就業，而不應當集中在特大中城

市。如可以提高在縣城、鄉鎮和農村工作的工資待遇和各種醫療社會保險，讓這些在縣城、鄉鎮和農村工作的大學畢業生有實現自我價值的條件和機會。這樣對緩解大學畢業生就業無疑是有幫助的。

因此，要想實現大學畢業生就業，就應當一邊要剷除和消除關係本位和潛規則，一邊要完善各項法律法規，採取各種措施和方法，鼓勵大學畢業生到適合自己的崗位上去發光發熱。

參考文獻

〔1〕黃俊傑，《全球化時代的大學通識教育》〔M〕，北京：北京大學出版社，2006年。

〔2〕方朝暉，《學統的迷失與再造：儒學與當代中國學統研究》〔M〕，西安：陝西師範大學出版社總社有限公司，2010年。

〔3〕霍韜晦，《從反傳統到回歸傳統》〔M〕，北京：中國人民大學出版社，2010年。

原載《求知導刊》2013 年第 2 期

論孔子的忠德觀及其嬗變

摘　要

　　孔子的忠德觀不是他主觀頭腦的產物，而是春秋時期社會和政治混亂的產物。他的忠德觀的主要內容是盡己為人、事君不欺和匡惡為忠。孔子的忠德觀在後世的嬗變中出現了積極和消極兩個向度。但是，現代人應該有更加理性和辯證的精神來繼承和發展孔子的忠德觀，這對發展我國特色社會主義文化具有重要的意義和價值。

關鍵詞：忠德觀；內容；嬗變

孔子（公元前 551 年～前 479 年）是我國偉大的思想家、教育家，儒家學派的創始人，他創立了以「仁」為核心價值體系的倫理學說，對中國影響深遠。他的盡己為人、事君不欺、匡惡為忠的忠德觀是其倫理學體系的重要組成部分。馬克思主義認為，思想家都是自己時代的寧馨兒，思想的誕生不能脫離時代。因此，孔子忠德觀不是從天而降的，而是他所處時代的產物。

一、孔子忠德觀產生的時代條件

孔子生活在春秋末期，當時整個社會處於倫理失序狀態，君不君、臣不臣、父不父、子不子、臣弒君、子弒父的現象普遍存在。混亂的社會現實和他個人的主觀努力為他的忠德觀的形成提供了條件。孔子是個積極進取的人，他的忠德觀的目的也就是要為這種混亂的社會現實提供一種倫理秩序。

社會和政治的混亂是孔子忠德觀形成的社會條件。公元前 770 年，周平王在強大的壓力下遷都洛邑，從此，周王室的共主地位逐漸衰落。西周時期周天子擁有至高無上的權力，周王朝的內政是「禮樂征伐自天子出」，「普天之下莫非王土，率土之濱莫非王臣」。那時周天子擁有對諸侯國生殺予奪的權力。

司馬遷在《史記‧周本紀》中記載，周成王曾經「伐武庚、管叔、放蔡叔」；周夷王曾經「烹齊哀公於鼎」。這一方面反映了周天子的殘暴，一方面更顯示了當時周天子擁有絕對權力。春秋時代，周天子的權力衰落了。例如，魯國曾經是周公的兒子伯禽的封地，是當時東方姬姓諸侯宗主國，平王東遷後，魯國並沒有執行周王的命令。等到周桓王即位以後他就盡力討好魯國，這就引起了鄭國的不滿。「王貳於虢，鄭伯（即鄭莊公）怨王，王曰：『無之』。故周、鄭交質。」（《左傳‧隱公三年》）鄭莊公還用箭射傷了周王的肩膀。這是以下犯上的一個典型。

錢穆先生認為，周王室的衰落，周王的命令不為諸侯國執行，引起的第一個現象，則是列國內亂，第二個現象是諸侯兼併。[1]（P54~55）列國內亂和諸侯兼併直接導致了社會政治秩序混亂。西周以來的「忠」「孝」觀念被打破。整個社會陷入廝殺、淫穢和兼併之中。一部《左傳》幾乎是一部春秋時期的社會秩序混亂史。

平王東遷以後，周王室已無強有力的軍隊做後盾，保證其權利被執行。各諸侯國在自己的封地，擁有稅權、賦權、軍權、司法權等，周王室無力量

控制各諸侯國的內政。原來的周王朝「禮樂征伐自天子出」變成了「禮樂征伐自諸侯出」。《左傳・宣公三年》記載，楚莊王曾經想推翻周王，自己取而代之。《左傳・隱公三年》記載，周平王死後，周桓王與虢公想聯合起來罷免鄭伯的權力，這引起鄭伯的怨恨，夏季鄭伯派人割掉了周王室的小麥，秋天又派人收割了周王室的水稻。「王崩，周人將畀虢公政。四月，鄭祭足帥師取溫之麥。秋，又取成周之禾。周、鄭交惡。」（《左傳・隱公三年》）

按照周代的制度，諸侯國要定期向周天子「述職」，而到了春秋時期各諸侯國已經不再按照「諸侯之於天子也，比年一小聘，三年一大聘，五年一朝」（《禮記・王制》）的規定了，而是周天子去結交討好各諸侯國了。「春秋之世，魯之朝王者二，如京師者一，而如齊至十有一，如晉有二十。……天王來聘者七，而魯大夫之聘周者僅四，其聘齊者至十有六，聘晉至二十四。」（顧棟高《春秋大事表・春秋賓禮表敘》）總之，「禮樂征伐自諸侯出」，使周天子的那種「光於四方，顯於西土」（《尚書・泰誓下》）的絕對權力的光環消失了。這時候周王朝王室之尊，與諸侯無異了。

同時，在諸侯國內部，則又出現了「陪臣執國政」（《史記・孔子世家》）的局面。諸侯國的權力不是由諸侯國的君主而是由諸侯國的家臣來掌握。例如，魯國國君的權力由季孫氏來控制，而季孫氏的權力則由家臣陽虎來控制。晉國趙簡子攻擊范中行，范中行則由其家臣佛肸依據封地中牟來抗擊趙簡子。（《論語・陽貨》）晉國的「六卿」也是這種情況。總之，春秋時期，「陪臣執國政」是較為普遍的現象。

春秋無義戰，社會政治集團為了各自的利益多次發動征伐兼併戰爭，社會秩序混亂，整個社會出現「社稷無常奉，君臣無常位」（《左傳・昭公三十二年》史墨語）的現象。這種君不君，臣不臣的社會現實，為孔子提出「君君、臣臣」、「君使臣以禮」、「臣事君以忠」的忠德觀提供了客觀的社會條件。

二、孔子忠德觀的主要內容

孔子的忠德觀主要包括盡己為人、事君不欺、匡惡為忠等。其具體內容如下。

（一）盡己為人

盡己為人，就是作為道德主體要盡心竭力為人做事，不存私心，不帶功

利色彩，完全是自我投入。孔子說：「居處恭，執事敬，與人忠。雖夷狄，不可棄也。」（《論語·子路》）又說：「愛之，能勿勞乎？忠焉，能毋誨乎？」（《論語·憲問》）朱熹在《論語集注》中引用蘇氏的話來解釋孔子的這句話：「愛而勿勞，禽犢之愛也；忠而勿誨，婦寺之忠也。愛而知勞之，則其為愛也深矣；忠而知誨之，則為忠也大矣。」（《論語集注·憲問》）孔子認為，為人做事應當盡心盡力，毫無保留。「言忠信，行篤敬，雖蠻貊之邦行矣；言不忠信，行不篤敬，雖州里行乎哉？」（《論語·衛靈公》）

孔子認為只有盡心竭力忠心做事，才能達到忠德的聖人境界。他說：「今之成人者何必然？見利思義，見危授命，久要不忘平生之言，亦可以成人矣。」朱熹解釋說，「有是忠信之實，則雖其才知禮樂有所未備，亦可以為成人次也。」（《論語集注·憲問》）

孔子忠德觀的「盡己為人」的內涵，體現了人的主體價值，是先秦「人」的主體意識的第一次「覺醒」。不僅如此，在孔子忠德觀的視野中，無論是富貴滿屋的貴族，還是普通百姓都有比動物更高的價值。有一次，馬廄失火，孔子首先關心的不是馬，而是人。「廄焚。子退朝，曰：『傷人乎？』不問馬。」（《論語·鄉黨》）這是對人的尊重。

那麼，如何才能做到「盡己為人」呢？第一，忠德觀的主體要有較高的道德修養。孔子把「忠」列為孔門四大教，主張「文、行、忠、信」，稱「忠」為「九思」（《論語·季氏》）之一。孔子把「主忠信」列為諸道德規範中的「至德」。第二，要堅持「忠恕」之道的原則。孔子認為「忠」的道德主體要做到「己欲立而立人，己欲達而達人」。同時，把握「忠」的對象化要做到「己所不欲，勿施於人」，要做到推己及人，不能損害他人，有一種「仁愛」的倫理精神。

（二）事君不欺

如果說盡己為人之「忠」針對的道德對象主要是一般的普通民眾，是無職無位者，那麼，事君不欺之謂「忠」針對的是有權有位的人，尤其是君主。正如前文所述，春秋時代諸侯混戰，社會出現無序狀態，孔子認為事君不欺，是解決君臣政治混亂秩序的理性選擇。孔子認為君主和臣子要相互體諒，互相信任，君臣要做到「君使臣以禮，臣事君以忠」（《論語·八佾》），臣子要「事君以禮」（《論語·八佾》），「事君，能致其身」（《論語·學而》）。可見，孔子的忠德觀具有平等性和互惠性。

儘管「唯天子受命於天，士受命於君」(《禮記‧表記》，臣子為君主效力要盡心盡力，不隱瞞，不欺騙。但是，如果君主要單方面要求臣下付出，這也是不合理的，這不符合忠德觀的倫理精神。如果君主不守君道，重色輕友，胡作非為，那麼，臣子就可以不忠於君主，就應當直言犯禁。《論語‧憲問》中說，「子路問事君。子曰：『勿欺也，而犯之』。」但是，孔子儘管主張君臣要相互尊重，如果君主單方面不尊重臣子，臣子可以離開政府，採取不合作的態度，「天下有道則見，無道則隱」(《論語‧泰伯》，「邦有道則仕，邦無道則可卷而懷之。」(《論語‧衛靈公》) 但不主張推翻君主統治，不能做亂臣賊子。孔子周遊列國，四處推行他的政治主張，但是，他從來沒有在任何國家策劃政治政變。衛靈公寵幸南子，重色不重道，孔子也只是氣匆匆地一路發著牢騷離開。

犯上作亂，做亂臣賊子不是孔子忠德觀所主張的。這與後來喜歡做王者師的孟子相區別的。孟子認為「君之視臣如手足，則臣視君如腹心；君之視臣如犬馬，則臣視君如國人；君之視臣如土芥，則臣視君如寇讎。」(《孟子‧離婁下》) 如果君主無道又不聽臣子的再三勸勉，孟子認為就扳倒君主。

(三) 匡惡為忠

孔子認為，忠不是一味的盲從，不是頑固不化的愚忠，其中還有一個重要的內容是匡惡為忠。匡惡為忠是一種善良意志，是仁的精神的表現。季康子曾經問孔子：「使民敬，忠以勸，如之何？」孔子回答說：「臨之以莊則敬，孝慈則忠，舉善而教不能則勸。」(《論語‧為政》) 子貢也問孔子何為友，孔子回答說：「忠告而善道之。」(《論語‧顏淵》)

匡惡為忠的主要就是與一切社會邪惡做鬥爭。這裡的忠德就體現為道德正義。「忠，德之正也；信，德之固也；卑讓，德之基也。」(《左傳‧文公元年》) 忠如果沒有「善」或「仁愛」的倫理內涵，那就變成了愚忠。這是孔子所反對的。在孔子的忠德思維視野中，如果忠不與「惡」做鬥爭，那與慫恿作惡並沒有兩樣。不過，孔子常常是通過行動來表達他的這種忠德的內涵。

周定公十四年（公元前 496 年），孔子由大司寇的職務升為代理宰相，為了整頓朝綱，穩定魯國的政局，上任沒有三個月就殺掉了擾亂魯國政局的少正卯。他上任三個月就把魯國社會秩序整頓得井井有條。《史記‧孔子世家》說：「(孔子) 與聞國政三月，粥羔豚者弗飾賈，男女行者別於塗，塗不拾遺。

四方之賓至乎邑者不求有司，皆予之以歸。」這正是孔子匡惡為忠所取得的社會效果。

如果說盡己為人體現的是道德實踐主體內在的道德規範，事君不欺是儒家政治哲學在社會政治實踐中的體現，那麼，匡惡為忠就是孔子忠德觀的價值體系的倫理精神，它體現了孔子的「仁愛」原則。

總之，孔子的忠德觀是匡惡揚善、成己及物、以忠濟善、以忠揚善、以忠化惡。如果一味地愚忠，善惡不分，那這種「忠」越往前走，其破壞力就越大。不僅如此，孔子匡惡揚善的忠德觀始終是堅持道德主體性的地位，「人能弘道，非道弘人。」（《論語·衛靈公》）

孔子的忠德觀不是壓抑人的個性，而是為了遏制人內心深處的邪惡和信仰的危機，其目的是要匡正社會醜陋的現象。因此，從這個意義上來說，孔子盡己為人、事君不欺和匡惡為忠的忠德觀是其「一以貫之」的精神體現，具有倫理本體論的意義。

三、孔子忠德觀的嬗變

孔子是儒家學派的創始人，後世在繼承孔子忠德觀的過程中，出現了兩種向度。一種是積極的，一種是消極的。

（一）積極的向度

孔子開創的儒家經過子思、孟子和荀子等人的發展，到董仲舒時，他向漢武帝提出「罷黜百家，獨尊儒術」的學術政策，這之後孔子的地位不斷被升格。因此，他的影響也越來越大。董仲舒結合當時流行的陰陽五行學說和傳統儒家的資源，把儒家理論改造成漢代國家意識形態。他把孔子的忠德觀上昇到了本體論的高度。他認為「聖之行，莫貴于忠，土德之謂也。」（《春秋繁露·五行之義》）在董仲舒的視野中，土德，類似於現代人講的「類本質」。董仲舒認為，忠德是土德的本質屬性，即是人的「類本質」的普遍的價值體現。因此，他還認為，國家安寧，社會和諧不能缺少忠德，否則，天下就大亂。他說：「五帝三王之治天下，不敢有君之心。什一而稅，教以愛，使以忠，敬長老，親親而尊尊，不奪民時，使民不過歲三日。民家給人足，無怨望忿怒之患，強弱之難，無讒賊妒疾之人。民修德而美好，被髮銜哺而遊，不慕富貴，恥惡不犯。」（《春秋繁露·王道》）

董仲舒最大的發展是把孔子的忠德觀上昇為官方哲學，這為漢代國家制

定以忠孝治國的政策提供了理論依據。董仲舒把「忠」提升到了「地德」的高度，認為忠德是人世上每個人都應當遵循的道德規範，不論是平民百姓，還是王公大臣，或者是高高在上的天子。他說：「地出雲為雨，起氣為風。風雨者，地之所為。地不敢有其功名，必上之於天。命若從天氣者，故曰天風天雨也，莫曰地風地雨也。勤勞在地，名一歸於天，非至有義，其孰能行此？故下事上，如地事天也，可謂大忠矣。土者，火之子也。五行莫貴於土。土之於四時無所命者，不與火分功名。木名春，火名夏，金名秋，水名冬。忠臣之義，孝子之行，取之土。土者，五行最貴者也，其義不可以加矣。」（《春秋繁露・五行對》）

宋明理學家把孔子的盡己為人、事君不欺和匡惡為忠視為「天理」。二程說：「忠者天理，恕者人道。忠者無妄，恕者所以行乎忠也。忠者體，恕者用。大本達道也。」（《河南程氏遺書》卷十一）這裡二程把忠德觀視為一種做人做事的道德標準。宋明理學家與董仲舒在繼承孔子忠德觀的不同之處在於：如果說董仲舒的「忠」是天人感應視野中的「忠」，那麼，宋明理學家的「忠」就是「有」視野中的「忠」，肯定了忠在人倫之間的規範價值。

理學的忠德觀以反對佛學「空」的本體論為立論依據的。因此，他們不像佛教那樣把「忠」建立在信仰的基礎之上，也不像董仲舒那樣把「忠」建立在天人感應的基礎上，而是認為「忠」就在日常人倫之中，強調了盡己為人的責任，肯定了人的擔當精神和社會責任。如「為天地立心，為生民立命，為往聖繼絕學，為萬世開太平。」二程說：「盡己之謂忠，以實之謂信。發己自盡為忠，循物無違謂信，表裡為義也。」（《河南程氏遺書》卷十一）又曰：「人道惟在忠信，不誠則無物，且出入無時，莫知其鄉者，人心也。若無忠信，豈復有物乎？」（《論語集注・學而》）朱熹認為「盡己之謂忠，以實之謂信」，認為「人不忠信，則事皆無實。」（《論語集注・學而》）他引用游氏的話說，「學之道，必以忠信為主。」（《論語集注・學而》）同時，朱熹極力強調忠德的「尊德性而道問學，致廣大而盡精微，極高明而道中庸」的境界。

總之，宋代理學的忠德觀高揚了人的主體性和人的社會責任及擔當精神。這是值得肯定的。著名學者葛兆光教授認為，在宋代之前如先秦至唐代，雖然也高揚人的主體性，但是這個「人」是在「天」的主宰之下。他說，「『天』與『人』之間真正的變化，大約到宋代理學出現以後才發生，但

由於宋代理學關心的重點已經不再包括自然世界，因此他們對於宇宙空間與時間的『天』，只是把它懸置在遙遠處，推到後面作為朦朧的背景，而把『人』的依據作為知識與思想的焦點凸顯起來。」[2][P46] 因此，宋明理學對孔子忠德觀的的繼承和發展是值得肯定的。

到了明清之際著名學者顧炎武提出，「保國者，其君其臣肉食者謀之；保天下者，匹夫之賤與有責焉耳矣。」（《日知錄・正始》卷十三）。他與清政府採取不合做的態度，他原名絳，字忠清，清政府取代明政權後，他改名炎武，字寧人，號亭林，而不字「忠清」了。這是顧炎武忠於社稷的姿態。他把孔子的忠德觀發展到為國家盡忠。他說：「能忠矣，然後由己推而達之家國天下。」（《日知錄・忠恕》卷七）

孫中山進一步擴展了孔子忠德觀的內容。他說：「在國家之內，君主可以不要，忠字是不能不要的。」又說：「我們的忠字可不可以用之於國呢？我們到現在說忠於君，固然是不可以，說忠於民是可不可呢？忠於事又是可不可呢？我們做一件事，總要始終不渝，做到成功。如果做不成功，就是把性命去犧牲，亦所不惜，這便是忠。」（《三民主義・民族主義》第六講）

總之，孔子的忠德觀在後世發展中其內涵和範疇越來也寬，內容越來越豐富。這是後世發展孔子忠德觀積極的向度。但是，我們也應該看到，孔子的忠德觀在後世的嬗變中也出現了消極的一面。

（二）消極的向度

對孔子忠德觀消極的向度主要體現忠德的政治道德層面，出現了愚忠的理論和行為。法家首先提倡愚忠，強調臣子對君主的絕對忠誠，就算君主不講仁義，臣子也應該忠於君主。韓非子說：「為人臣不忠，當死。」（《韓非子・初見秦》）在韓非子這裡，孔子忠德觀那種「君視臣以禮，臣事君以忠」的君臣平等性、互惠性的特點消失了，體現為那種「君要臣死，臣不得不死；君要臣亡，臣不得不亡」的臣對君的絕對義務。

著名學者顧頡剛在《古史辨・自序》中說：「自秦皇一統之後，君臣之義無所逃於天地之間，忠君的觀念大盛。」到了漢代「君為臣綱」成為「三綱」之首，從此以後，「君為臣綱」則成了統治集團極力倡導和推行的政治道德原則。那種「君有過則諫，反覆之而不聽，則易位」（《孟子・萬章下》）的積極的君臣忠德關係在後世的最高統治集團中則很少見了。「君要臣死，臣不得不死；君要臣亡，臣不得不亡」則成了臣子為君主盡忠的天經地義的道德理由。

尤其到了明清兩代，由於專制統治的加強，政府更加強調了臣對君的絕對服從，出現了許多「主辱臣死」「主辱民亡」的愚忠事例，流毒甚深。

當然，我們如果僅僅把後世對孔子忠德觀的嬗變，理解為臣對君的絕對服從這個唯一的維度，那就失之偏頗。錢大昕所以說：「後人但以忠為臣道，又以捐軀殉國者為忠，而忠之義隘矣。」[3](P405) 只是「君為臣綱」被封建政府過分的強調而成了強勢的倫理原則而已，但是這是繼承孔子忠德觀的消極的維度，應當為今人所批判。

今天，我們處在社會主義現代化建設中，應該能以更加理性和辯證的精神來繼承和發展孔子的忠德觀。正如徐復觀先生指出的那樣，「今日中國哲學家的主要任務，是要扣緊《論語》，把握住孔子思想的性格，用現代語言把它講出來，以顯現孔子的本來面相，不讓浮淺不學之徒，把自己的思想行動，套進《論語》中去，抱著《論語》來糟蹋《論語》。」[4](P283) 我們應當弘揚繼承其優秀的成分，剔除其不合理的思想基因。那種忠於正義、忠於國家、忠於人民的忠德行為，是超越了道德個體生命價值，是值得我們頌揚和繼承的。那種欺詐、拐騙、損人害己的愚忠愚孝的行為應當摒棄。

傳統是活著的現在，美國學者希爾斯認為，每個人都生活在自己的傳統之中。因此，我們今天要弘揚忠文化，不能不從傳統（自然包括孔子的忠德觀）中汲取營養，以便更快更好地發展我國特色社會主義文化。

參考文獻

〔1〕錢穆，《國史大綱》（修訂本）〔M〕，北京：商務印書館，1996 年。

〔2〕葛兆光，《中國思想史‧導論》〔M〕，上海：復旦大學出版社，2005 年。

〔3〕韋政通，《中國哲學辭典》〔M〕，長春：吉林出版集團有限責任公司，2009 年。

〔4〕徐復觀，《中國思想史論集續篇》〔M〕，上海：上海書店出版社，2004 年。

〔5〕韋政通，《人文主義的力量》〔M〕，何卓恩、王立新編，北京：中華書局，2011 年。

〔6〕蕭羣忠，《中國道德智慧十五講》〔M〕，北京：北京大學出版社，2008 年。

〔7〕《十三經注疏》（清嘉慶刊本）〔M〕，阮元校刻，北京：中華書局，2009 年。

〔8〕王先慎，《韓非子集解》〔M〕，鍾哲點校，北京：中華書局，1998 年。

〔9〕朱熹，《四書章句集注》〔M〕，北京：中華書局，1983 年。

〔10〕程顥、程頤，《二程集》〔M〕，王孝魚點校，北京：中華書局，1981 年。

〔11〕楊伯峻，《孟子譯注》〔M〕，北京：中華書局，1960 年。

〔12〕楊伯峻，《論語譯注》〔M〕，北京：中華書局，1980 年。

〔13〕張錫勤、柴文華，《中國倫理道德變遷史稿》〔M〕，北京：人民出版社，2008 年。

〔14〕司馬遷，《史記》〔M〕，北京：中華書局，1982 年。

〔15〕裴傳永，〈孔子忠德觀探析〉〔J〕，《倫理學研究》，2005 年第 6 期。

〔16〕王成，〈董仲舒「忠」思想研究〉〔J〕，《山東社會科學》，2005 年第 3 期。

原載《甘肅理論學刊》2011 年第 6 期

羨慕（代跋）

　　我小的時候家裏很窮，很少吃到農家的豬肉。每每看見別人吃肉，我羨慕。

　　到了初中，我沒有見過火車，更不用說坐火車了，聽從長沙回來的夥伴說，坐火車很過癮，我羨慕。覺得夥伴見的比我多，小小年紀居然親自能坐回火車，這對我是件羨慕不已的事情。於是，那段時間晚上睡覺的時候，我總是在幻想有一天能和夥伴一樣，也能興高采烈地坐次火車，爽一回。聽叔叔說坐火車和坐在家裏是一樣的，盛滿水的口杯，放在火車的座椅上，不會溢出來。不像坐鄉村公路的汽車，一搖一晃的，胃酸都能搖出來。我聽了，更加渴望能坐次火車，親自體驗一下那種坐火車如坐在家的感覺。那時候，我認為凡是坐過火車的人，都是見多識廣的偉大的人。我羨慕不已！

　　讀高中了，看見別人考上了北大和清華，我羨慕。可是，自己沒有那麼大的能耐，考不上，高考結束填志願的時候，北大和清華我不敢填。我的同學填好了報考北京大學的志願，他給我看的時候，我為他緊張，自己更是嚇得一時說不出話。我很羨慕他的勇氣。結果，他考上了，我心裏更加羨慕他，欣賞他，崇拜他。多麼想要是我也能考上北京大學那該多好啊！

　　到了大學，我羨慕別人有好的工作，更羨慕那些偉大的人。曾經很長一段時間，我把魯迅先生當成是我的精神導師。每次遇見困難和挫折的時候，我都看魯迅的書，從魯迅的書中汲取精神力量來度過自己的難過。那個時候，我真的羨慕魯迅先生，羨慕他居然能寫出那麼犀利的文字，居然受到那麼多人的愛戴。毛主席對他的評價那麼高。他說，魯迅的方向就是中國文化的方向，魯迅的精神就是代表中華民族的精神。這是多麼崇高的評價啊，我能不

羨慕嗎？

可是，我知道除了羨慕，也只能是羨慕，因為我知道自己永遠也做不成魯迅。我沒有他那麼博學，那麼睿智，那麼聰明，那麼勤奮。他是中國文化精神的獨特存在，是現代中國文學的豐碑，是人們的精神坐標。在中國現代文學史上，沒有人可以超越他，因為魯迅就是魯迅，不具有可比性。文化是累積極型發展的，不像動物是替代性發展的。比如，鳥擅長飛行，那是以失去腳力的發達為代價的。而人的文化不是這樣，並不是因為人類有了汽車就要失去雙腳行走的能力。現在有人用電腦作為書寫工具，但是並不是以失去鋼筆為代價的。電腦發達了，鋼筆和毛筆依舊是人們書寫的工具。人類每一次生產力的發展，並不是以犧牲前代的生產工具為代價的，而是共同促進文化和文明的繁榮。

唐詩很發達，但是並不是以犧牲漢代經學為代價。同理，宋詞的發達並不是以犧牲唐詩為代價，而是共同發展，共同營造人類文明的累累高峰。但是在人類的文化史上，一旦一種文化高峰出現之後，就很難有同樣類型的文化高峰與之媲美。後代人只能選擇另外一種文化樣式來發展。魯迅是他那個是代的高峰，因此，後人想以他那樣的文化樣式去達到他那樣的水準甚至超越他，永遠不可能。他的短篇小說、雜文等是他那個時代的高峰。後人想再寫出他那樣傑出的雜文永遠不能了。這是文化的特徵決定，也是文化發展的規律。

但是，後代的文化再發達，不是以犧牲前代文化為代價，前代的文化高峰照樣影響人們的生活、心靈和習慣以及思維方式。《詩經》產生幾千年了，《周易》產生也有幾千年了，但是今天的人們依然對此熱情有加。而不是有了現代科技，就可以忘卻前人優秀的成果。因此，我羨慕魯迅先生，也僅僅是羨慕了。

參加工作以後，我羨慕別人有很好的處理人際關係的能力。有的人面對複雜的人際關係，遊刃有餘，風光無限，而我面對複雜的人際關係，會茫然失措，束手無策。自己除了靜靜地做好自己分內的事情外，不敢亂說話，只有安安靜靜的工作和學習。有的時候受到別人的誤解，自己也不知道怎麼申辯。許許多多的委屈只好自己一人承擔。那個時候，真的很羨慕那些如魚得水的銷售先生，可以把人說得雲來霧去，摸不清東南西北。我不善於表達，只懂得地地道道的論證。所以，我羨慕別人出色的辯才和應變能力。

　　讀博士了，我羨慕別人有錢可以買很多的書。《船山全書》（嶽麓書社 2011 年版，定價 1500 元，折後價 1056 元。）和《曾文正公全集》（中國書店出版社 2011 年版，定價 798 元，折後價 498 元。）是我很想買的，可是沒有錢。我幾乎天天在當當網和卓越網上觀察此書的定價，希望這些書的折扣能夠更高一點。或者希望自己能夠有課題經費，可以很瀟灑地買下此書。因為，就我目前的經濟狀況，只能滿足基本的生活需求，沒有多餘的經費購書了。因此，我也只能羨慕別人可以有充足的經費購書了。

　　大概人生就是在羨慕中度過。我發現，我一直在羨慕別人，而自己就是在這種羨慕中度過。

　　記得我大概十一二歲的時候，剛剛學會騎自行車，很想自己能買一輛。可是自己沒錢，因為那時候，我所有的生活費都是靠父親支持，自己砍柴賣的錢是很少的，因為那時候一百斤乾柴才賣五元。以我那時候的體力，要賣出一百斤乾柴，是需要很長的時間，快的話需要一個月，慢的話需要幾個月，因為我只能利用周末的時間砍柴。而且就算自己有乾柴，有時候母親不讓賣，因為自己家裏做飯是燒乾柴的。那時候一輛自行車的市場價是一百五十元。這對我這個靠買乾柴補貼自己零花錢的少年來說，無疑是個天文數字了。向父親要錢買自行車，那無異與虎謀皮，肯定會是遭遇一頓兇狠狠的臭罵。為了引起父親的惻隱之心，我每天晚上看見父親進我房間，就假裝說夢話，說自己想要一輛自行車，說只要有了自行車，我就可以在學習上考到全校第一名之類的話。

　　第二天，不僅沒有得到父親的憐憫，還真的被臭罵了一頓。他居然說我走了邪道，不好好讀書，竟然去學騎自行車了，說學車是很浪費讀書的時間。這是不走正道的表現。這次臭罵之後，我以後看見父親來房間的時候，也只好假裝睡覺了，再也不敢假裝說夢話想買自行車了。直到讀大學的時候，我用我自己賺來的錢，花了三十元買了一輛舊自行車。雖然是遲來的自行車，這對我也是極大的欣慰了，至少我有了一輛自己的自行車了。這輛自行車，我足足用了四年，也維修了無數次，直到它的三腳架因為太舊才放棄。有一次在我做完家教回來的路上，不小心壓倒一塊小石頭，自行車忽然震動了一次，在這次震動中，自行車的三腳架被震斷了。修車的師父說，我這輛自行車，再也不可能修好了，因為是三腳架斷了，這等於判了它的「死刑」，除非買一輛新的三腳架，但是買個新的三腳架的價錢與買輛舊的自行車的價錢差

不多，所以，只能報廢了。那時候，我也只好在歎息中，以十五元的折舊費賣掉它了。不過，至今有時候我還想起那輛與我風雨同舟四年的自行車。它是我在長沙做家教主要的交通工具，它隨我走遍了長沙城的大家小巷。怎麼能說放棄就放棄呢！

或者，我也是在羨慕中慢慢成長的，成熟的。現在，我依然在羨慕中生活。不過，我現在不羨慕別人住別墅，也不羨慕別人到過美國，而是羨慕別人能夠捨得花錢購買《船山全書》和《曾文正公全集》。

人生很多的羨慕可以變成現實，也有很多的羨慕是永遠不可能變成現實的。我不知道我有多少個羨慕能夠變成現實。但是，我依舊羨慕那些羨慕可以變成現實的羨慕！

歐陽輝純
2014 年暑假於湖南永州石溪江上游嶺口村